Adrienne Young

Fable

ADRIENNE YOUNG

Fable

DER GESANG DES WASSERS

Aus dem Amerikanischen
von Elisabeth Schmalen

arsEdition

Unser Versprechen für mehr Nachhaltigkeit
www.arsedition.de/nachhaltigkeit

Bibliografische Information der Deutschen Nationalbibliothek
Die Deutsche Nationalbibliothek verzeichnet diese Publikation in der Deutschen Nationalbibliografie; detaillierte bibliografische Daten sind im Internet über http://dnb.d-nb.de abrufbar.

MIX
Papier | Fördert gute Waldnutzung
FSC® C083411

Titel der Originalausgabe: Fable
Die Originalausgabe ist 2020 bei Wednesday Books (Macmillan), New York, erschienen.

Übersetzung: Elisabeth Schmalen
Covergestaltung: Grafisches Atelier arsEdition, unter Verwendung der Illustration von Svetlana Belyaeva
Bildmaterial von puhhha/Shutterstock, korkeng/Shutterstock, irabel8/Shutterstock und Eva Bidiuk/Shutterstock

978-3-8458-5643-8

www.arsedition.de

Für Dad – es war ein ganzes Buch nötig,
um Abschied zu nehmen.

40 . 25 . 3
144 . 24 . 4
228 . 21 . 2
3 . 16 . 5
86 . 21 . 11
112 . 29 . 3
56 . 16 . 7

Kapitel 1

Der Mistkerl ließ mich schon wieder sitzen.

Durch die Bäume sah ich den Sand unter den Füßen aufspritzen, als Koy und die anderen das Boot ins Meer schoben. Es glitt ins Wasser, und ich legte einen Zahn zu und jagte barfuß über die verschlungenen Wurzeln und Steine, die aus dem Weg herausragten. Kaum war ich aus dem Dickicht gebrochen, grinste Koy mir höhnisch zu und setzte das Segel.

»Koy!«, rief ich, aber falls er mich über die Brandung hinweg hörte, ignorierte er mich.

Ich rannte die Anhöhe hinab bis zum Rand der auslaufenden Wellen und drückte mich mit aller Kraft aus dem feuchten Sand ab, um das Boot mit einem großen Satz über die Wellen hinweg doch zu erreichen. Ich erwischte das Heck mit einer Hand, schlug gegen die Außenseite und hing noch mit den Beinen im Wasser, während das Boot Fahrt aufnahm. Niemand streckte mir die Hand entgegen, als ich mich leise fluchend über die Seitenwand zog.

»Gar nicht schlecht, Fable.« Koy griff nach der Pinne, den Blick auf den Horizont gerichtet, und steuerte auf das südliche Riff zu. »Wusste nicht, dass du auch mitkommen wolltest.«

Ich band mir das Haar zu einem Knoten oben auf dem Kopf zusammen und starrte Koy wütend an. Es war bereits das dritte Mal diese Woche, dass er versucht hatte, mich an Land zurückzulassen, wenn er die Schürfer zum Tauchen hinausbrachte. Wäre Speck nicht ständig betrunken, hätte ich lieber ihn dafür bezahlt, mich zum Riff zu fahren. Aber ich brauchte ein zuverlässiges Transportmittel.

Das Segeltuch über mir knallte, als der Wind hineinblies und dem Boot einen kräftigen Schub versetzte. Ich suchte mir einen Sitzplatz zwischen zwei lederhäutigen Schürfern.

Koy streckte die Hand aus. »Kupfer.«

Ich warf einen Blick über seinen Kopf hinweg zu den vorgelagerten Inseln, wo die Masten der Handelsschiffe in der steifen Brise schwankten. Bisher war die *Marigold* noch nicht unter ihnen, doch bis zum Sonnenaufgang dürfte sie da sein. Ich fischte eine Münze aus dem Beutel an meinem Gürtel und ließ sie zähneknirschend in Koys Hand fallen. Mittlerweile hatte er so viel Geld von mir bekommen, dass ich praktisch das halbe Boot bezahlt hatte.

Wir glitten jetzt immer schneller durch das Wasser, dessen Farbe vom blassen Türkis des Küstenbereichs in das dunkle Blau des offenen Meeres überging. Das Boot neigte sich im Wind, und ich lehnte mich zurück, um eine Hand in die Wellen zu halten. Die Sonne stand hoch am Himmel, uns blieben mehrere Stunden Zeit bis zum Gezeitenwechsel. Das sollte locker ausreichen, um meine Tasche mit Pyrum zu füllen, das ich dann verkaufen konnte.

Ich zog meinen Gürtel fest und überprüfte jedes einzelne daran befestigte Werkzeug.

Hammer, Meißel, Pickhacken, Kelle, Schürferlupe.

Die meisten Schürfer hatten sich schon vor Monaten vom östlichen Riff abgewandt, aber mein Bauchgefühl hatte mir damals gesagt, dass sich dort in der Tiefe noch weiteres Pyrum verbarg. Und ich hatte recht. Nach wochenlanger Suche war ich unterhalb eines abgegrasten Felssimses auf ein unentdecktes Vorkommen gestoßen, das mir seitdem eine Menge Kupfer eingebracht hatte.

Der Wind pfiff mir um die Ohren, als ich mich hinstellte, und wehte mir Strähnen meines dunkelroten Haares ins Gesicht. Mit einer Hand am Mast beugte ich mich über die Seitenwand des Bootes und warf einen prüfenden Blick in das Wasser unter uns.

Noch nicht.

»Wann erzählst du uns endlich, was du dort unten gefunden hast, Fable?« Koys Hand schloss sich fester um die Pinne, als er mich lauernd ansah. Seine Augen waren so dunkel wie die schwärzesten Nächte auf der Insel, wenn Sturmwolken den Mond und die Sterne verdeckten.

Die anderen schauten schweigend zu mir herüber und warteten auf meine Antwort. Ich hatte bemerkt, wie sie mich neuerdings beobachteten, wenn ich im Hafen war, und ihr Flüstern am Strand gehört. Da ihre Ausbeute in den letzten Wochen ziemlich kläglich ausgefallen war, wurden sie langsam unruhig, und das verhieß nichts Gutes. Ich hatte allerdings nicht damit gerechnet, dass ausgerechnet Koy mich direkt fragen würde.

Ich zuckte mit den Schultern. »Irismuscheln.«

Er lachte und schüttelte den Kopf. »Irismuscheln«, wiederholte er. Koy war jünger als die meisten Schürfer von Jeval, seine gebräunte Haut war noch nicht runzlig und fleckig durch die langen Tage in der Sonne. Aber er hatte sich seinen Platz unter ihnen zehnfach verdient, indem er genug Münzen ergaunert hatte, um ein Boot zu kaufen und die Schürfer damit zu den Riffen zu fahren.

»Ja, genau«, sagte ich.

Als er mich erneut ansah, war die Belustigung aus seinem Blick verschwunden, und ich biss die Zähne zusammen, um das Zucken meines Kiefermuskels zu verbergen. Es war jetzt vier Jahre her, dass ich auf dem sengend heißen Strand ausgesetzt worden war. Vier Jahre, in denen ich auf mich allein gestellt gewesen war. Ich hatte ausgehungert Schiffsrümpfe freigekratzt, um im Gegenzug ein bisschen halb verrotteten Fisch zu erhalten, und vielfach Prügel bezogen, wenn ich mal wieder an einer Stelle getaucht war, die ein anderer Schürfer für sich beanspruchte. Doch obwohl ich auf Jeval schon viel Gewalt erlebt hatte, war es mir bisher gelungen, Koy nicht zu reizen. Wer ihn gegen sich aufbrachte, lebte gefährlich.

Ich ging zum Heck des Bootes und verzog meine Lippen dabei zu einem ähnlich höhnischen Lächeln wie er zuvor am Strand. Er war ein Bastard – aber ich stand ihm in nichts nach. Und mir meine Angst anmerken zu lassen, machte es nur schlimmer. Ich musste es irgendwie schaffen, am Leben zu bleiben, und ich würde mir lieber eine Hand abhacken, als die Chance zu verspielen, von Jeval zu entkommen. Gerade jetzt, wo ich so nah dran war.

Ich löste meine Hand vom Mast und ließ mich ins Wasser fallen. Das Boot fuhr davon, als ich in einem Meer von Bläschen in die Tiefe sank. Auf dem Weg zurück zur Oberfläche strampelte ich mit den Beinen, um mich aufzuwärmen. Der Rand des östlichen Riffs lag in der Strömung, die auf dieser Seite der Insel für kälteres Wasser sorgte. Auch deshalb hatte ich vermutet, dass es hier unten mehr Pyrum geben musste als das, was bisher geschürft worden war.

Koys Boot entfernte sich rasch, sein geblähtes Segel ragte vor dem wolkenlosen Himmel auf. Als es hinter den vorgelagerten Inseln verschwunden war, drehte ich mich um und schwamm zurück Richtung Ufer. Dabei hielt ich das Gesicht unter Wasser, um das Riff unter mir absuchen zu können. Die Rosa-, Orange- und

Grüntöne der Korallen fingen das Sonnenlicht ein, wie die Seekarten, die oft ausgerollt auf dem Schreibtisch meines Vaters gelegen hatten. Ich hielt Ausschau nach dem gelben Seefächer, der an einer Stelle eingerissen war und mir als Markierung diente.

Dort angekommen, hob ich den Kopf und atmete tief ein, während ich noch einmal den Sitz meines Gürtels überprüfte. Als die Luft meinen Brustkorb füllte, ließ ich sie langsam wieder entweichen, wie meine Mutter es mir beigebracht hatte. Meine Lungenflügel dehnten sich aus und zogen sich zusammen, bis ich den vertrauten Druck zwischen den Rippen verspürte. Nun beschleunigte ich den Rhythmus und atmete stoßweise ein und aus, um schließlich tief Luft zu holen und unterzutauchen.

In meinen Ohren knackte es, als ich mit den Armen voran auf die leuchtenden Farben am Grund zuschwamm. Der zunehmende Wasserdruck fühlte sich an wie eine Umarmung, und ich ließ mich immer tiefer sinken, ohne dem lockenden Ruf der Oberfläche Beachtung zu schenken. Auf dem Weg hinab kam mir ein Schwarm rot gestreifter Doktorfische entgegen und hüllte mich ein. Das unendliche Blau erstreckte sich in alle Richtungen. Schließlich berührten meine Füße eine Fläche mit grünen Korallen, die sich wie krumme Finger emporreckten. Ich hielt mich an dem Felsvorsprung darüber fest und arbeitete mich vor, bis ich die Bruchkante erreicht hatte.

Entdeckt hatte ich das Pyrum, als ich das Riff nach Krabben abgesucht hatte, mit denen ich den alten Mann im Hafen für die Reparatur meiner Schürferlupe bezahlen wollte. In der stillen Umgebung hatte ich das leise Summen des Edelsteins sofort in den Knochen gespürt und drei Tage lang gesucht, bis ich schließlich durch Zufall fündig wurde. Ich hatte mich von einem Felsvorsprung abgestoßen, um an die Oberfläche zurückzukehren, doch dabei war ein Stück Stein abgebrochen und hatte den Blick auf eine gezackte Basaltschicht mit den typischen, mir mehr als vertrauten weißen Einsprengseln freigelegt. Das konnte nur eines bedeuten: Pyrum.

Dieses Vorkommen hatte mir in den letzten drei Monaten mehr Kupferstücke von den Händlern auf der *Marigold* eingebracht als in den zwei Jahren zuvor. Noch ein paar Wochen, und ich würde nie wieder zu den Riffen hinabtauchen müssen.

Ich platzierte meine Füße so auf dem Felsen, dass ich stabil stand, und presste die Hand gegen das gewölbte Gestein. Der Edelstein vibrierte unter meinen Fingerspitzen, das Gefühl glich dem Nachhall, wenn Metall auf Metall schlägt. Auch das hatte mich meine Mutter gelehrt – die Steine zu hören. Tief im Rumpf der *Lark* hatte sie mir ein Edelmineral nach dem anderen in die Hand gegeben und mir flüsternd ihre Sprache beigebracht, während die Besatzung in ihren Hängematten schlief.

Hörst du das? Fühlst du das?

Ich zog das Werkzeug aus meinem Gürtel und setzte den Meißel in die tiefste Kerbe, bevor ich mit dem Hammer draufschlug und die oberste Steinschicht Stück für Stück entfernte. Die Form der Auswölbung verhieß einen großen Brocken Pyrum, der mir vier Kupfermünzen einbringen könnte.

Über mir glitzerten silberne Schuppen im Sonnenlicht, als immer mehr Fische zum Fressen in die Tiefe herabkamen, und ich musste beim Blick hinauf geblendet die Augen zusammenkneifen. Ein gutes Stück entfernt trieb ein Körper im trüben Wasser – die Überreste eines Schürfers, der sich mit jemandem angelegt oder seine Schulden nicht beglichen hatte. Man hatte ihn mit den Füßen an einen riesigen, von Seepocken bedeckten Felsen gekettet und ihn den Meereslebewesen überlassen. Es war nicht das erste Mal, dass ich diese Form der Bestrafung sah, und wenn ich nicht vorsichtig war, würde ich genauso enden.

Der letzte Rest Luft brannte in meiner Lunge und meine Gliedmaßen wurden langsam kalt. Ich schlug ein letztes Mal auf den Meißel. Die harte, weiße Kruste sprang auf und gab ein scharfkantiges Stück Gestein frei. Aus meinem Mund entwichen ein paar Luftbläschen, als ich die Lippen zu einem Lächeln verzog und die Hand nach dem glasartigen, roten Pyrum ausstreckte, das mir jetzt wie ein blutunterlaufenes Auge entgegenschaute.

Da sich mein Sichtfeld langsam verengte, stieß ich mich vom Fels ab und schwamm nach oben. Meine Lunge schrie nach Sauerstoff. Die Fische schossen davon wie ein zerspringender Regenbogen, und im nächsten Augenblick brach ich keuchend durch die Wasseroberfläche. Über meinem Kopf hatten sich dünne Wolkenstreifen gebildet, doch mein Blick fiel auf das dunklere Band am Horizont. Mir war schon am Morgen aufgefallen, dass der Wind nach Sturm roch. Wenn das Unwetter die *Marigold* davon abhielt, bis Sonnenaufgang die vorgelagerten Inseln zu erreichen, würde ich das Pyrum gefährlich lange bei mir behalten müssen. Die Anzahl meiner Verstecke war begrenzt, und die Blicke, die mir gierig folgten, wurden jeden Tag zahlreicher.

Ich ließ mich auf dem Rücken treiben, damit meine Haut möglichst viel wärmende Sonne abbekam. Sie bewegte sich bereits auf den lang gezogenen Bergkamm zu, der quer über Jeval verlief, doch ich würde noch mindestens sechs oder sieben Tauchgänge benötigen, um das Pyrum freizubekommen. Außerdem musste ich wieder am anderen Ende des Riffs sein, wenn Koy kam, um mich abzuholen.

Falls er kam.

Noch drei oder vier Wochen, dann hätte ich genug Kupfer zusammen, um für die Überfahrt über das Enge Meer zu bezahlen und Saint aufzuspüren, damit er sein Versprechen einlöste. Ich war erst vierzehn Jahre alt gewesen, als er mich auf der berüchtigten Diebesinsel aussetzte, und hatte seitdem jeden Tag damit verbracht, das nötige Geld zusammenzukratzen, um ihm hinterherfahren zu können. Manchmal fragte ich mich, ob er mich jetzt, nach vier Jahren, überhaupt noch erkennen würde, wenn ich endlich an seine Tür klopfte. Ob er sich wohl daran erinnern würde, was er zu mir gesagt hatte, als er mir mit der Spitze seines Fischbeinmessers den Arm aufritzte.

Aber mein Vater war niemand, der Dinge vergaß.

Und ich auch nicht.

Kapitel 2

Es gab fünf Regeln. Nur fünf.

Mein Vater hatte sie mich immer wieder aufsagen lassen, seit ich groß genug war, um mit meiner Mutter den Mast hochzuklettern. Er saß im schummrigen Kerzenlicht seiner Kajüte auf der *Lark* und beobachtete mich, in einer Hand eine Schreibfeder, die andere um das grüne Roggenwhiskeyglas gelegt, das auf seinem Schreibtisch stand.

Trag dein Messer so, dass du es jederzeit griffbereit hast.
Stehe niemals in jemandes Schuld.
Nichts ist umsonst.
Halte dich beim Lügen möglichst nah an die Wahrheit.
Lass dir niemals und unter keinen Umständen anmerken, wer oder was dir wichtig ist.

An diese Regeln hatte ich mich gehalten, seit Saint mich an jenem Tag auf Jeval ausgesetzt hatte, und ohne sie hätte ich nicht überlebt.

Zumindest das hatte er mir hinterlassen, als er, ohne sich umzuschauen, davongefahren war.

Als wir uns dem Strand näherten, ertönte ein Donnergrollen. Der Himmel hatte sich verdunkelt und in der Luft erwachten die ersten Vorboten des Sturms. Ich studierte den Horizont und die Form der Wellen. Die *Marigold* war irgendwo dort draußen unterwegs, doch wenn der Sturm zu heftig werden sollte, würde sie es nicht bis zum Morgen zu den vorgelagerten Inseln schaffen. Dann könnte ich mein Pyrum nicht verkaufen.

Koy blickte aus schwarzen Augen auf das Netz voller Irismuscheln auf meinem Schoß. Der Beutel mit dem Pyrum, das ich am Riff abgeschlagen hatte, war in einer der Muscheln versteckt. Ich war längst nicht mehr so dumm wie am Anfang. Wenn ich mir den Beutel an den Gürtel band, wie es die anderen Schürfer taten, scheuten diese nicht davor zurück, ihn einfach abzuschneiden, das hatte ich schnell gelernt. Ich konnte mich nicht dagegen wehren, sie waren mir körperlich überlegen. Deshalb war ich dazu übergegangen, Edelsteine und Münzen in ausgenommenen Fischen und Irismuscheln zu verstecken.

Ich fuhr mit der Fingerspitze über die Narbe, die sich wie eine Baumwurzel von meinem Handgelenk über die Innenseite meines Unterarms bis zum Ellbogen zog. In der ersten Zeit auf der Insel hatte ich mein Überleben nur ihr zu verdanken. Die Jevalis waren ein abergläubisches Volk, und niemand wollte etwas mit dem Mädchen zu tun haben, das ein solches Zeichen auf der Haut trug. Nur wenige Tage, nachdem Saint mich hier zurückgelassen hatte, setzte ein alter Mann namens Fret im Hafen das Gerücht in die Welt, ich sei von Meeresdämonen verflucht.

Als das Boot langsamer wurde, schlang ich mir das Netz über die Schulter und sprang hinaus. Ich spürte Koys Blick in meinem Rücken und hörte das Getuschel, als ich durch das flache Wasser watete. Auf Jeval gab es nur Einzelkämpfer, es sei denn, jemand spann eine Intrige. Und genau darauf war Koy aus – eine Intrige.

Ich lief am Wasser entlang zu den Klippen und behielt dabei die Felswand im Blick, um die Schatten möglicher Verfolger auszumachen. Die Dämmerung färbte das Meer violett, und die Sonne ließ noch ein paar letzte Strahlen über die Wellen tanzen, bevor sie unterging.

Meine schwieligen Finger fanden die vertrauten Ritzen im schwarzen Felsen sofort, und ich begann zu klettern, immer weiter hinauf, bis mir das Salzwasser aus der Bucht auf der anderen Seite ins Gesicht spritzte. Das Seil, das ich oben auf dem Grat festgebunden hatte, hing bis ins Meer hinab.

Ich fischte die aufgeknackte Irismuschel aus dem Netz und schob sie mir unter das Hemd, bevor ich mich aufrichtete und tief Luft holte. Sobald die nächste Welle heranrollte und gegen den Fels brandete, sprang ich vom Kamm aus ins Wasser. Es wurde immer dunkler, aber ich griff nach dem Seil und hangelte mich daran bis in den Tangwald hinab, wo lange, wabernde Bändern vom Meeresgrund emporwuchsen. Von unten betrachtet bildeten sie ein Blätterdach, das das Wasser darunter grün färbte.

Auf dem Weg nach unten entdeckte ich immer wieder Fische zwischen den Algen, die von Riffhaien auf der Suche nach einer Mahlzeit verfolgt wurden. Anfangs war diese kleine Bucht einer der wenigen Orte gewesen, an denen ich Fische fangen durfte, weil die hohen Wellen die Fallen aus Schilf, die die anderen Schürfer verwendeten, schnell beschädigten. Meine geflochtene Korbfalle, die ich so gebaut hatte, wie ich es vom Steuermann meines Vaters gelernt hatte, hielt den Wogen jedoch stand. Ich schlang mir das Seil um die Faust und zog, doch die Falle hing fest. Die Strömung musste sie zwischen zwei Felsen getrieben haben.

Ich tauchte ab, bis ich mit den Füßen auf dem Korb stand, und stützte mich mit den Händen am Fels ab. Dann versuchte ich, den halb im Schlick versunkenen Korb durch Tritte zu befreien. Als das nicht half, beugte ich mich nach unten, schob die Finger durch den geflochtenen Deckel und zerrte daran, bis er sich abrupt löste und ich mit dem Rücken gegen den rauen Stein prallte.

Ein Barsch glitt aus der Öffnung, bevor ich die Falle wieder schließen konnte, und ich fluchte, als ich ihn davonschwimmen sah, auch wenn meine Stimme unter Wasser nicht zu hören war. Bevor auch der zweite entkommen konnte, drückte ich den kaputten Deckel an die Brust und hielt die Falle mit einem Arm fest zu.

Das Seil leitete mich zurück nach oben, und ich schwamm bis zu einem zerklüfteten Vorsprung, der im Schatten lag. Mithilfe des Meißels löste ich den Stein, den ich mit Tang fest versiegelt hatte, und legte ein Loch frei, das ich selbst gegraben hatte. Darin funkelte – wie ein Häufchen Glasscherben – das Pyrum, das ich in den vergangenen zwei Wochen zusammengetragen hatte. Dieses Versteck zählte zu den wenigen auf der Insel, die noch nicht entdeckt worden waren. Ich legte meine Fallen schon seit Jahren in der kleinen Bucht aus, und alle, die mich hier tauchen sahen, konnten beobachten, wie ich mit meinem Fang aus dem Wasser kam. Falls bisher irgendjemand auf die Idee gekommen war, dass ich hier auch Edelsteine bunkerte, hatte er sie noch nicht aufgespürt.

Sobald ich das Pyrum in dem Beutel an meinem Gürtel verstaut hatte, verschloss ich das Loch wieder mit dem Stein. Die Muskeln in meinen Beinen schmerzten, erschöpft vom stundenlangen Tauchen, und ich musste meine ganze verbliebene Kraft aufwenden, um zur Oberfläche zurückzukehren. Gierig sog ich die Nachtluft ein, doch als eine große Welle angerollt kam, schwamm ich schnell zur Felszunge, bevor das zurückströmende Wasser mich mit sich reißen konnte.

Ich zog mich mit einem Arm hinauf und ließ mich keuchend

auf den Sand fallen. Über mir funkelten die Sterne, aber der Sturm kam schnell näher, und der Geruch des Windes verriet, dass mir eine lange Nacht bevorstand. Die Böen könnten meiner kleinen Hütte auf den Klippen gefährlich werden, doch ich blieb ohnehin wach, wenn ich Pyrum oder Münzen bei mir trug. Es war schon vorgekommen, dass mein Lager geplündert wurde, während ich schlief, und das Risiko konnte ich nicht eingehen.

Ich schob mir den Fisch unter das Hemd und schlang die kaputte Falle über die Schulter. Unter den Bäumen war es bereits dunkel, doch das Mondlicht wies mir den Weg. Der Pfad führte die Klippe hinauf und wurde am Ende so steil, dass ich mich beim Gehen nach vorn lehnen musste. Als er abrupt vor einer glatten Felswand endete, setzte ich die Hände und Füße in die Vertiefungen, die ich geschlagen hatte, und zog mich hinauf. Oben angekommen, richtete ich mich auf und warf einen Blick zurück auf den Pfad.

Er war leer. Die Bäume schwankten leicht in der Brise und der Sand schimmerte im letzten Licht der Dämmerung. Ich legte den Rest des Weges im Laufschritt zurück, bis zu der Stelle, wo der Fels plötzlich steil zum Strand abfiel. Tagsüber konnte man von hier oben die vorgelagerten Inseln sehen, doch im Dunkeln war nur das Leuchten einiger Laternen an den Masten der Schiffe auszumachen, die dort für die Nacht vor Anker lagen. Hier hatte ich jeden Morgen gesessen und auf das Schiff meines Vaters gewartet, obwohl er mir gesagt hatte, dass er nicht zurückkommen würde.

Es dauerte zwei Jahre, bis ich ihm das glaubte.

Ich stellte die Falle neben der Feuerstelle ab und löste meinen schweren Gürtel. Der Wind frischte auf, als ich die Arme um den dicken Stamm des Baumes schlang, der schräg über die Klippe hinauswuchs, und mich so weit hinaufzog, dass ich über dem Abgrund schwebte und auf den dreißig Meter unter mir liegenden Strand hinabschauen konnte. Die Abendwellen rollten weiß schäumend auf den Sand. Die meisten Schürfer waren zu schwer, um bis in die dürre Baumkrone zu klettern, ohne dass die Äste brachen und sie in den sicheren Tod stürzen ließen. Selbst bei mir war es ein- oder zweimal fast schiefgegangen.

Oben angekommen, griff ich in den Hohlraum zwischen zwei Astansätzen. Ich zog den Beutel hervor, der dort lag, und schleuderte ihn auf den festen Boden hinter mir, bevor ich wieder hinabkletterte.

Dann machte ich Feuer, hängte den aufgespießten Fisch darüber und ließ mich in eine bequeme Vertiefung im Felsen sinken, von der aus ich den Pfad im Auge behalten konnte. Falls sich dort jemand näherte, würde ich es bemerken, bevor die Person mich sah. Ich musste nur bis zum Morgen durchhalten.

Die Münzen klimperten, als ich den Inhalt des Beutels auf den weichen Sand kippte. Sie schimmerten im Mondlicht, während ich sie zählte und zu Türmchen aufstapelte.

Zweiundvierzig Kupferstücke. Wenn ich abzog, was mich die Bootsfahrten aufs Meer hinaus kosteten, fehlten mir noch achtzehn, um mit West über eine Überfahrt zu verhandeln. Ich hatte sogar eine kleine Summe beiseitegelegt, um mir auf der Suche nach Saint Essen und eine Unterkunft leisten zu können. Ich ließ mich auf den Rücken sinken und die Beine über der Klippe baumeln, während der Fisch über dem Feuer brutzelte. Über mir stand ein makelloser, strahlend weißer Halbmond am Himmel, und ich sog den Duft nach Salzwasser und Zypressen ein, der so typisch war für Jeval.

In meiner ersten Nacht auf der Insel hatte ich am Strand geschlafen, weil ich mich nicht traute, mich zu den Zelten und den Lagerfeuern unter den Bäumen zu begeben. Ich wachte davon auf, dass ein Mann meine Jacke aufriss, um in meinen Taschen nach

Münzen zu suchen. Als er nichts fand, stieß er mich zurück in den kalten Sand und ging weg. Es dauerte mehrere Tage, bis ich einsah, dass mir jeder Fisch, den ich im Flachwasser fing, bei meiner Rückkehr zum Strand direkt wieder abgenommen wurde. Ich ernährte mich fast einen Monat lang von Algen, bis ich sichere Stellen zum Angeln gefunden hatte. Nachdem ich knapp ein Jahr lang den Fang anderer Fischer ausgenommen und Seile aus Palmfasern verkauft hatte, reichte mein angespartes Geld schließlich aus, um Fret, der aufgrund seines Alters nicht mehr tauchen konnte, sein Schürfwerkzeug abzukaufen.

Unter mir donnerten die Wellen, aufgepeitscht von den Sturmböen, immer wütender auf den Strand, und mir kam kurz der Gedanke, ob ich Jeval wohl vermissen würde. Ob vielleicht doch irgendetwas hier zu einem Teil von mir geworden war. Ich setzte mich auf und ließ den Blick über die in Dunkelheit gehüllte Insel wandern. Die Baumwipfel wogten im Wind und sahen aus wie aufgewühltes Wasser. Wäre Jeval nicht mein Gefängnis gewesen, wäre mir die Insel womöglich sogar schön erschienen. Aber ich gehörte einfach nicht hierher.

Dabei hätte ich das ändern können. Ich hätte hier heimisch werden und mir auf einer der vorgelagerten Inseln einen eigenen kleinen Edelsteinhandel aufbauen können, wie so viele hier. Doch als Schürferin von Jeval wäre ich nicht länger Saints Tochter gewesen. Aber war ich das überhaupt noch?

Ich erinnerte mich bis heute an das Stimmengewirr unter Deck und das Quietschen der Hängematten. An den Geruch der Pfeife meines Vaters und die schweren Tritte seiner Stiefel auf den Planken. Ich gehörte nicht an Land oder in den Hafen oder in die Städte rund um das Enge Meer. Mein Zuhause gab es nicht mehr.

Viele Kilometer entfernt, wo das Mondlicht auf den schwarzen

Saum des Horizonts stieß, bargen die Tiefen der Sturmfalle die *Lark*. Und egal, wohin ich ging – ich würde keine Heimat finden. Denn meine Heimat war ein Schiff, das auf dem Meeresgrund lag, gemeinsam mit den Knochen meiner Mutter.

Kapitel 3

Als die Sonne aufging, stand ich auf der Klippe und beobachtete die *Marigold* unten auf dem Wasser. Sie war in der Nacht eingetroffen, trotz des tosenden Sturms, der von der Namenlosen See aus über uns hinweggezogen war. Ich war die ganze Zeit über wach geblieben und hatte ins Feuer gestarrt, bis der Regen die Flammen gelöscht hatte, und nach drei Tauchtagen schrie mein gesamter Körper nach Schlaf.

Aber West mochte es nicht, wenn man ihn warten ließ.

Am Strand tummelten sich bereits die Schürfer, als ich dort ankam. Ich war klug genug gewesen, Speck schon einen Monat im Voraus für einen Platz in seinem Boot zu bezahlen. Jetzt lag er mit hinter dem Kopf verschränkten Armen im Sand und hatte sich den Hut über das Gesicht gezogen. Wer auf Jeval ein Boot besaß, hatte es nicht nötig, zu tauchen oder Handel zu treiben, weil die Schürfer darauf angewiesen waren, dass sie jemand zu den Riffen hinausfuhr. Ein Boot war wie ein Topf voller Kupferstücke, der nie leer war, und keiner hatte dieses Glück weniger verdient als Speck.

Als er mich kommen sah, sprang er auf und verzog den Mund zu einem breiten Grinsen, das seine halb verfaulten Zähne entblößte. »Morgen, Fay!«

Ich nickte ihm zu, warf meinen Schultersack ins Boot und kletterte hinterher. Niemand rutschte auf, um Platz für mich zu machen, also stellte ich mich in den Bug, einen Arm um den Mast geschlungen, die andere Hand auf dem Beutel mit Pyrum, den ich unter meinem Hemd trug. Koys Boot war bereits auf dem Weg um die vorgelagerten Inseln herum, mit so vielen Menschen an Bord, dass auf beiden Seiten Beine und Füße ins Wasser hingen.

»Fable.« Speck lächelte mich auffordernd an, und ich warf ihm einen bösen Blick zu, als mir klar wurde, was er wollte.

Dann löste ich das Segel, sodass es frei im Wind hing, während Speck uns vom Ufer abstieß. Die Schürfer erwarteten Dinge von mir, die sie einander niemals abverlangt hätten. Ihrer Ansicht nach musste ich wohl dankbar sein, dass sie mich nicht einfach als dürres Kind im Flachwasser ertränkt hatten, aber in Wahrheit hatten sie mir nie auch nur den geringsten Gefallen getan. Sie hatten mir nichts gegeben, als ich sie hungrig um Essensreste anflehte, und mir nie während eines Sturms Unterschlupf gewährt. Ich hatte hart für jedes bisschen Nahrung und jedes Stück Pyrum gearbeitet, auch wenn es mich manchmal fast das Leben gekostet hatte. Trotzdem glaubten sie, dass ich in ihrer Schuld stand, nur weil ich noch atmete.

Der Wind frischte auf und wir glitten durch das reglose Meer wie ein heißes Messer durch Talg. Mir kam die Ruhe irgendwie trügerisch vor. Es war irritierend, das Meer im Tiefschlaf zu sehen, wie frisch geblasenes Glas, obwohl ich wusste, wie blutrünstig es sein konnte.

»Hab gehört, dass du ein neues Pyrum-Vorkommen aufgetan

hast, Fay«, krächzte Speck, übergab die Ruderpinne an einen der anderen und kam zu mir an den Mast.

Sein Atem stank nach selbst gebranntem Roggenwhiskey. Ich drehte das Gesicht in Richtung Wind und ignorierte ihn. Da ich die Blicke der anderen spürte, schloss ich die Faust noch fester um den Beutel mit den Steinen.

Speck hob abwehrend die Hand. »Ich will dir nix Böses.«

»Na klar«, murmelte ich.

Er beugte sich zu mir vor und sagte mit gesenkter Stimme: »Aber es gibt Gerede, weißt du?«

Ich sah auf und suchte seinen Blick, um abzuwägen, was er mir damit sagen wollte. »Was für Gerede?«

Er schaute sich kurz um. Dabei rutschte ihm der graue Zopf aus dem Hemdkragen, unter den er ihn gesteckt hatte. »Die Leute fragen sich, wo du wohl das viele Kupfer herhast.«

Der Schürfer rechts von mir drehte sich zur Seite, um unser Gespräch besser mithören zu können.

»Wenn ich du wäre, würde ich mich aus dem Gerede raushalten, Speck.« Ich straffte die Schultern und lehnte mich an den Mast. Man durfte den Schürfern gegenüber niemals Schwäche zeigen, selbst wenn man sich vor lauter Angst fast übergeben musste. Speck war harmlos, aber damit war er einer von wenigen auf der Insel.

Er nickte rasch. »Klar halt ich mich da raus. Dachte nur, es könnte dich interessieren.«

»Du dachtest wohl, du könntest mir noch ein Kupferstück aus den Rippen leiern«, gab ich scharf zurück.

Mit einem schiefen Grinsen zog er den Kopf ein und zuckte mit den Schultern.

»Du kassierst ohnehin schon zu viel. Ich zahle nicht auch noch für Klatsch und Tratsch.«

Ich drehte ihm den Rücken zu, als Zeichen, dass das Gespräch beendet war. Es würde noch mindestens drei Wochen dauern, bis ich genug Geld für die Überfahrt zusammen hätte, doch wenn mich die Schürfer wirklich schon ins Visier genommen hatten, könnte die Zeit knapp werden.

Speck schwieg, sodass nur noch das Geräusch des Bootsrumpfes im Wasser und das Pfeifen des Windes zu hören waren. Als wir um die vorgelagerten Inseln herumfuhren, kamen die durchgelatteten weißen Segel der *Marigold* in Sicht. Das Schiff lag hinter dem letzten Felsausläufer, und Speck nahm behutsam das Tempo raus. Ich sah die breiten Schultern von West, der am anderen Ende des Hafens über das Meer schaute, eine schwarze Silhouette vor der aufgehenden Sonne.

Ich hob meine Hand und spreizte die Finger im Wind, und sobald West das sah, verschwand er in der Menge.

Als wir den Hafen erreicht hatten, holte Speck das Segel ein, und bevor er mich darum bitten konnte, schnappte ich mir die aufgerollte Leine und warf sie an Land. Die Schlaufe legte sich um den Poller an der Ecke des Kais, und ich stemmte die Fersen in den Boden und zog uns näher heran, Stück für Stück. Das nasse Tau knarzte, als es in die Länge gezogen wurde, und der dumpfe Laut, mit dem das Boot gegen den Kai stieß, ließ Fret aufschauen, der wie immer auf seinem Hocker saß.

Zwischen seinen Füßen stand eine Schilfkiste mit seltenen Muscheln, die er im Flachwasser gesammelt hatte. Schürfen konnte er schon lange nicht mehr, aber er kam trotzdem jede Woche auf die vorgelagerten Inseln, um Waren zu verkaufen, die außer ihm niemand aufzuspüren vermochte. Er hatte damals das Gerücht in die Welt gesetzt, dass ich das Zeichen der Meeresdämonen auf dem Arm trüge, und mir seinen Schürfergürtel verkauft, wodurch ich unfreiwillig eine der Regeln meines Vaters gebrochen hatte. Denn für beides würde ich ein Leben lang in Frets Schuld stehen.

»Fable.« Er lächelte mir schief zu, als ich auf den Kai kletterte.

»Hey, Fret.« Ich klopfte ihm im Vorbeigehen auf die knochige Schulter, den Blick auf die ein Stück weit entfernt liegende *Marigold* gerichtet, vor der West stand und wartete.

Auf dem schmalen Holzsteg wimmelte es von Schürfern, die im blassen Morgenlicht mit Händlern feilschten. Jeval war bekannt für das Pyrum in seinen Riffen, das zwar nicht zu den wertvollsten Edelsteinen zählte, aber fast ausschließlich hier vorkam.

Die Händler legten allerdings nicht nur wegen des Pyrums hier an. Jeval war der einzige Hafen zwischen dem Engen Meer und der Namenlosen See, und viele Schiffe nutzten die Gelegenheit, um ihre Vorräte aufzustocken. Die Jevalis schleppten Körbe voller Hühnereier, auf Schnüre aufgezogene Fische und große Ballen Tau in den Hafen und priesen ihre Waren den Besatzungen an, die vom Deck aus auf den Kai schauten.

Auf dem Weg durch eine eng zusammenstehende Gruppe von Männern ertönte vor mir plötzlich lautes Gebrüll, und ich trat rasch einen Schritt zur Seite, um einer verirrten Faust auszuweichen. Durch das Handgemenge wurde ich an den Rand des Kais gedrängt, und als ein offenes Fass Wollkraut ins Wasser rollte, hätte es mich fast mitgerissen. Zwei Männer sprangen hinterher, und ich wartete, bis die Umstehenden die Streithähne getrennt hatten, bevor ich an ihnen vorbeilief.

Als hätte er mein Herannahen gespürt, drehte sich West genau in dem Augenblick um, in dem ich aus der Menge trat. Er hatte sich die sonnengebleichten Locken hinter die Ohren gestrichen und verschränkte die Arme, als er mich aus hellgrünen Augen musterte.

»Du bist spät dran.« Er schaute zu, wie ich den Saum meines Hemdes aus dem Gürtel zog und nach dem Beutel darunter griff. Mein Blick fiel auf den Horizont hinter ihm, wo sich der Rand der Sonne gerade über die Wasserlinie schob.

»Nur ein paar Minuten«, murmelte ich.

West trat einen Schritt vor, als ich den Beutel ausleerte und sechs knollige, weiß verkrustete Klumpen Pyrum in meine Handfläche fallen ließ.

Er nahm die Schürferlupe aus meinem Gürtel und klemmte sie sich vor das Auge. Dann hielt er die roten Steine nacheinander so hoch, dass das Licht der aufgehenden Sonne durch sie hindurchfiel. Ich hatte sie nicht von den Felsresten befreit, aber es waren gute Stücke. Besser als alles, was die Schürfer hinter mir im Angebot hatten.

»Sieht so aus, als hätte euch der Sturm erwischt.« Ich schaute auf den schmalen Riss, der sich auf der Steuerbordseite über den Rumpf der *Marigold* zog und mit frischem Teer abgedichtet war.

West antwortete nicht, sondern begutachtete die Edelsteine von allen Seiten.

Der Rumpf war aber nicht der einzige Teil des Schiffes, der gelitten hatte. Hoch oben am Großmast hing eine junge Frau in einem Bootsmannsstuhl und flickte die Lederriemen, mit denen die Segel gerefft wurden.

Als Kind hatte ich oft rücklings auf dem Hauptdeck gelegen und zugesehen, wie meine Mutter oben in der Takelage der *Lark* herumkletterte. Ihr dunkelroter Zopf hatte wie eine Schlange über ihrem Rücken gehangen, und ihre sonnengebräunte Haut hatte einen starken Kontrast zum strahlenden Weiß der Segel gebildet. Ich blinzelte, um die Erinnerung zu vertreiben, bevor sie zu schmerzhaft wurde.

»Du hast in letzter Zeit ziemlich viel zu verkaufen.« West ließ die Schürferlupe in seine Hand fallen.

»Glückssträhne.« Ich hakte die Daumen in den Gürtel und wartete ab.

Er kratzte sich die blonden Stoppeln am Kinn, wie immer, wenn er nachdachte. »Glück zieht meistens Ärger nach sich.« Als er den Blick hob, hatte er die Augen zu Schlitzen verengt. »Sechs Kupferstücke.« Er griff nach dem Geldbeutel an seiner Hüfte.

»Sechs?« Ich zog die Augenbrauen hoch und zeigte auf den größten Klumpen Pyrum in seiner Hand. »Allein der da ist schon mindestens drei wert.«

Sein Blick wanderte zu den Schürfern und Händlern auf dem Kai hinter mir. »Ich an deiner Stelle würde nicht mehr als sechs Kupferstücke mit zur Insel zurücknehmen.« Er fischte die Münzen aus dem Beutel. »Den Rest kriegst du beim nächsten Mal.«

Ich presste die Lippen zusammen und ballte die Fäuste. Dass er vorgab, mir einen Gefallen zu tun, indem er mir nur einen Teil dessen gab, was mir zustand, brachte mein Blut zum Kochen. So liefen die Dinge in dieser Welt nicht.

»Ich kann allein auf mich aufpassen. Zehn Kupferstücke – oder du musst dir eine neue Quelle suchen.« Ich entriss ihm die Schürferlupe und streckte ihm die flache Hand entgegen. Es war klar, dass ich die Münzen bekommen würde, denn West kaufte sein Pyrum immer nur von mir. In den vergangenen zwei Jahren hatte er kein einziges Geschäft mit einem der anderen Schürfer gemacht.

Seine Kiefer mahlten, als er die Hand so fest um die Steine schloss, dass sich seine Knöchel weiß verfärbten. Er murmelte etwas, das ich nicht verstand, und griff in die Tasche seiner Weste. »Du solltest lieber nicht so viel auf einmal verkaufen«, sagte er mit gedämpfter Stimme, während er die Münzen abzählte.

Er hatte recht. Das wusste ich. Aber noch gefährlicher war es, Pyrum *und* Kupfer auf der Insel zu horten. Die Münzen waren kleiner, ließen sich leichter verstecken, und mir war es lieber, wenn ich nur eine Sache hatte, nach der die anderen gierten. »Ich weiß, was ich tue«, sagte ich und versuchte so zu klingen, als würde ich meinen eigenen Worten glauben.

»Wenn du beim nächsten Mal nicht auftauchst, weiß ich, warum.« West wartete, bis ich zu ihm aufschaute. Durch die langen Tage an Deck des Schiffes hatte seine Haut einen tiefen Olivton angenommen, was seine Augen so grün leuchten ließ wie das Jadeit, das meine Mutter mich nach ihren Tauchgängen hatte polieren lassen.

Er ließ die Münzen in meine Hand fallen und ich lief los. Unterwegs steckte ich das Geld in meinen Beutel und schob ihn zurück unter mein Hemd. Kurz darauf hatte ich den Pulk am Kai erreicht und drängte mich zwischen den stinkenden Körpern hindurch. In meiner Kehle hatte sich ein Kloß gebildet. Das Gewicht der Kupfermünzen machte mich unruhig und Wests Worte hallten noch nach. Vielleicht hatte er recht. Vielleicht …

Ich drehte mich noch einmal um und stellte mich auf die Zehenspitzen, um über die Schultern der Schürfer hinweg einen Blick auf die *Marigold* zu werfen. Von West war nichts mehr zu sehen.

Kapitel 4

Koy wartete in seinem Boot, als ich zum Strand kam.

Der Wind blies ihm das dunkle Haar aus dem Gesicht, während er über die Wogen schaute. Als ich ihn zum ersten Mal gesehen hatte, war er mir von der Küste aus hinterhergeschwommen, um mich von der Sandbank zu vertreiben, auf der ich gerade fischte. Seitdem hatte er mich nicht mehr aus den Augen gelassen.

»Wo sind die anderen?«, fragte ich, schnipste ihm ein Kupferstück zu und warf meinen Gürtel ins Boot.

Er fing die Münze auf und steckte sie in den Beutel, der am Mast hing. »Noch mit den Händlern beschäftigt.«

Wir kletterten an Bord. Koy löste die Leinen und wir trieben hinaus.

Kaum war das Segel gesetzt, griff der Wind hinein, sodass das Boot sich erst stark zur Seite legte und sich dann rasch vom Ufer entfernte. Ich schnallte mir gerade den Gürtel um, als ich bemerkte, wie Koy über die Schulter hinweg auf meine Werkzeuge schaute. Er hatte mich schon früher bestohlen, auch wenn ich ihn nie auf frischer Tat ertappt hatte. Ich hatte meine Verstecke mehrmals gewechselt, doch irgendjemand spürte sie immer auf. Die Schürfer waren raue, abgebrühte Kerle, aber sie waren nicht dumm, am allerwenigsten Koy. Und er hatte mehr hungrige Mäuler zu stopfen als alle anderen.

Er musste seine Großmutter und seine beiden Geschwister ernähren, was ihn zu einem der gefährlichsten Bewohner der Insel machte. Für andere verantwortlich zu sein war der schlimmste Fluch überhaupt – hier auf Jeval, draußen auf dem Wasser und selbst in den Städten am Engen Meer. Halbwegs ruhig schlafen konnten nur Einzelgänger. Das zählte zu den ersten Dingen, die Saint mir eingebläut hatte.

Im Hafen der vorgelagerten Inseln lag immer noch die *Marigold*, und hinter ihr zog dunkel ein weiterer Sturm auf. Er drohte noch schlimmer zu werden als der erste, doch wenn ich den Wind und die Wolken richtig deutete, würde er sich weitgehend ausgetobt haben, bevor er uns erreichte. Dennoch würden die *Marigold* und die anderen Schiffe vermutlich erst am Morgen auslaufen.

»Was hast du eigentlich vor mit dem vielen Kupfer, Fable?«, fragte Koy, während er die Leine aufschoss.

Ich hielt den Blick fest auf das Tau in seiner schwieligen Hand gerichtet. »Welches Kupfer?«

Er lächelte amüsiert und zwischen den Lippen blitzten seine Zähne auf. »Ich weiß, dass du so viel Pyrum verkaufst, wie du finden kannst. Aber ich verstehe nicht, was du mit dem Geld vorhast. Planst du, ein Boot zu kaufen? Oder ins Geschäft mit den Händlern einzusteigen?«

»So viel Pyrum finde ich gar nicht.« Ich zuckte mit den Schultern und wickelte mir eine Haarsträhne um den Finger. Im Sonnenlicht glich deren Farbe Kupfer. »Nicht mehr als sonst.«

Koy grinste und lehnte sich im Bug zurück. Seine Ellbogen ragten über den Bootsrand hinaus. »Weißt du, warum ich dich nie gemocht habe?«

Ich lächelte zurück. »Warum?«

»Es hat nichts damit zu tun, dass du eine Lügnerin bist. Alle auf der Insel lügen. Das Problem ist, Fable, dass du eine *gute* Lügnerin bist.«

»Ah. Ich habe dich auf jeden Fall von Anfang an gemocht, Koy.«

Er lachte, während er das Segel reffte und das Boot an Fahrt verlor. »Siehst du? Ich hätte dir fast geglaubt.«

Ich stand auf und sprang ins kalte Wasser. Als ich wieder durch die Oberfläche brach, war Koy bereits davongefahren, auf dem Weg zum südlichen Riff. Da er sich nicht umschaute, wartete ich nicht, sondern schwamm direkt in die entgegengesetzte Richtung, mit bedächtigen Zügen, um Kraft zu sparen. Meine Muskeln und Knochen waren steif und müde, aber es würde noch dauern, bis ich mich erholen konnte. Jetzt, wo die Schürfer misstrauisch geworden waren, musste ich wachsam bleiben. Mir blieb nur eine Wahl: möglichst schnell genügend Kupfer aufzubringen, um die Insel zu verlassen.

Als ich den gelben Seefächer erspähte, zog ich den Gürtel fester und begann, im gewohnten Rhythmus ein- und auszuatmen. Sobald ich den vertrauten Stich zwischen meinen Rippen spürte, tauchte ich ab in Richtung Meeresgrund, durch einen Schwarm Fische hindurch, die wie eine Wolke aus schillernden Schuppen über mir auseinanderstiebten. Ich verschwendete keine Zeit damit, mich bis zur Bruchkante vorzuarbeiten. Das leise Summen des Pyrums tanzte auf meiner Haut, also zog ich das Werkzeug aus dem Gürtel und machte mich an die Arbeit. Mit festen Schlägen trieb ich den Meißel in ein neues Stück Gestein. Es bestand zum Großteil aus Korallen und Basalt, doch nachdem ich mich gut einen halben Meter vorgearbeitet hatte, stieß ich auf die glatte Oberfläche von Pyrum. Es war ein kleines Stück und würde sich daher leicht lösen lassen, aber die Suche nach einem größeren könnte den ganzen Nachmittag in Anspruch nehmen. Also stützte ich mich auf dem Riff ab und hob den Hammer zu einem weiteren Schlag. Ich traf den Meißel genau im richtigen Winkel und konnte selbst unter Wasser hören, wie ein kleines Stück Pyrum abbrach.

Plötzlich rutschte meine Hand ab und schlug gegen eine scharfe Kante. Über mir war ein Schatten aufgetaucht und hüllte mich in Dunkelheit. Ich zuckte zusammen und ließ den Hammer fallen. Mein rasendes Herz ließ die Luft in meiner Lunge knapp werden. Ich drückte mich rückwärts unter den Felsvorsprung, die kalte Hand fest um den Meißel geklammert. Eine Gruppe Walhaie zog über das Riff hinweg und schwamm im Zickzack durch die Sonnenstrahlen, die durch die Meeresoberfläche in die Tiefe drangen. Ich lachte erleichtert auf und stieß dabei einen Schwall Luftblasen aus. Das Engegefühl in meiner Brust ließ nach. Aber ich brauchte Sauerstoff.

Also stieß ich mich vom Fels ab und ließ mich zwischen zweien der Tiere nach oben treiben. Unterwegs strich ich mit der Hand über ihre raue, gefleckte Haut. Sie zuckten mit der Schwanzflosse und ich schwamm lächelnd weiter in Richtung Sonnenlicht.

Doch als ich durch die Oberfläche brach, packte mich etwas am Arm und zog mich wieder hinab, noch bevor ich hatte einatmen können. Ich keuchte unter Wasser auf, sodass auch die letzte Luft aus meiner Lunge entwich, und schlug wild um mich.

Inmitten des Fischschwarms unter mir war Koys Gesicht aufgetaucht und er umklammerte mein Handgelenk. Ich schaffte es, nach ihm zu treten und ihn mit der Ferse an der Schulter zu treffen, sodass er mich losließ. So schnell ich konnte schwamm ich auf das Licht zu, denn ich merkte, wie mir langsam schwarz vor Augen wurde. Als ich endlich oben war, rang ich mit brennender Lungenach Luft. Das Boot schaukelte ganz in der Nähe, hinter ein paar Felsen, sodass ich es von unten nicht hatte sehen können.

Koy war mir gefolgt.

Bei meinem nächsten Atemzug brach er durch die Oberfläche und stürzte sofort wieder auf mich zu. Ich versuchte, außer Reichweite zu gelangen, aber er packte mich am Haar und zerrte mich zurück.

»Wo ist es?«, brüllte er und verstärkte den Griff. »Sag mir, wo es ist!«

Ich wand mich und rammte den Ellbogen nach hinten, mitten in sein Gesicht. Seine Finger lösten sich und ich schwamm hastig zum Boot. Doch Koy folgte mir, und er war schneller als ich. Als ich das Heck erreichte, packte er meinen Fuß. Ich bekam die Kante zu fassen und versuchte, mich trotz seines Griffs an Bord zu ziehen. Koy knurrte auf und zerrte so heftig an meinem Bein, dass ich abrutschte und mit dem Gesicht hart gegen die Außenwand knallte. In meinem Kopf explodierte ein Feuerwerk. Doch meine Finger krallten sich erneut um die Kante, und ich zog mich hoch und tastete hektisch nach dem Ruder. Als ich es gefunden hatte, riss ich den Arm zurück und schlug Koy das flache Ende gegen den Kopf.

Er ließ los und rutschte zurück ins Wasser. Ich hievte mich hustend ins Boot und sah, dass er die Augen verdreht hatte und langsam unterging. Aus seiner Stirn strömte rotes Blut und breitete sich wie eine Tintenwolke im Wasser aus. Ich nestelte mit zitternden Fingern an den Leinen herum, doch als ich das Segel hissen wollte, war ich plötzlich wie blockiert.

Koy war immer noch zu sehen, er trieb direkt unter der Oberfläche.

»Alter Bastard«, stöhnte ich, ließ das Ruder fallen und sprang wieder ins Wasser.

Bei ihm angekommen, griff ich unter seinen Armen hindurch und zog ihn zum Boot. Er war so schwer, dass wir fast gekentert wären, als ich seinen schlaffen Körper über die Bordwand zerrte. Sobald der Oberkörper drinnen hing, wuchtete ich die Beine hinterher und er rollte in den Bootsrumpf.

Die Aktion hatte mich den letzten Rest meiner Kräfte gekostet. Meine Muskeln krampften, und ich würgte das Salzwasser aus, das ich verschluckt hatte. Mit zitternden Händen sah ich zu Koy hinüber. Aus seiner Wunde floss weiter Blut, und ich wünschte mir, dass er nicht mehr atmete. Ich wünschte mir, er wäre tot.

Aber so viel Glück hatte ich nie.

Mit einem Wutschrei trat ich ihm in die Seite, bevor ich mich wieder neben ihm auf das Deck fallen ließ und nach Atem rang. Dann spuckte ich das Blut, das sich durch den Kampf in meinem Mund gesammelt hatte, ins Wasser und schaute zur Insel hinüber. Meine Lippe war aufgeplatzt und meine Wange geschwollen, aber ich lebte noch. Das war immerhin etwas.

Ich hätte ihn einfach untergehen lassen sollen. Ihn in der Dunkelheit und Tiefe des Wassers ertrinken lassen. Warum hatte ich das nicht getan?

Du bist nicht für diese Welt gemacht, Fable.

Ich fluchte und kniff die Augen zusammen, als Saints Worte durch meinen schmerzenden Kopf hallten. Das Gleiche hatte er über meine Mutter gesagt.

Ich griff nach dem Ruder, das immer noch im Wasser trieb, und machte mich mit schwachen Armen daran, das Segel dichtzuholen. Die Leine fühlte sich bleischwer an, als ich daran zog, und als der Wind in das aufgespannte Tuch griff, rollte mir eine heiße Träne über die Wange.

Mir blieben keine drei Wochen mehr. Mir blieben nicht einmal mehr drei Tage.

Auf der Rückseite der vorgelagerten Inseln lag immer noch die *Marigold,* die Segel zum Schutz vor dem aufkommenden Sturm gerefft.

Sollte ich bis zum Sonnenuntergang noch leben, hätte ich genau eine Chance, von Jeval zu entkommen. Und die würde ich nutzen.

Kapitel 5

Wie es das Schicksal wollte, war der Strand so gut wie leer, als ich das Boot an Land zog. Vielleicht hatte Koy die Wahrheit gesagt, als er behauptete, die Schürfer seien noch mit den Händlern beschäftigt. Oder sie bereiteten sich auf den aufziehenden Sturm vor. So oder so bekam kaum jemand meine Rückkehr mit.

Ich deckte Koys reglosen Körper mit einem Knäuel Netze ab, schnappte mir meinen Gürtel und sprang aus dem Boot ins flache Wasser. Sollte mich jemand sehen, würde er als Erstes fragen, was ich allein in Koys Boot zu suchen hatte. Die zweite Frage würde lauten, wo Koy sei.

Ich warf das Ruder ins Boot und versuchte, ganz normal zu wirken, als ich wie üblich den Weg zu der Bucht einschlug, in der ich meine Fischfallen auslegte. Die Sonne hatte den höchsten Punkt überschritten und der Wind frischte auf. Die Besatzung der *Marigold* würde sich darauf vorbereiten, direkt nach dem Sturm auszulaufen.

Ein Schürfer, der einen Stapel leerer Körbe auf dem Arm trug, warf mir im Vorbeigehen einen neugierigen Blick zu, und ich befühlte vorsichtig meine Lippe. Ich wusste nicht, wie schlimm mein Gesicht aussah, konnte es aber ohnehin nicht verstecken. Sobald Koy entdeckt war, würden die Leute eins und eins zusammenzählen.

Als ich den Pfad erreicht hatte, wendete ich mich nach Süden, zum Ende des längsten Strandstücks. Wenn die Sonne hinter der Felswand verschwand, lag dieser Abschnitt im Schatten. Ich folgte dem Pfad bis auf die Klippen hinauf und schaute mich unterwegs alle paar Schritte um. Doch sobald ich den Felsen umrundet hatte, blieb ich wie angewurzelt stehen und schnappte nach Luft.

Irgendjemand hatte mein Lager durchwühlt und alles mitgenommen, was irgendwie wertvoll oder nützlich war. Der Rest lag im Sand verstreut.

Koy hatte eine Intrige gesponnen. Er hatte mich allein in seinem Boot hinausgefahren, um herauszufinden, wo ich auf Pyrum gestoßen war, während seine Verbündeten mein Lager nach Kupfer und Steinen durchsuchten. Womit er nicht gerechnet hatte, war, dass ich es lebendig auf die Insel zurückschaffen könnte. Und egal, ob er wieder aufwachte oder nicht – irgendjemand würde mir ein Messer in den Bauch rammen, noch bevor der Sturm auf die Insel traf.

Mein Blick huschte zum Baum, der über den Abgrund ragte, und mein Herz setzte kurz aus.

»Bitte, bitte, *bitte …*« Ich lief los und sprang von der Klippe an den dicksten Ast, um mich von da auf den Stamm zu schwingen. Meine Finger glitten hektisch über die Rinde, bis ich den Hohlraum erreicht hatte. Mit einem leisen Schrei krallte ich die Finger um den Beutel und drückte ihn mir an die Brust. Sie hatten ihn nicht gefunden.

Ich wischte mir mit dem Handrücken über die Augen und erschauderte, als vor meinem inneren Auge plötzlich der über dem Riff treibende Leichnam auftauchte. Wenn ich mich nicht beeilte, würde auch ich bald an einer Kette an den Korallen hängen, bis das kalte Meerwasser meine Lunge füllte. Ich kletterte zurück auf die Klippen und riss einen langen Streifen Stoff vom unteren Rand meines Hemdes ab. Damit band ich mir den Beutel an die Handfläche und verknotete das Ende mit den Zähnen. Dieses Kupfer würden sie nur bekommen, wenn sie es aus meinen kalten, toten Fingern klaubten.

Unter mir näherten sich mehrere Boote voller Schürfer, die von den vorgelagerten Inseln zurückkehrten. Fast alle schauten Richtung Horizont, wo sich schwarze Wolken vor den aufgehenden Mond schoben. Ich suchte den Strand nach Koys Boot ab, und als ich es fand, gefror mir fast das Blut in den Adern. Das Boot war immer noch da, wo ich es an Land gezogen hatte, aber Koy war verschwunden.

Mein Blick fiel auf den halbdunklen Pfad. Dieser Weg kam nicht in Frage. Dort würde ich garantiert jemandem in die Arme laufen, der nach mir suchte.

Ich drehte mich um und lief weiter bergauf, in ein Labyrinth aus trockenen Flussbetten hinein, in dem sich lauter loses Gestein angesammelt hatte. Meine nackten Fußsohlen fanden im schwachen Licht nur schwer einen festen Stand und ich stützte mich mit einer Hand an der Wand ab. Dieser Weg führte über die Serpentinen, doch als ich ihn vor zwei Jahren das letzte Mal genommen hatte, war ich gestürzt und hatte mir das Bein gebrochen. In den zwei Wochen danach wäre ich fast verhungert, weil ich mir weder etwas zu essen beschaffen noch Feuerholz sammeln konnte.

Doch jetzt war mir der Sturz in den Tod lieber als das, was Koy mit mir anstellen würde, wenn er mich fand.

Ich biss mir auf die Unterlippe, als sich die Felswand vor mir öffnete und der Wind in den Hohlraum hinter mir fuhr. Mit angehaltenem Atem, aber ohne zu zögern trat ich auf den schmalen Pfad hinaus. Vom Wasser stieg eine warme Brise auf und drückte mich gegen das Gestein, und ich versuchte, nur auf den Weg vor mir zu schauen, während ich einen Arm über den Abgrund ausstreckte, um das Gleichgewicht zu halten.

Stück für Stück schob ich mich voran, bis ich plötzlich auf etwas Spitzes trat und mit einem schmerzerfüllten Laut zurückzuckte. Ein Tropfen Blut fiel auf den Stein unter mir, und ich beschleunigte meine Schritte. Noch bevor ich ganz unten angelangt war, sprang ich vom Pfad in den Sand. Die Landung war hart und ich musste mich über die Seite abrollen. Dann rappelte ich mich auf und humpelte zum Wasser hinüber.

In der Ferne lagen mehrere Schiffe im Hafen, die dort für die Nacht vertäut waren. Von den Bäumen wehte der Geruch von gegrilltem Fisch und Lagerfeuern herüber, was bedeutete, dass die meisten Schürfer sich gerade ihr Abendessen zubereiteten. Alle bis auf einen.

Speck lag auf dem Rücken, berauscht vom Roggenwhiskey, den er sich von den Tageseinnahmen gekauft hatte. Das Wasser umspülte seine Füße, und aus seinem offenen Mund ertönte ein sägendes Schnarchen. Ich stupste ihm mit dem Fuß in die Flanke und wartete kurz ab, aber er gab nur ein Gurgeln von sich und rollte auf die Seite, sodass sein Gesicht im Sand lag.

»Tut mir leid, Speck«, wisperte ich und trat mit einem großen Schritt über ihn hinweg.

Aber das war gelogen. Während ich in den letzten vier Jahren um das Überleben gekämpft hatte, hatte Speck so viel Geld für Roggenwhiskey ausgegeben, dass ich mich mein ganzes Leben lang davon hätte ernähren können. Außerdem war sein Boot meine einzige Chance, hier wegzukommen.

Ich watete leise ins Wasser und legte meinen Schürfergürtel ins Boot. Dann kletterte ich hinterher und lichtete mit klopfendem Herzen den kleinen Anker.

»Fable!«, brüllte eine heisere Stimme durch das Halbdunkel.

Ich fuhr herum und schaute zu den Bäumen hinüber. Mein Gesicht war plötzlich ganz heiß geworden. Rasch zog ich den Anker ins Boot und hisste das Segel.

»Fable!« Erneut hallte der Ruf durch die Luft, klar und deutlich trotz der Brandung.

Das Boot trieb langsam hinaus und ich griff nach den Rudern. Ich würde nachhelfen müssen, bis der Wind ins Segel griff, aber mir lief die Zeit davon. In dem Augenblick kam eine Gestalt zwischen den Bäumen hervorgerannt.

Koy.

Sobald er mich sah, sprintete er den Abhang hinunter, dass der Sand nur so spritzte. Dunkles Blut rann über seine Schläfe und seinen Hals und breitete sich wie die Finger einer Hand auf seiner nackten Brust aus.

Ich tauchte die Ruder ein und zog sie stöhnend durch das Wasser. Über mir hing das Segel schlaff am Mast. Ich kam nicht schnell genug voran. Mein Herz raste, als Koys Boot hinter mir ins Wasser platschte.

»Komm schon!«, schrie ich den Wind an. »Los!«

Mit einem Knallen blähte sich das Segel. Der Baum schwang über das Deck und riss mich von den Beinen, und das Boot schoss mit einem Ruck nach vorn. Ich krabbelte zurück ins Heck und griff nach der Ruderpinne. Koy steuerte direkt auf mich zu. Die vorgelagerten Inseln waren in Dunkelheit gehüllt, doch hinter mir war Jeval in das letzte Glühen eines bernsteinfarbenen Sonnenuntergangs getaucht. Und Koy holte auf.

Es war dumm gewesen, ihn nicht ertrinken zu lassen. Es war

dumm gewesen, überhaupt allein zu ihm ins Boot zu steigen. Ich hatte ihm die Gelegenheit verschafft, mir am Riff aufzulauern. Wenn er mich jetzt erwischte, bevor ich die *Marigold* erreichte, konnte ich niemandem einen Vorwurf machen außer mir selbst.

Du bist nicht für diese Welt gemacht, Fable. Willst du mir das Gegenteil beweisen? Dann finde einen Weg, diese Insel zu verlassen.

»Ach, halt die Klappe!«, stieß ich mit belegter Stimme und Tränen in den Augen hervor, als Saints Gesicht vor meinem inneren Auge auftauchte. Wenn ich jetzt starb, wäre das nur der Beweis, dass er recht gehabt hatte.

Im Hafenbecken angekommen, bremste ich gar nicht erst ab. Stattdessen stieg ich auf den Rand des Bootes, verschränkte die Arme vor der Brust und sprang samt Gürtel und Geldbeutel ins dunkle Wasser. Als ich wieder auftauchte, krachte Specks Boot gerade gegen den Anlegesteg. Das massive Holz knackte und splitterte unter dem Aufprall. Ich schwamm zur Leiter, kletterte hinauf und rannte los, sobald meine Füße die Bohlen erreicht hatten.

»West!«, schrie ich in die Dunkelheit hinein, als die *Marigold* in Sicht kam.

Die Schiffe trieben stumm an ihren Anlegestellen, mit flackernden Laternen auf leeren Decks. Hinter mir hörte ich Koys schwere Schritte auf dem Kai. Schneller als meine.

»West!«

Eine Gestalt erschien auf der Steuerbordseite der *Marigold,* und als sie die Laterne hob, fiel das Licht auf das Gesicht einer jungen Frau – der gleichen, die ich morgens in der Takelage gesehen hatte.

»Fable!«, dröhnte Koys Stimme hinter mir. Sie klang wie ein Donnergrollen.

Die junge Frau sah schweigend auf mich hinab, als ich auf Höhe des Schiffes abrupt stehen blieb.

»Bitte!«, rief ich und streckte die Hände nach der hochgezogenen Leiter aus.

Der Blick der Frau wanderte zu Koy, der hinter mir erschienen war. Sie zögerte einen Augenblick und zog dann an dem Seil, das die Strickleiter entrollte. Ich sprang ihr entgegen und schwang wie ein Pendel über das Wasser, sodass ich mit der Schulter gegen den Schiffsrumpf prallte.

Koy war jetzt da und versuchte, meine Beine zu packen, doch ich trat nach seinen Händen und kletterte zitternd die Leiter hinauf. Oben angekommen, rollte ich mich über die Reling, landete hart auf dem Rücken und schnappte nach Luft.

Die junge Frau beugte sich über mich, die Laterne immer noch in der Hand.

»Was zum Teufel treibst du da?« Plötzlich stand West hinter ihr, das Gesicht in der Dunkelheit fast unsichtbar. Er packte mich am Arm und zog mich unsanft auf die Beine.

Ich griff nach meinem Messer und machte den Mund auf, um etwas zu sagen, doch im nächsten Augenblick spürte ich die kalte Spitze einer Klinge in der weichen Haut unter meinem Kinn. Die Frau hatte sofort reagiert und einen juwelenbesetzten Dolch gezückt.

Ich hob die Hände und rührte mich nicht, als weitere Gestalten hinter West auf dem Deck auftauchten. Er selbst starrte mich immer noch wütend an.

»Fable!« Koys heisere Stimme hallte erneut von unten herauf, aber West bewegte sich nicht von der Stelle. Sein Blick blieb fest auf mich gerichtet.

»Vierzig Kupferstücke, wenn ihr mich mitnehmt.« Ich hob die Hand, an die ich den schweren Beutel gebunden hatte.

West stockte und ich sah ihm an, dass in seinem Kopf ein wilder Sturm an Gedanken tobte. Dann packte er mich erneut am Arm und schob mich zur Reling. »Runter von meinem Schiff.«

Ich biss mir hart auf die Lippe und spürte, wie mir erneut Tränen in die Augen stiegen. Ich würde ihm alles anbieten müssen, was ich hatte. »Ich gebe euch zweiundfünfzig Kupferstücke und zwei ansehnliche Stücke Pyrum«, keuchte ich. »Bitte.«

»Wir sind Händler. Wir nehmen keine Passagiere mit«, sagte West und ballte die Hände zu Fäusten.

Das war gelogen, und das wussten wir beide. Es kam ständig vor, dass Händler Passagiere an Bord nahmen.

Wests Blick fiel auf meine aufgeplatzte Lippe und seine Kiefermuskulatur zuckte. Ich konnte das getrocknete Blut auf meiner Haut spüren. »In was bist du da nur hineingeraten?« Er schaute über die Reling zu Koy hinunter, der auf dem Kai auf und ab lief und auf mich wartete.

Mit einer bedächtigen Bewegung zog ich mein Messer aus dem Gürtel und durchtrennte den Stoffstreifen, der um meine Handfläche und den Beutel gebunden war. Dann drückte ich West mein Geld vor die Brust.

»Ich nehme dich nicht mit.« Seine Stimme klang wie nasser Sand auf Stein.

Ich schluckte schwer und war froh über die Dunkelheit, denn ich spürte, wie mein Gesicht heiß wurde und mir verräterische Tränen in die Augen traten. »Dann eben nicht. Irgendein Kapitän hier im Hafen wird mein Kupfer schon nehmen.« Ich steckte mir die Klinge zwischen die Zähne und setzte einen Fuß auf die oberste Sprosse der Leiter.

West spannte die Schultern an und atmete tief durch. Seine Hand umklammerte die Reling. »Warte.«

Ich hielt inne. Eine Träne lief über meine Wange. Er schaute über mich hinweg zu den anderen Schiffen im Hafen, bevor er den Blick wieder auf das offene Meer richtete.

»West«, sagte die junge Frau warnend.

Er sah sie an, und sein Profil zeichnete sich scharf vor dem Mond ab. Dann fluchte er und streckte mir die Hand entgegen. »Gib mir das Kupfer.«

Mir fiel die Kinnlade runter. »Was?«

»Was?«, fragte auch einer der anderen, den ich nicht sehen konnte.

West ignorierte ihn. »Das Kupfer«, wiederholte er deutlicher.

Ich sprang von der Reling zurück an Deck. »Zweiundfünfzig Kupferstücke und zwei Stücke Pyrum für die Überfahrt nach Ceros«, wiederholte ich, um sicherzugehen, dass wir uns verstanden. Mein Tonfall verriet meine Verzweiflung.

»Einverstanden.«

Wir besiegelten die Abmachung per Handschlag. Die junge Frau neben mir hatte den Kopf schief gelegt und starrte West nur ungläubig an.

»Komm bloß nie wieder zurück«, brüllte Koy, und ich zuckte zusammen und ließ Wests Hand los. »Wenn ich dich noch einmal zu Gesicht bekomme, kette ich dich ans östliche Riff und schaue zu, wie das Fleisch an deinen Knochen verrottet!«

Ich sah ihm hinterher, wie er den Kai hinablief und in der Dunkelheit verschwand. Erst als ich mich wieder umdrehte und in die Gesichter der an Deck versammelten Mannschaft der *Marigold* schaute, wurde mir klar, was gerade passiert war.

Ich war von Jeval entkommen.

Kapitel 6

Ein Blitz erleuchtete die Wolken über der *Marigold* und spaltete sich in ein Spinnennetz aus Licht auf. In der Dunkelheit war der Sturm über die vorgelagerten Inseln heraufgezogen und der Wind trug einen kalten Nebel heran. Das Schiff schwankte, und auch die Laterne in der Hand der jungen Frau pendelte hin und her.

»Soweit ich mich erinnern kann, entscheiden wir so etwas alle gemeinsam.« Sie beäugte mich vom Kopf bis zu den nackten Füßen.

West ignorierte sie und warf den Beutel mit meinen Kupferstücken durch die Luft. Ein junger Mann, der hinter ihm stand, fing ihn mit beiden Händen auf. In seinen großen, runden Brillengläsern spiegelte sich das Licht der Laterne, als er mich anschaute.

»Ich sehe das genau wie Willa.« Ein Mann, dessen dunkles Haar zu einem Zopf gebunden war, trat vor. »Ich habe dich nicht fragen hören, ob *wir* eine Passagierin aufnehmen wollen.«

Ich verharrte im Schatten des Achterdecks, den Gürtel mit meinem Werkzeug an die Brust gepresst. Vier Besatzungsmitglieder standen vor dem Großmast und warteten auf eine Erklärung von West. Er schien seine Worte sorgfältig abzuwägen und die Stille wurde immer angespannter.

»Zweiundfünfzig Kupferstücke sind eine Menge Geld.« West sah zu der jungen Frau hinüber.

Sie lachte auf. »Das kann nicht dein Ernst sein! Was schert uns das Kupfer? Wir haben in den letzten zwei Jahren keinen einzigen Passagier mitgenommen, und ich sehe keinen Grund, das zu ändern.«

Der Mann mit der Brille beobachtete den Schlagabtausch, sein Blick wanderte zwischen den beiden hin und her. Die tintenfleckigen Finger, die meinen Beutel hielten, deuteten darauf hin, dass er der Zahlmeister war. Ihm war es vermutlich völlig egal, ob ich im nächsten Augenblick von Koy dahingemeuchelt wurde oder dass sie in den vergangenen zwei Jahren immer wieder Pyrum von mir gekauft hatten. Er musste dafür sorgen, dass sie sich nicht in fremde Angelegenheiten einmischten, auf wessen Seite auch immer.

»Was geht hier vor, West?« Ein dritter Mann, dessen Haut die Farbe von Obsidian hatte, kam die Treppe neben mir herab und strich sich mit einer Hand über den kahlgeschorenen Kopf.

»Kupfer ist Kupfer«, blaffte West. »Habt ihr ein Problem damit?«

Die junge Frau namens Willa starrte ihn aus ausdruckslosen Augen an. »Ja, habe ich.«

West wandte sich dem Zahlmeister zu, die Kiefer vor Verärgerung sichtlich angespannt. »Teil das Geld unter der Besatzung auf, Hamish. Ich tue so, als wüsste ich nichts davon. Trinkt euer Körpergewicht in Roggenwhiskey, wenn wir in Dern sind, oder kauft euch ein Paar neue Stiefel. Mir ist es egal, was ihr damit macht.«

Damit schien die Mannschaft erst einmal zufrieden zu sein. Die vier anderen schwiegen einvernehmlich. Dennoch tauschten sie weiter argwöhnische Blicke aus. Gegen mein Geld würden sie sich nicht wehren, vor allem wenn sie es unter der Hand erhielten. Aber meine Anwesenheit auf der *Marigold* missfiel ihnen, und es war ihnen egal, ob ich das mitbekam.

»Zweiundfünfzig Kupferstücke durch fünf«, murmelte Hamish, als würde die Entscheidung durch die Wiederholung des Betrags endgültig.

Ich schaute hinauf zu den beiden Masten des Schiffes. Ich war noch nie hier an Deck gewesen und hatte sie noch nie in voller Länge gesehen, weil meine Treffen mit West immer auf dem Kai stattgefunden hatten. Allem Anschein nach erledigte die Mannschaft sämtliche Aufgaben mit nur fünf Paar Händen, obwohl ein Schiff wie dieses eigentlich eine Besatzung von mindestens zehn, vielleicht sogar zwölf Leuten verlangt hätte.

»Durch vier«, korrigierte West. »Ich verzichte auf meinen Anteil.«

Hamish nickte nur. Ich versuchte, Wests Gesichtsausdruck zu deuten, aber ohne Erfolg.

»Hast du nicht gerade noch gesagt, dass du sie wegen des Kupfers mitnimmst?« Willa starrte ihn an, die Augen zu Schlitzen verengt.

Er erwiderte ihren Blick und deutete mit dem Kopf in meine Richtung, bevor er sich auf dem Absatz umdrehte. Seine Schritte hallten über das Deck, als er an der Besatzung vorbeilief und durch eine offene Tür verschwand.

Willa atmete tief durch und sah ihm hinterher, bevor sie sich mir zuwandte. Ich zuckte zusammen, als das schwache Licht der Laterne die andere Seite ihres Gesichts erhellte. Auf ihrer linken Wange prangte eine üble, rosafarbene Brandwunde, die gerade erst verheilte. Sie zog sich vom Halsansatz bis über den Kiefer und lief spitz zu.

Ich wusste genau, was ich da vor mir hatte. Solche Wunden hatte ich bereits früher gesehen – sie entstanden durch ein langes Messer, dessen Klinge über dem Feuer zum Glühen gebracht und dem Opfer dann ins Gesicht gedrückt wurde, um ihm eine Lektion zu erteilen. Bestrafungen wie diese waren darauf ausgelegt, das Opfer noch lange nach dem akuten Schmerz zu demütigen. Was für ein Verbrechen Willa auch begangen haben mochte – sie hatte dafür bezahlt.

Erst als ich ihr in die Augen schaute, bemerkte ich, dass sie meine Reaktion aufmerksam beobachtet hatte. »Komm mit.« Sie senkte die Laterne, sodass ihr Gesicht wieder im Schatten verschwand, und lief an mir vorbei durch die Luke, die unter Deck führte.

Ich wandte mich noch einmal um und schaute auf den Kai hinab. Koy könnte jeden Augenblick wieder am Strand ankommen, und Speck würde erst am nächsten Morgen aus seinem Rausch erwachen und feststellen, dass sein Boot verschwunden war. Aber das spielte keine Rolle – ich würde ihn und die Insel nie wiedersehen.

Hoffte ich zumindest.

Ich spürte die Blicke der Besatzung in meinem Rücken, als ich entschieden von der Reling zurücktrat und hinter Willa in den engen Gang hineinschlüpfte. Vor mir war das Quietschen des Laternengriffes zu hören, und ich folgte dem Licht eine Holztreppe hinab in einen Bereich des Schiffes, in dem es durchdringend nach gepökeltem Fisch und überreifem Obst roch. In alle drei Türen, die von hier abgingen, war das Wappen der *Marigold* gebrannt. Ich strich im Vorbeigehen mit dem Finger über die Blume, die von einem Kranz aus Zweigen umgeben war. In ihrer Mitte prangte ein winziger, fünfzackiger Stern.

Als kleines Mädchen auf dem Schiff meines Vaters hatte ich die Wappen aller Händler auswendig gekannt. Aber dieses hatte ich noch nie gesehen, bis die *Marigold* vor zwei Jahren in den Hafen der vorgelagerten Inseln eingelaufen war, um Pyrum zu kaufen. Wo auch immer die Mannschaft herkam, sie war offensichtlich noch neu im Geschäft und musste sich erst einen Namen machen. Wie sie zu einem Schiff und einer Lizenz vom Handelsrat gelangt war, war mir ein Rätsel.

Willa betrat einen Raum und hängte die Laterne an einen rostigen Haken in der Wand. Ich zog den Kopf ein und folgte ihr in eine kleine Kajüte, in der mehrere Hängematten an niedrigen Balken baumelten.

»Hier schläfst du«, sagte sie und lehnte sich an eine Strebe. Ihr Blick glitt an mir herunter, bis er plötzlich stockte. Ich bemerkte, dass die Spitze meiner Narbe unter meinem Ärmel hervorlugte. »Es wird ein paar Tage dauern, bis wir in Ceros sind. Erst legen wir noch in Dern an.«

Ich nickte und hielt mich mit dem Rücken zur Wand.

»Brauchst du etwas zu essen?«

»Nein«, log ich. Ich hatte in den letzten zwei Tagen nur einen einzigen Barsch gegessen, aber ich war nicht dumm. Sie wollte mich dazu bringen, in ihrer Schuld zu stehen.

»Gut.« Sie grinste. »Unsere Vorräte sind nämlich für die Mannschaft vorgesehen. Wer mitessen will, muss dafür arbeiten.«

Da war er – der Haken. Ich wusste, wie es auf diesen Schiffen lief, weil ich selbst auf einem aufgewachsen war. Mir war bewusst gewesen, worauf ich mich einließ, seit ich den Plan gefasst hatte, mithilfe der *Marigold* von Jeval zu entkommen, aber ich hatte nicht damit gerechnet, nichts zum Tauschen dabeizuhaben. Ich würde mich allen Anweisungen fügen müssen, bis wir in Ceros waren.

Doch die Art und Weise, wie Willa mich ansah, machte mich

nervös. Ich hatte die Mannschaftsmitglieder gegen mich aufgebracht, und wenn ich keine Möglichkeit fand, die Sache wieder ins Lot zu bringen, würden sie mich über Bord werfen, bevor wir das Enge Meer überquert hatten.

Ich duckte mich unter einem Balken hindurch und sah, dass meine Hängematte nur an einem Ende aufgehängt war und mit dem anderen über den feuchten Boden schleifte. An der Wand befanden sich eine Reihe Seemannskisten aus Holz und Eisen, die fest mit den Planken verschraubt waren. Fast alle waren mit Vorhängeschlössern versehen – nur eine, auf die Wasser hinabtropfte, stand offen und enthielt einen Schürfergürtel mit Werkzeug. Darüber hing ein Paar Stiefel an einem krummen Nagel. Vielleicht gehörten sie dem Schürfer des Schiffes.

Willa nahm die Laterne von der Wand und kehrte in den Gang zurück. Hinten in ihrem Gürtel funkelte der juwelenbesetzte Dolch. Sie stieg die Treppe hinauf und ließ mich allein im Stockdunkeln zurück. Ich hörte ihre Schritte auf dem Deck über mir, als ich das lose Ende der Hängematte über einen Eisennagel schob und mich in den dicken, feuchten Stoff sinken ließ.

Bis auf die entfernten Stimmen von oben waren hier unten nur die Geräusche des Meeres zu hören. Ich sog die abgestandene Luft ein und lauschte dem Ächzen des Holzes und dem Schwappen der Wellen rund um den Schiffsrumpf. Plötzlich war ich wieder das kleine Mädchen, das in einer Hängematte auf der *Lark* schaukelte.

Ich hatte geschlafen, als auf dem Schiff meines Vaters auf einmal die Schiffsglocke durch die Nacht hallte. Nur wenige Minuten später war neben dem heulenden Wind das Splittern des Mastes zu hören, gefolgt von lauten Schreien. Kurz darauf griffen Hände nach mir, und zwischen den Bohlen drang gerade genügend Mondlicht hindurch, dass ich das Gesicht meines Vaters erkennen konnte.

Das war die Nacht, in der die *Lark* gesunken war. Und meine Mutter gestorben.

Innerhalb eines Augenblicks hatte sich alles verändert.

Am nächsten Tag setzte er mich auf Jeval aus.

Ich griff in die kleine Tasche, die ich in die Innenseite meines Hosenbundes genäht hatte, und zog meine letzten Kupferstücke hervor. Ich hatte ihnen nicht mein *gesamtes* Geld überlassen. Diese sechs Münzen waren die ersten, die ich je verdient hatte. Ich hatte sie niemals ausgegeben, sondern immer für den Notfall aufgespart. Jetzt waren sie alles, was ich noch hatte. Doch in der Stadt würde ich mit sechs Kupferstücken gerade einmal ein oder zwei Tage über die Runden kommen. Der Zwischenstopp in Dern war meine einzige Chance, sie zu vermehren, bevor wir in Ceros eintrafen. Sonst müsste ich Saint mit leeren Händen entgegentreten – und ich hatte mir geschworen, das niemals zu tun.

Im Gang knarrte etwas, und ich griff blitzschnell nach dem Messer in meinem Gürtel. Während ich noch in die formlose, leere Dunkelheit starrte und auf weitere Geräusche horchte, schob ich die Münzen wieder in die kleine Tasche. Doch außer dem Heulen des Unwetters, das über Jeval aufzog, war nichts zu hören. Als sich das Schiff neigte, fiel irgendwo eine Tür zu. Ich drückte das Messer an die Brust und lauschte.

Nur ein paar Tage.

So lange musste ich es noch schaffen, am Leben zu bleiben. Dann könnte ich meinen Vater aufsuchen und das einfordern, was er mir versprochen hatte. Was er mir schuldete.

Ich schob die Hand in meinen Ärmel und befühlte die wulstige Narbe auf meinem Arm. Mit dem Finger fuhr ich das Labyrinth aus Hautsträngen ab, dessen Muster ich längst auswendig kannte. Das war das Werk meines Vaters gewesen, an dem Tag, an dem er mich auf Jeval zurückließ. Ich war vor Schock wie gelähmt gewesen, als er die Spitze seines Messers ohne mit der Wimper zu zucken durch mein Fleisch zog. Hinterher redete ich mir ein, dass er vor lauter Trauer um meine Mutter verrückt geworden war. Dass sein Geist angesichts des Verlusts zerbrochen war.

Und doch erinnerte ich mich an den sanften Zug um seinen Mund, als die Klinge durch meine Haut schnitt. Daran, wie er den Kopf schief gelegt hatte, als mein Blut über seine Finger rann. Seitdem hatte ich immerzu von dem Augenblick geträumt, in dem wir uns wiedertreffen würden. Ich hatte an nichts anderes denken können. Und jetzt, da dieser Moment vor der Tür stand, drehte sich mir der Magen um und mein Herz raste. Der Mann, der mir beigebracht hatte, Knoten zu knüpfen und Karten zu lesen, war nicht der gleiche Mann wie der, der sich das blutverschmierte Messer zurück in den Gürtel gesteckt hatte und davongesegelt war.

Nicht mehr lange, dann würde ich in Ceros sein. Und ich wusste nicht, welchen Mann ich dort antreffen würde.

Kapitel 7

Das laute Geräusch eines Blocks, der auf die Planken fiel, riss mich aus dem Schlaf. Ich blinzelte und rieb mir die Augen, bis die Umrisse der Kajüte sichtbar wurden. Meine Hängematte schwang hin und her und unter mir rollte eine leere Flasche über den Holzboden. Ich wickelte mich aus dem fadenscheinigen Stoff und setzte mich auf.

Auf dem Weg durch den Gang musste ich mich an der Wand abstützen, und das Tageslicht schien so hell die Treppe hinab, dass ich die Augen zusammenkniff. Die Mannschaft war bereits bei der Arbeit, als ich das Deck betrat. Ich drehte mich im Kreis und spürte, wie sich beim Blick auf das Meer ein Kloß in meinem Hals bildete. Wohin ich auch schaute, war nur Blau zu sehen. Um uns herum gab es nichts als die scharfe Linie des Horizonts, den Wind und den schweren Geruch von Salzwasser.

Ich lehnte mich an die Reling und lauschte dem vertrauten Flüstern des Schiffsrumpfes auf dem Weg durch das Wasser. Mein unwillkürliches Lächeln ließ den Schmerz in meiner aufgeplatzten Lippe wieder aufflammen, und ich hob die Hand und befühlte meine heiße, geschwollene Haut.

Da ich das Gefühl hatte, beobachtet zu werden, schaute ich nach oben. Willa saß in der Takelage des Fockmastes und hielt eine Dechsel in der Hand. Die dünne, gebogene Klinge war im rechten Winkel an einem Holzschaft befestigt, dessen stumpfes Ende sich als Hammer nutzen ließ. Es war ein typisches Werkzeug der Bootsleute – der Mitglieder einer Besatzung, die für die Instandhaltung des Schiffes zuständig waren.

»Platz da!«

Ich sprang zur Seite und drückte mich gegen die Reling. Vor mir stand der Mann mit dem rasierten Schädel und der glatten, ebenholzfarbenen Haut. Er hielt eine Kiste in der Hand.

»Aus dem Weg, Schürferin«, brummte er und schob sich an mir vorbei.

»Wie liegen wir in der Zeit, Paj?« West trat auf das offene Brückendeck hinaus, erstarrte aber mitten in der Bewegung, als er mich sah.

»Das ermittle ich gerade.« Der Mann, den er Paj genannt hatte, stellte die Kiste ab und öffnete sie. Ein Sonnenstrahl fiel auf den bronzenen Oktanten, der darin lag. Paj war genauso breit wie hoch, und seine Hemdsärmel waren etwas zu kurz für seine langen Arme.

Ich schaute verwirrt von ihm zu West, bis ich verstand, dass er der Steuermann der *Marigold* sein musste. Dabei war er eigentlich viel zu jung für diese Position. Im Grunde waren sie alle zu jung, um irgendetwas anderes als einfache Matrosen zu sein. Sie waren Jungen an der Grenze zum Mannesalter.

Paj nahm den Oktanten vorsichtig aus dem Samtfutter, hob das Fernrohr ans Auge und richtete das Gerät auf den Horizont aus.

Als er die Spiegel justierte, blitzten sie im Sonnenlicht auf. Einen Augenblick lang stand er reglos da und führte im Kopf die nötigen Berechnungen durch.

West lehnte im Türrahmen und wartete. Hinter ihm konnte ich die Ecke eines Schreibtisches und zwei gerahmte Fensterflügel über einem ordentlich gemachten Bett erkennen – die Kapitänskajüte.

Paj senkte den Oktanten und sah zu West hinüber. »Der Sturm hat uns nur einen halben Tag gekostet. Das können wir aufholen, wenn der Wind nicht nachlässt und Willa die Segel im Griff hat.«

»Die Segel sind in Ordnung«, blaffte Willa von ihrem Bootsmannsstuhl herab.

West nickte Paj knapp zu, bevor er wieder in seiner Kajüte verschwand und die Tür hinter sich zuzog.

»Verfluchte Vögel!«, rief Willa und schützte den Kopf mit den Armen, als ein Albatros neben dem Segel auftauchte. Er erwischte einen ihrer Zöpfe, bevor sie ihn verscheuchen konnte.

Von der Spitze des Großmastes aus ertönte Gelächter. Dort saß der Mann mit dem langen, dunklen Haar barfuß in der Takelage. Er hielt eine Holzschüssel in den Händen und war von Vögeln umgeben, die flügelschlagend nach dem Inhalt schnappten.

Er warb um einen günstigen Verlauf der Fahrt, indem er die Toten ehrte, die in diesen Gewässern ihr Leben gelassen hatten. Mein Vater hatte mir immer erzählt, dass Meeresvögel die Seelen ertrunkener Seeleute waren. Sie zu verjagen oder ihnen einen Platz zum Landen oder Nisten zu verweigern, hieß das Unglück heraufzubeschwören. Und wer über das Enge Meer segelte, konnte jedes Quäntchen Glück gebrauchen.

Hinter mir hörte ich Stiefel auf das Deck prallen, und als ich mich umdrehte, löste Willa gerade die Schlinge um ihren Bauch. Das Haar fiel ihr in langen, bronzefarbenen Zöpfen über die Schultern, und im Sonnenlicht hatte ihre Haut die gleiche Farbe wie der ockerfarbene Sandstein der zerklüfteten Küste von Jeval.

»Ich bin Fable«, sagte ich und hielt ihr die Hand hin.

Willa starrte mich nur an und warf sich die Leine über die Schulter. Die Brandwunde in ihrem Gesicht zog sich quer über den Kiefer und lief auf ihrer Wange spitz zu. »Glaubst du, nur weil ich die einzige Frau auf diesem Schiff bin, will ich deine Freundin sein?«

Ich ließ die Hand sinken. »Nein.«

»Dann lass mich durch.« Die Worte wurden von einem bitteren Lächeln begleitet, während sie darauf wartete, dass ich aus dem Weg ging.

Ich machte einen Schritt zur Seite, und sie lief, ohne sich noch einmal umzudrehen, die Treppe zum Achterdeck hinab. Erst da hatte ich die Gelegenheit, mir das Schiff eingehend anzuschauen.

Die *Marigold* war eine Lorcha, klein genug, um sie durch die Stürme zu manövrieren, die diese Gewässer regelmäßig heimsuchten, aber mit einem ausreichend großen Rumpf, um genügend Fracht für ein kleines Handelsunternehmen mitzuführen. Durch seine einzigartigen Segel war das Schiff auf dem Meer gut zu erkennen – weiß und durchgelattet mit leicht bogenförmigen Rändern, ähnlich der Form von Fledermausflügeln. Saints Schiff, die *Lark*, war viel größer gewesen und hatte fünfmal so viele Besatzungsmitglieder gehabt. Aber der Geruch nach feuchtem Holz und salzigen Tauen war auf jedem Schiff gleich.

Wenn ich die Augen schloss, konnte ich mir fast vorstellen, wieder dort zu sein. Meine Mutter oben in der Takelage, Saint hinter dem Steuerrad. Aber die Erinnerung war nicht mehr so klar und farbenfroh wie früher. Anders als meine Erinnerungen an Jeval.

Tag für Tag hatte ich die grüne Küste der Insel betrachtet, die sich aus dem Wasser erhob und dann bei den Klippen schroff wieder zum Meer abfiel. Die Bäume unter der Felswand verbargen die Hütten der Schürfer, von deren Feuern weiße Rauchsäulen aufstiegen. Ich versuchte, das Bild auszuradieren. Das kristallklare, blaugrüne Wasser. Das Geräusch des Windes, der durch die Äste und Zweige fuhr.

Ich wollte mich nicht daran erinnern.

»Zahltag.«

Ich drehte mich um. Der junge Mann, der oben an der Spitze des Mastes gesessen hatte, stand plötzlich neben mir. Die Hälfte seines dichten Haares hatte sich aus dem Zopf gelöst. Seine grauen Augen waren von einem dunklen Wimpernkranz umgeben und seine Haut schimmerte in einem warmen Elfenbeinton. Alles Farben, die mich unweigerlich an Treibholz erinnerten. Jetzt stand er mit einem Haufen salzverkrusteter Netze in den Händen vor mir.

»Was? Ich habe West doch schon bezahlt.«

»Das war für die Überfahrt. Wenn du in der Hängematte schlafen willst, kostet das extra.« Er zwinkerte, und seine dunkle Stimme machte am Ende jedes Wortes einen kaum merklichen Schlenker nach oben. Er versuchte, einen Dialekt zu verbergen, aber ich hörte ihn trotzdem. Dieser Mann stammte nicht vom Engen Meer. »Außerdem hat West mir aufgetragen, mich um das da zu kümmern.« Er deutete auf mein Gesicht.

»Damit ihr es mit auf die Rechnung setzen könnt?«, sagte ich und sog die geschwollene Lippe ein. »Nicht nötig.«

»Komm mit.« Er ging, ohne sich zu vergewissern, ob ich ihm folgte.

Ich eilte ihm hinterher und sah, wie sein Blick zu meinen nackten Füßen auf den heißen Deckplanken wanderte. Da ich jahrelang barfuß auf Stränden herumgelaufen war, die der Sonne schonungslos ausgesetzt waren, hatte ich eine dicke Hornhaut unter den Füßen. Stiefel waren ein Luxus, den ich mir nicht hatte leisten können, aber noch entscheidender war gewesen, dass sie auf Jeval wenig Nutzen hatten.

Der Mann führte mich die Stufen zum Achterdeck hinauf und ließ die Netze vor meine Füße fallen. »Ich gehe davon aus, dass du weißt, wie man die flickt.« Ohne eine Antwort abzuwarten, reichte er mir eine Netznadel aus Knochen und wandte sich dann einem Stapel Krebsfallen zu.

In Wahrheit hatte ich keine Ahnung von Netzen. Auf der Insel hatte ich nur Fallen ausgebracht und geangelt, weil mir niemand hatte beibringen wollen, wie man Netze knüpft.

Der Mann öffnete die Falle zu seinen Füßen und machte sich an die Arbeit. Ich würde ihm nicht erzählen, dass ich noch nie im Leben eine Nadel in der Hand gehalten hatte und dass ihnen wahrscheinlich ein Teil ihres Fangs entgehen würde, wenn sie mir die Verantwortung für die Netze übertrugen. Stattdessen setzte ich mich hin und tat so, als wüsste ich genau, was zu tun war.

Die Löcher zu finden war leicht. Das Seilgeflecht war an vielen Stellen ausgefranst und gerissen. Ich legte die Nadel neben mich auf das Deck und studierte die Knoten von allen Seiten, bevor ich die kaputten Stellen herausschnitt.

»Du bist der Schiffskoch.« Das war nicht als Frage gemeint. Während meiner Kindheit auf der *Lark* hatte sich immer derjenige um die Netze und Fallen gekümmert, der auch dafür zuständig war, die Mannschaft mit Essen zu versorgen. Wenn West ihn gebeten hatte, meine Lippe zu nähen, fiel ihm wohl auch die Behandlung von Wunden und Krankheiten zu.

»Ich heiße Auster.« Er warf ein abgebrochenes Stück Holz über Bord. »Ceros, hm?«

Meine Hände erstarrten mitten in der Bewegung, aber Auster schaute weiter nur auf die Falle. »Ja, genau«, antwortete ich und legte mir die Seilstränge zurecht.

»Keine Lust mehr, weiter auf Jeval zu schürfen?«

Ich fädelte die Schnur durch das Nadelöhr und zog sie straff. »Könnte man sagen.«

Das schien ihm als Antwort zu reichen. Er löste den kaputten Riegel von der Falle und ersetzte ihn durch einen neuen, während ich die Netze miteinander verglich, um herauszufinden, wie die Knoten geknüpft wurden. Wir arbeiteten die langen Nachmittagsstunden durch, und ich brauchte nur wenige Versuche, bis ich wusste, wie ich das Netz ziehen musste, um die Nadel so von links nach rechts hindurchzuführen, dass die neuen Maschen hielten. Ich erwischte Auster mehrmals dabei, wie er mich beobachtete, aber er schwieg und tat so, als würde er es nicht bemerken, wenn ich am falschen Faden zog oder eine Masche übersah und von vorn anfangen musste.

Auf dem Deck unter uns stand Paj jetzt hinter dem Steuerrad, mit West an seiner Seite. Ich sah zu, wie sie das Schiff gen Osten lenkten und sich dabei leise unterhielten. West ließ den Horizont nicht aus den Augen und ich studierte den Himmel.

»Ich dachte, wir fahren nach Dern«, sagte ich zu Auster.

Er sah von seiner Falle auf und verengte die Augen zu Schlitzen. »Ich an deiner Stelle würde lieber keine Fragen stellen, auf die du nicht unbedingt eine Antwort brauchst.«

West und Paj führten ihr Gespräch am Steuerrad noch einige Minuten fort und sahen zu, wie die anderen die Masten hinaufkletterten, um die Segel neu auszurichten. Sie änderten den Kurs.

Ich flickte Netze, bis das Tageslicht nachließ und die Luft kühler wurde, was meiner heißen Haut überaus guttat. Mir schmerzten der Rücken und die Schultern und an meinen Fingern hatten sich Blasen gebildet, trotzdem schloss ich die Knotenreihe, an der ich gerade saß, noch ab, bevor ich Auster die Netze reichte.

Er inspizierte meine Arbeit genau, bevor er mir kurz zunickte und auf das Hauptdeck hinunterging. Willa und Paj saßen mit Schüsseln voller Eintopf am Bug. Willas Füße baumelten über der Kante, und mein Magen zog sich beim Geruch nach gekochtem Fisch schmerzhaft zusammen.

Die Nacht brach über dem Meer herein und hüllte die *Marigold* in Dunkelheit. Nur die weißen Segel zeichneten sich hell vor dem schwarzen, wolkenverhangenen Himmel ab. Da weder Sterne noch Mond zu sehen waren, konnte ich nicht erkennen, wo das Meer zu Ende war und der Himmel begann – ein Gefühl, das ich mochte. Es war, als schwebten wir in der Luft. Der Westwind, der über das Deck Richtung Kielwasser blies, war warm.

Ich biss die Zähne zusammen, um das Loch in meinem Magen auszublenden, da ich es mir nicht leisten konnte, auch nur ein einziges Kupferstück zu verschwenden, und Willa und Auster es mehr als deutlich gemacht hatten, dass ich nichts umsonst bekommen würde. Im Schutz der Dunkelheit schlich ich mich an ihnen vorbei zu der Treppe, die unter Deck führte. Durch die Ritzen in der Tür rechts von ihr drang weiches Kerzenlicht, und ich sah, wie sich ein Schatten durch den Raum bewegte. Plötzlich legte sich eine schwere Hand auf meine Schulter. Ich fuhr herum und zückte gleichzeitig in einer fließenden Bewegung das Messer. Der junge Mann mit der Brille, den ich schon am Abend zuvor gesehen hatte, schaute mich halb aus dem Schatten heraus an. »Du bist Fable.«

Ich lockerte meinen Klammergriff um das Messer.

»Ich bin Hamish, der Zahlmeister der *Marigold.*« Seine geröteten Wangen machten den Eindruck, als sei seine Haut nicht für den Wind und die Sonne an Bord eines Segelschiffes geschaffen. »Solltest du hier irgendetwas anrühren, das dir nicht gehört, werde ich es erfahren.«

Ich hob das Kinn. Die meisten Bewohner des Engen Meeres waren aus ein und demselben harten Holz geschnitzt, aber selbst die rauesten Gesellschaften hatten ihre Aussätzigen. Jeval war das einzige Stück Land zwischen dem Engen Meer und der Namenlosen See und diente als eine Art Auffangbecken für alle, die vor ihrem Ruf davonlaufen mussten oder zu viele Feinde hatten, um auf dem Festland unterzutauchen. Die Händler hielten sie für Diebe.

Ich zog instinktiv den Ärmel meines Hemdes nach unten, um meine Narbe zu verdecken. Die meisten Händler waren noch abergläubischer als die Bewohner von Jeval, und das Letzte, was ich in diesem Augenblick gebrauchen konnte, war die Furcht, ich könnte den Zorn der Meeresdämonen auf uns ziehen. Dann würden die anderen mich beim ersten Sturm über Bord werfen.

Mit einer Mannschaft, die mich nicht mochte, konnte ich leben, aber sobald sie *Angst* vor mir bekam, hätte ich ein Riesenproblem.

Hamish griff an mir vorbei und öffnete die Tür, die quietschend aufschwang.

Drinnen beugte sich West über einen Tisch, auf dem lauter Seekarten ausgebreitet waren, in einer Hand eine dampfende Tasse. Ein Lichtstrahl fiel auf den goldenen Ring an seinem Finger. Hamish betrat die kleine Kammer und stellte sich mit einem aufgerollten Dokument und einer schwarzen Schreibfeder in der Hand neben seinen Kapitän.

»Danke«, murmelte West. Dann wanderte sein Blick zur Tür. Als er mich sah, erstarrte er.

»Ich… «, stammelte ich, aber die Worte blieben mir im Hals stecken. Ich war mir nicht einmal sicher, was ich eigentlich sagen wollte.

West deutete mit dem Kinn Richtung Tür und Hamish befolgte seine Anweisung. Er ging wortlos an mir vorbei auf das dunkle Brückendeck hinaus.

»Was willst du?« West stellte die Tasse auf den Karten ab, drehte an seinem Ring herum und trat vor den Schreibtisch. Mir entging nicht, dass er sich so hinstellte, dass ich nicht erkennen konnte, was die Karten zeigten.

»Mich bedanken.« Ich straffte die Schultern.

»Wofür?«

Ich hob eine Augenbraue. »Dafür, dass du mich mitnimmst.«

»Du hast dafür bezahlt«, sagte er kühl.

»I-ich weiß«, stotterte ich, »aber mir ist bewusst, dass du eigentlich …«

»Hör zu«, fiel er mir ins Wort. »Du schuldest mir nichts. Genauso wenig –«, er hob den Blick und sah mir in die Augen, »wie *ich dir*.«

»So meinte ich … «

»Du hast mich in eine schwierige Lage gebracht, als du gestern Abend zum Kai gekommen bist. Darauf hätte ich gut verzichten können.« Seine ruhige Stimme hatte einen stählernen Unterton bekommen.

Ich wusste, was er meinte. Seine Mannschaft hatte der Entscheidung, mich mitzunehmen, nicht zugestimmt. Jetzt musste er sie erst wieder versöhnen. »Tut mir leid.«

»Ich brauche keine Entschuldigung von dir, sondern deinen schnellstmöglichen Abgang. Sobald wir in Ceros anlegen, machst du dich aus dem Staub.«

So viele Worte hatte ich West in den Jahren unserer Handelsbeziehung noch nie sagen hören. Er war stets kühl aufgetreten, kurz angebunden und ungeduldig. Sein Blick war meist auf irgendetwas auf dem Kai gerichtet gewesen, nie auf mich, doch das war jetzt anders. Einen Atemzug lang schauten wir einander in die Augen. Dann sah er zu Boden.

»Mir war nicht klar, dass es auch dich etwas kosten würde«, sagte ich. Meine Stimme klang sanfter, als ich beabsichtigt hatte.

»Hat es. Wird es.« West seufzte und strich sich mit einer Hand über das Gesicht. »Solange du auf diesem Schiff bist, trägst du deinen Teil zur Gemeinschaft bei. Wenn dir jemand eine Aufgabe zuweist, erledigst du sie, ohne zu murren.«

Ich nickte und biss mir auf die Innenseite der Wange, während ich überlegte, ob ich ihm die Frage stellen sollte, die mich beschäftigte. »Warum fahren wir nach Norden?«

»Wenn du willst, dass ich unsere Route mit dir abstimme, kostet das weitere fünfzig Kupferstücke.« Er ging auf mich zu, bis er direkt vor mir stand. »Sobald du in Ceros von Bord gehst, will ich dich nie wiedersehen.«

Ich öffnete den Mund, um etwas zu sagen, aber da hatte er mir schon die Tür vor der Nase zugeschlagen und den Riegel vorgeschoben.

Seine Worte taten weh, doch ich war mir nicht sicher, warum. Obwohl West in den letzten zwei Jahren mein gesamtes Pyrum aufgekauft hatte, waren wir keine Freunde. Er hatte recht damit, dass er mir nichts schuldig war, aber als ich den Kai heruntergerannt war und seinen Namen gerufen hatte, hatte er mir das Leben gerettet. Und aus irgendeinem Grund hatte ich gewusst, dass er es tun würde.

Irgendetwas hatte ihn dazu bewegt, mein Kupfer anzunehmen und sich über den Willen seiner Mannschaft hinwegzusetzen. Irgendetwas hatte ihn umgestimmt. Was genau das war, spielte keine Rolle. West wollte mich nicht auf der *Marigold* haben, aber das änderte nichts daran, dass ich mich endlich auf dem Weg nach Ceros befand. Nur darauf kam es an.

Kapitel 8

Meine Fingerknöchel bluteten, als ich die schweren Taue am Fuß des Fockmastes zu ordentlichen Rollen aufschoss. Ich war bereits seit dem Morgengrauen dabei, die alten Stagen zu verstauen, die Paj durch neue ersetzte. Der Sturm auf dem Weg nach Jeval hatte sowohl dem Fockmast als auch dem Großmast schwer zugesetzt, und einem weiteren Unwetter würden die mitgenommenen Taue womöglich nicht standhalten. Und dass es ein weiteres geben würde, war gewiss.

Wir segelten immer noch nach Norden und waren mittlerweile fast einen halben Tag vom direkten Kurs nach Dern abgewichen. Obwohl es schon ein paar Jahre her war, dass ich auf dem Meer unterwegs gewesen war, hatte ich nicht vergessen, wie man mithilfe der Sterne navigierte, und die halbe Nacht an Deck verbracht, um unsere Route zu berechnen. Von Jeval aus gab es nur zwei Richtungen: nach Norden auf das Enge Meer oder nach Süden in die Namenlose See.

Ich selbst war noch nie in der Namenlosen See gewesen, aber meine Mutter war dort geboren. Mit ihrer sonnengegerbten Haut und ihren schwieligen Händen wirkte sie, als sei sie an Bord eines Schiffes aufgewachsen, dabei war sie etwa in meinem Alter ganz allein am Engen Meer aufgetaucht, hatte sich als Schürferin Saints Mannschaft angeschlossen und ihre Vergangenheit abgestreift. Später schlang sie gern ihre Arme um mich, wenn wir mit baumelnden Beinen oben in der Takelage saßen, und erzählte mir von Bastian, der Hafenstadt, die sie als ihre Heimat bezeichnete, und den gewaltigen Schiffen, die durch die tiefen Gewässer dort segelten.

Einmal fragte ich sie, ob sie je dorthin zurückkehren wolle. Ob sie mich mitnehmen würde. Aber sie sagte nur, dass ihr ein anderes Leben vorherbestimmt sei, genau wie mir.

Die *Marigold* verlor so schnell an Fahrt, dass ich fast auf dem nassen Deck ausgerutscht wäre, und als ich nach oben schaute, sah ich, dass Hamish, Willa und Auster die Segel geborgen hatten. Paj schaute nicht einmal von seiner Arbeit auf, sondern warf eine weitere dicke Leine auf das Deck. Sie landete vor meinen Füßen, als die Tür zur Kapitänskajüte aufging und West heraustrat.

Er knöpfte sich die Jacke zu, setzte sich eine Mütze auf und stieg die Stufen zum Achterdeck hinauf. Man hätte meinen können, dass wir in einen Hafen einliefen. Aber wir befanden uns mitten im Nichts, an der Grenze zur Namenlosen See. Hamish folgte West auf dem Fuße. Als könne er meinen Blick spüren, drehte er sich zu mir um und kniff warnend die Augen zusammen.

Ich konzentrierte mich wieder auf die Leinen vor mir und verfolgte aus dem Augenwinkel, wie Auster die Ankersperre löste und die Leinen an der Reling lockerte. Willa und Hamish nahmen sich die Flaschenzüge vor, an denen das Ruderboot im Heck des Schiffes hing, und als es frei in der Luft baumelte, kletterte West hinein.

Ich schob die nächste Rolle Tau beiseite und lehnte mich über die Steuerbordreling, um am Schiffsrumpf entlangzuschauen. In der Ferne entdeckte ich eine Handvoll kleiner Koralleninseln auf der blauen Meeresoberfläche, die von hier wie ein Haufen Felsen aussahen. Unter mir wendete West das Boot und machte sich daran, vom Schiff wegzurudern.

Die kleinen Inseln waren nackt und kahl, die Korallen von der Sonne ausgeblichen. Ich beobachtete, wie West hinter ihnen verschwand. Er hatte nichts dabeigehabt, als er ins Boot gestiegen war, und es sah nicht so aus, als gäbe es auf diesen leblosen Korallenüberresten irgendetwas zu holen.

»Konzentrier dich auf deine Arbeit, Schürferin«, warnte Paj leise und warf mir noch mehr Tau zu.

Ich gehorchte und schleppte es zum Fockmast, aber Paj ließ mich nicht aus den Augen.

Er verschränkte die Arme vor der Brust, sodass sein Hemd über den Schultern spannte, und verfolgte, wie ich das Tau sorgfältig zusammenlegte und die Enden verknotete. »Wir haben eine Wette laufen.«

Ich richtete mich auf, schüttelte die Hände aus und streckte und krümmte die Finger. Die aufgeschürfte Haut brannte bei jeder Bewegung. »Und zwar?«

»Wie lange es dauert, bis du etwas klaust.« Er grinste.

Mir fiel auf, dass auch Paj einen Dialekt hatte und sich seine Stimme am Wortende leicht hob. Aber er versteckte es viel besser als Auster.

Willa, die gerade die Ankerkette fixierte, sah vom Achterdeck zu uns herüber. Hamish stand hinter ihr.

»Ich bin keine Diebin«, sagte ich. »Willst du meinen Gürtel durchsuchen? Bitte.«

»Du bist doch nicht so blöd, dass du die Beute in deinem Gürtel aufbewahren würdest, oder? Schürfer sind Betrüger, aber nicht dumm«, sagte Auster hinter mir, und ich drehte mich um und presste den Rücken gegen den Mast.

Alle vier starrten mich schweigend an, sodass nur der Wind zu hören war, der über die Segel strich. Sie stellten mich auf die Probe, reizten mich, um zu prüfen, aus welchem Holz ich geschnitzt war. Und ich machte ihnen keinen Vorwurf. Sie hatten keinen Grund, mir zu vertrauen, und ihr Kapitän hatte mich an Bord geholt, ohne sie in die Entscheidung einzubeziehen.

»Mir ist ganz egal, was ihr im Frachtraum habt oder was in euren Büchern steht. Ich will einfach nur nach Ceros«, sagte ich.

»Du lügst.« Paj trat einen Schritt vor. Er war einen ganzen Kopf größer als ich. »Du kannst gar nicht anders. Das liegt in der Natur der Jevalis.«

»Ich bin keine Jevali«, sagte ich. »Und ich bin keine Diebin.«

Auster warf die letzte Falle über die Reling und sie versank mit einem Platschen im Meer. »Der Letzte, der uns bestohlen hat, liegt jetzt auf dem Meeresgrund.« Sein langes, rabenschwarzes Haar fiel ihm offen über die Schultern. Er strich es zurück und band es zusammen, als er die Stufen zum Deck herunterkam.

»Um dem zuvorzukommen, gebe ich dir lieber etwas, bevor du es klaust.« Paj griff in die Tasche seiner Weste und zog ein einzelnes Kupferstück hervor.

Willa lehnte am Fockmast und beobachtete uns.

Paj hielt die Münze zwischen Daumen und Zeigefinger. »Das ist es, was du willst, oder?«

Ich biss die Zähne zusammen und versuchte zu verstehen, was hier gerade passierte. Was es auch war, es war nichts Gutes. Wenn der Kapitän nicht an Bord war, konnte sich die Mannschaft zu viel erlauben.

Paj schnipste die Münze über die Reling ins Wasser.

»Wie tief ist es hier, Auster?«, fragte er, den höhnischen Blick weiter auf mich gerichtet.

Auster verzog amüsiert das Gesicht und sagte: »Hundertfünfzig Meter, würde ich sagen. Vielleicht etwas mehr.«

Hamishs Brille hob sich ein wenig, als er sich über die feine, sandfarbene Braue strich. »Hab mich wohl geirrt, Paj. Anscheinend machen selbst Schürfer nicht alles für Geld.«

Willa stand immer noch schweigend am Mast. Der Ausdruck in ihren Augen unterschied sich von dem der anderen. Sie wirkte eher interessiert als abweisend. Als hätte sie meine Gedanken gelesen, legte sie jetzt den Kopf schief.

Sie versuchten, mich zu erniedrigen. Mich zu demütigen. Denn unter Seefahrern war immer alles eine Prüfung. Alles war ein Versuch, den anderen einzuschätzen.

Ohne Paj aus den Augen zu lassen, zog ich mir mein Hemd über den Kopf und ließ es auf die Planken fallen.

»Was hast du vor?«, fragte er argwöhnisch, als er mich auf die Reling klettern sah.

Oben blieb ich kurz stehen und betrachtete die Strömungen rund um die Koralleninseln. Die Wellen rollten sanft gegen die Felsen, und wenn es unter Wasser genauso ruhig war wie an der Oberfläche, würde ich nur wenige Minuten brauchen. Ich war schon unzählige Male in größere Tiefen vorgestoßen.

Hamish beugte sich über die Steuerbordreling. Ich sprang und tauchte kurz darauf in einem Strudel aus Blasen ins kalte Wasser ein. Als ich wieder durch die Oberfläche brach, sahen alle vier Besatzungsmitglieder zu mir herunter. Paj hatte die Augen aufgerissen.

Ich atmete die warme Luft ein und stieß sie in einem langen Strom wieder aus, immer und immer wieder, bis meine Lunge sich dehnbar genug anfühlte, um die nötige Menge Sauerstoff aufzunehmen. Ich legte den Kopf in den Nacken und sog noch ein kleines bisschen mehr ein, bevor ich untertauchte und mich Richtung Meeresgrund vorarbeitete.

Die bleichen Korallen über der Meeresoberfläche waren nur die toten Überreste dessen, was sich unter Wasser befand, wo steile Riffe dicht mit Leben besiedelt waren. Blasenkorallen, stachelige Schwämme und Seeigel bedeckten jeden Zentimeter. Dazwischen schwirrten bunte Fischschwärme umher, und ich sah einen Oktopus, der ein Felssims erklomm.

Sobald ich tief genug war, nahm die Anziehungskraft der Oberfläche ab und ich ließ mich mit um den Körper geschlungenen Armen in die Tiefe sinken. Um mich herum fielen Sonnenstrahlen durch das Wasser.

Die *Marigold* schrumpfte zu einem kleinen Punkt weit über meinem Kopf zusammen. Ich war jetzt nicht mehr weit vom Grund entfernt und schwamm im Kreis, während ich mit dem Blick den Boden nach einem kupferfarbenen Schimmer absuchte. Mich auf dem Meeresgrund nach einer einzelnen Münze suchen zu lassen, war eine überhebliche Prüfung gewesen, um mich zu schikanieren. Aber diese verfluchten Seeleute hatten keine Ahnung, mit wem sie es zu tun hatten. Und über welche Fähigkeiten ich verfügte.

Kupfer war ein Metall, kein Edelstein, besaß aber trotzdem eine Sprache, wie alles andere auch. Ich verharrte auf der Stelle und versuchte, die verschiedenen Klänge des Riffs zu durchdringen. Schließlich nahm ich ein schwaches metallisches Sirren wahr. Am Rand meines Sichtfelds blitzte etwas auf, und ich drehte mich blinzelnd um, bis ich etwas im Licht funkeln sah. Doch der Gegenstand war zu weit entfernt. Das Wasser war hier so ruhig und klar, dass die Münze in einer leicht diagonalen Linie zu Boden hätte sinken müssen.

Ich drehte mich erneut um und studierte die Spitzen der Korallen, die sich sacht hin- und herbewegten. Die Erkenntnis traf mich wie ein Schlag in die Magengrube, im gleichen Augenblick, in dem ich den Sog des Wassers an meinen Fußsohlen spürte.

Eine Strömung.

Aber es war zu spät. Sie hatte mich schon erfasst und zog mich wie ein Schlepper über den Meeresgrund, immer tiefer hinab. Ich trat um mich und versuchte, ihr zu entkommen, aber das machte es nur schlimmer. Korallen rasten an mir vorbei und eine Reihe Luftblasen stieg auf, als ich den Mund zu einem Schrei öffnete, während meine Hände über den Boden glitten und eine Wolke aus aufgewirbeltem Sand zurückließen.

Der Umriss der *Marigold* wurde immer kleiner. Ich wand mich in alle Richtungen, auf der Suche nach etwas, an dem ich mich festhalten konnte, doch die Strömung trieb mich an ein Riff.

Die Korallen zerkratzten mir den Rücken und die Schulter, als ich über sie hinwegrutschte, bis ich endlich etwas zu packen bekam. Das kalte Wasser rauschte weiter an mir vorbei und spülte mir das Haar aus dem Gesicht. Ich zog mich hoch. Meine Muskeln schrien nach Sauerstoff, und ich spürte, wie meine Bewegungen schwächer wurden und meine Hände zu zittern begannen. Dort, wo das Gift der Korallen in meinen Blutkreislauf eindrang, breitete sich ein furchtbares Brennen auf meiner Haut aus.

Ich hangelte mich am Fels entlang aus der Strömung hinaus und klammerte mich an das Riff, bis sich mein Herz zumindest so weit beruhigt hatte, dass es nicht den gesamten verbliebenen Sauerstoff aufbrauchte. Die Strömung hatte mich mindestens dreißig Meter weit abgetrieben, und mir blieb nicht mehr viel Zeit, bis ich wieder an die Oberfläche musste.

Ich hatte mich gerade abgestoßen, als mich ein schwaches Glitzern auf dem Meeresgrund in der Bewegung innehalten ließ. Schnell schloss ich die Finger wieder um die scharfkantigen Korallenstöcke. Ich schaute kurz hoch zur *Marigold* und fluchte, wobei eine weitere Luftblase aufstieg. Auf keinen Fall würde ich mit leeren Händen zurückkehren.

Also schob ich mich am Riff entlang zurück in Richtung Strömung, Zentimeter für Zentimeter, bis zu der Stelle, an der ich das Glitzern gesehen hatte. Das Wasser zerrte an mir, als ich in den Sand griff. Kaum hatte ich die Hand wieder hervorgezogen, spülte es die Sandkörner zwischen meinen Fingern weg, bis nur noch die Münze in meiner Handfläche lag.

Die Leiter war schon ausgerollt, als ich keuchend durch die Oberfläche brach. Meine Brust schmerzte, als hätte mir jemand die Knochen zusammengestaucht. Ich zog mich die Sprossen hoch und ließ mich auf das Deck fallen, wo die Besatzung immer noch stand und wartete.

Auf Austers Gesicht zeichnete sich ein schiefes Lächeln ab, als ich mich aufrappelte und auf Paj zumarschierte. Aus den Schnitten an meiner Schulter quoll Blut und tropfte zusammen mit dem Wasser von meinem Körper auf die Planken.

Hamish murmelte kopfschüttelnd irgendetwas vor sich hin.

»Dachte schon, wir hätten dich verloren, Schürferin«, grinste Paj von seinem Platz hinter dem Steuerrad aus, aber ich spürte die Nervosität hinter seiner Maske. Ich wusste nicht, wie West reagieren würde, falls er von der Sache erfuhr, aber ich sah, dass Paj sich das Gleiche fragte.

Am Steuerrad angekommen, blieb ich stehen und öffnete die Faust. Paj sackte die Kinnlade nach unten. Er löste die verschränkten Arme und drückte den Rücken durch. »Was zum …?«

Ich sah ihn schweigend an und ließ die Münze mit einem *Pling* auf das Deck fallen. Willa, die hinter Paj stand, wirkte jetzt nicht mehr neugierig, sondern verwirrt; das Fragezeichen stand ihr praktisch ins Gesicht geschrieben.

Ich machte kehrt und marschierte an Paj vorbei zur Treppe, die unter Deck führte. Hinter mir waren gedämpfte Stimmen zu hören, bis ich die Tür der Kajüte zuschlug. Plötzlich erwachte der Schmerz in meinem Rücken, und er war so heftig, dass sich mir der Magen umdrehte. Ich stolperte zum Eimer in der Ecke, fiel auf die Knie und fing an zu würgen. Mein ganzer Körper zitterte.

Nach vier Jahren auf Jeval und mit dem Ziel Ceros so knapp vor Augen wäre ich fast ertrunken, und das wegen eines einzigen Kupferstückes. Aber so lautete eine von Saints Regeln:

Nichts ist umsonst.

Damit hatte er nicht nur Mahlzeiten, Überfahrten oder Kleidung gemeint. Die Regel bezog sich auch auf Respekt. Auf Sicherheit. Schutz. Das waren Dinge, die niemand zu verschenken hatte.

Auf die eine oder andere Weise musste man immer dafür bezahlen.

Kapitel 9

Das lodernde Brennen unter meiner Haut ließ mich beinahe vergessen, wie hungrig ich war.

Ich hatte mich schon häufig an Korallen geschnitten, daher wusste ich, was mir bevorstand. Ich würde Fieber bekommen und ein paar Tage lang Gliederschmerzen haben, aber das war besser, als weitere Schmähungen durch die Mannschaft der *Marigold* über mich ergehen zu lassen. Hätte ich mich als leichte Beute erwiesen, hätten die Demütigungen schnell in etwas Bedrohlicheres umschlagen können.

Ich nahm einen weiteren Krebs und brach seine Schale an der Tischkante auf, während ich gegen die Übelkeit ankämpfte. Nachdem Auster die Fallen aus dem Wasser gezogen hatte, hatte er mir eine davon vor die Füße geworfen und war weggegangen. Ich stand auf dem Brückendeck, die Hände schon ganz taub von den vielen scharfkantigen Schalen. Aber ich hatte in meinem Leben schon unzählige Krebse verarbeitet, und obwohl das eine Aufgabe war, um die sich niemand riss, hätte ich sie mit geschlossenen Augen erledigen können.

Hamish ging zum Bug und schaute über das Wasser. Ich folgte seinem Blick und sah, dass West zwischen den Koralleninseln aufgetaucht war. Er war lange genug weg gewesen, dass die Sonne nur noch halb so hoch am Himmel stand, aber er schien weiterhin nichts bei sich zu haben.

Kurz darauf hievten Auster und Paj das Ruderboot wieder an seinen Platz hinten am Heck und machten es dort fest. Einen Augenblick später kam West über die Reling geklettert. Er knöpfte seine Jacke auf und ließ sie sich auf dem Weg zum Brückendeck von den Schultern gleiten. Als er mich sah, hielt er inne. Sein Blick verhärtete sich, als er auf meinen Rücken fiel.

»Was ist passiert?«, stieß er mit zusammengebissenen Zähnen hervor.

Hinter ihm fuhr Paj sich mit der Hand über den kahlen Schädel. Seine Schultern verrieten eine gewisse Anspannung. Ich war mir nicht sicher, warum. Schließlich könnte es West ganz egal sein, wenn ich in der Strömung ertrunken wäre. Vielleicht war das hier einfach der nächste Test.

»Bin am Vorsegel ausgerutscht und in die Wanten gefallen«, sagte ich und drehte ihm den Rücken zu.

Ich spürte, wie sich sein Blick in meine Haut bohrte, als ich eine weitere leere Krebsschale in den Eimer zu meinen Füßen fallen ließ. Dann verschwand West in seiner Kajüte und ich atmete tief durch. Der Schmerz, der mir den Nacken hochzog, war so stechend, dass ich die Augen zusammenkniff.

Als ich sie wieder öffnete und nach dem nächsten Krebs greifen wollte, stand Auster neben dem Tisch und stellte mir eine Schale hin.

Ich beäugte den dampfenden Eintopf und schluckte schwer. »Ich habe keinen Hunger.«

»Wer arbeitet, kriegt etwas zu essen. Das ist nur fair«, sagte er und schob die Schale näher an mich heran.

Ich studierte seine Miene. Darin war keinerlei Arglist zu erkennen, aber manche Menschen konnten sich einfach besser verstellen als andere. Mir war vermutlich deutlich anzusehen, dass ich völlig ausgehungert war, aber ich konnte es mir nicht leisten, bei noch jemandem in der Schuld zu stehen.

»Du hast eine ganze Kiste Krebse verarbeitet. Du hast es dir verdient.« Er nahm einen der Eimer und ging damit fort. Ich blieb allein auf dem Brückendeck zurück.

Ich lehnte mich an den Tisch, die Finger um die Kante geklammert, und dachte nach. Im Grunde spielte es keine Rolle, warum Auster mir das Essen gebracht hatte. Ich musste etwas zu mir nehmen, vor allem, wenn mir in den nächsten Tagen Fieber bevorstand.

Also ließ ich den Hammer fallen und hob die Schüssel mit zittrigen Händen an den Mund. Das Salz und die Kräuter brannten in der Wunde an meiner Lippe, aber die Suppe wärmte mich von innen, und ich seufzte auf. Der Geschmack weckte eine Reihe halb verblasster, undeutlicher Erinnerungen in mir, und in meinem Magen bildete sich ein Knoten. Ich blinzelte sie weg, bevor sie Gestalt annehmen konnten. Dann fischte ich mit schmutzigen Fingern ein Stück Kartoffel aus der Schüssel, ließ es mir in den Mund fallen und zerdrückte es mit der Zunge, obwohl ich mich dabei daran verbrannte.

Mein Blick wanderte zur geschlossenen Tür der Kapitänskajüte, und ich fragte mich, ob West wohl wusste, dass Auster mich mit Essen versorgte. Er hatte deutlich gesagt, dass er mir nichts schuldete. Vielleicht war es wirklich so, wie Auster sagte, und eine Schale Eintopf für mehrere Tage Arbeit zählte nicht. Oder er hatte Mitleid mit mir. Dieser Gedanke verdarb mir den Appetit.

Ich schüttete mir den Rest der Flüssigkeit in den Mund – mein Magen protestierte bereits, weil er zu voll war – und machte mich wieder an die Arbeit. Sobald der letzte Krebs geknackt war, stieg ich mit dem Eimer im Arm die Treppe hinab. Unten im Gang, von dem die drei Türen mit dem Wappen der *Marigold* abgingen, war bis auf das Ächzen des Schiffsrumpfes nichts zu hören.

»Ich bin hier«, erklang Austers Stimme aus der Dunkelheit der Kajüte, und als ich aufsah, glänzten seine Augen im Licht der Laterne, die er an den Haken gehängt hatte. Er stieg aus der Hängematte und kam zur Tür.

Mit einem Grinsen zog er die Schlüsselkette hervor, die um seinen Hals hing. Dabei traten kleine Fältchen in seinen Augenwinkeln hervor, die ihn noch besser aussehen ließen, als es ohnehin schon der Fall war. Er war schmal gebaut und seine Haut hatte die Farbe von hellem Weizen. Außerdem hatte ich schon mehr als einmal den Eindruck gehabt, eine gewisse Milde in seinem Gesicht auszumachen, die den anderen fehlte. Er hatte die Ärmel seines Hemdes aufgekrempelt, sodass ich auf seinem Unterarm eine schwarze Tätowierung in Form eines verschlungenen Bandes sehen konnte. Es dauerte einen Augenblick, bis ich erkannte, dass es zwei Schlangen waren, die einander in den Schwanz bissen – ein Symbol, das ich noch nie zuvor gesehen hatte.

An der ersten Tür blieb Auster stehen und steckte einen der Schlüssel in das rostige Eisenschloss, das den Riegel an Ort und Stelle hielt. Ein Tritt, und sie öffnete sich. Ich folgte ihm in einen kleinen Lagerraum. Durch die Ritzen fiel Sonnenlicht auf mit Teer abgedichtete Wasserfässer und Kisten mit Lebensmitteln. An den Wänden befanden sich Regalbretter mit blauen und bernsteinfarbenen Glasbehältern, und in den Schotten waren Haken angebracht, an denen Salzfleisch zum Trocknen hing. Ich hob den Eimer, um ihn auf eine Werkbank zu stellen, als mich das Knarren der Planken über mir aufschauen ließ. Zwischen den Ritzen bewegten sich Schatten. Über uns lag die Kapitänskajüte.

Ich trat näher an die Wand, beugte mich vor und versuchte, West auszumachen.

»Komm.« Auster hielt mir schon mit einer Hand die Tür auf.

Ich spürte, wie ich rot anlief, als sein Blick zum Schott wanderte und mir klar wurde, dass er meine Neugier bemerkt hatte. Mit einem kurzen Nicken schlüpfte ich an ihm vorbei und er verriegelte die Tür. Auch wenn er mir etwas zu essen gegeben hatte, würde er nicht zulassen, dass ich mehr Zeit als nötig in der Vorratskammer verbrachte oder mich zu sehr mit den Gegebenheiten des Schiffes vertraut machte. Das war zu riskant. Als Schiffskoch musste er aufpassen, nicht nur, weil er die Verantwortung für die Versorgung der Mannschaft und die Einkäufe im Hafen trug, sondern auch, weil er der Jäger, Fallensteller und Wildbeuter des Schiffes war. Ich hätte einen hungrigen Schürfer unter Deck auch nicht aus den Augen gelassen.

Willa lag schon in ihrer Hängematte, als ich in die Kajüte kam. Ich ließ den Deckel einer offenen Kiste zufallen und setzte mich darauf, zischte allerdings vor Schmerz, als mein Rücken die Wand berührte.

Willa zog ihr Haar über die Schulter nach vorn und sah mich an. »Was will eine Schürferin aus Jeval eigentlich auf dem Festland?«

»Das frage ich mich auch.« Ich fuhr herum, als Paj im Gang erschien und sich gegen den Türpfosten lehnte. Ich hatte ihn nicht einmal die Treppe herunterkommen hören.

Mein Blick wanderte zwischen den beiden hin und her und ich bekam eine Gänsehaut. Sie waren neugierig, und das machte mich nervös. Vielleicht hatte ich einen Fehler gemacht, als ich auf ihr Spiel eingestiegen und nach dem Kupferstück getaucht war. Doch wenn ich meine Karten richtig ausspielte, könnte ich genau die Informationen erlangen, die ich brauchte. Ich musste ihnen nur gerade genug von der Wahrheit erzählen.

»Ich suche jemanden«, sagte ich und stützte die Ellbogen auf die Knie.

Willa schluckte den Köder. »Wen?«

Ich zog mein Messer aus dem Gürtel und drückte die Spitze in die Kiste neben mir. Dann drehte ich die Klinge, sodass ein kleiner Trichter im Holz entstand. »Einen Händler. Sein Name ist Saint.«

Die beiden wechselten rasch einen Blick, und Willa setzte sich in ihrer Hängematte auf und schwang die Füße auf den Boden.

»Was willst du denn von Saint?«, fragte Paj, doch sein heiteres Lachen wirkte gekünstelt.

An dieser Stelle kamen wieder die Regeln meines Vaters ins Spiel. Er hatte mir nur ein einziges Versprechen abgenommen. Ich durfte als Kind nach Lust und Laune auf seinem Schiff herumstromern, sämtliche Orte und Häfen erkunden und ganz allgemein tun und lassen, was ich wollte – solange ich mich an diese eine Abmachung hielt.

Ich durfte keiner Menschenseele erzählen, dass ich seine Tochter war. Das war alles.

Dieses Versprechen hatte ich noch nie gebrochen, und ich würde es auch jetzt nicht tun.

»Arbeit.« Ich zuckte mit den Schultern.

Willa lachte höhnisch auf. »Du willst, dass *Saint* dich anheuert?« Doch als sie verstand, dass ich es ernst meinte, verging ihr das Lachen. »Als was denn? Als Schürferin?«

»Warum nicht?«

»Warum nicht?« Pajs Stimme wurde lauter. »Für Saint zu arbeiten ist ein Todesurteil. Da warst du selbst auf Jeval besser dran.«

Schweigen breitete sich aus. In meinem Augenwinkel funkelte

etwas auf, und ich sah, dass Willa angefangen hatte, mit ihrem Dolch herumzuspielen. Der Griff war mit geschliffenen Juwelen in verschiedenen Farben verziert, und das feine Silbermuster zog sich bis zur Klinge.

»Wie lange arbeitet ihr schon für West?« Ich stand auf und kletterte vorsichtig in meine Hängematte. Als der Stoff die geschwollenen Striemen auf meiner Schulter berührte, musste ich mir auf die Zunge beißen.

»Von Anfang an – seit zwei Jahren«, antwortete Paj freimütig, was mich überraschte. »Als West die *Marigold* übernahm, hat er erst Hamish und Willa und kurz darauf auch Auster und mich an Bord geholt.«

Jetzt verstand ich, warum er diese Informationen so bereitwillig mit mir teilte. Sie waren Teil seiner Geschichte. Und überall rund um das Enge Meer galt: Wer eine Geschichte brauchte, hatte etwas zu verbergen. Fast alles, was einfach so erzählt wurde, war eine Lüge.

Ich ließ mich tiefer in die Hängematte sinken. »Ihr seid alle so jung«, sagte ich und meinte es im Grunde als Frage.

»Wir sind alle auf irgendwelchen Schiffen aufgewachsen«, antwortete Paj. »Wir sind Waterside-Streuner – jeder von uns.«

Das könnte zum Teil sogar stimmen. Doch Paj und Auster stammten ihrem Dialekt nach zu urteilen nicht aus Ceros.

Willa schaute auf ihren Dolch hinab. Bei den Steinen auf dem Griff handelte es sich um Saphire und Amethyste. Nicht unbedingt die seltensten Edelsteine, aber in dieser Größe durchaus wertvoll. Viel zu wertvoll für eine ehemalige Waterside-Streunerin.

Sie logen so, wie Saint es auch mir beigebracht hatte – sie blieben möglichst nah an der Wahrheit. Zumindest einige von ihnen waren also vermutlich wirklich Waterside-Streuner. Die Besatzungen von Handelsschiffen nahmen häufig Straßenkinder auf, die im

Hafenviertel von Ceros herumlungerten, und versorgten sie mit Essen und einer Ausbildung, wenn sie dafür gefährliche Aufgaben übernahmen. Die meisten blieben später an Bord dieser Schiffe, aber ich hatte noch nie gehört, dass ein Waterside-Streuner es bis zum Kapitän gebracht hätte.

Noch unbegreiflicher war der Gedanke, dass eine solche Mannschaft über eine Handelslizenz verfügte. Es gab fünf Gilden am Engen Meer, die über fast alle Bereiche des Lebens herrschten – die Roggengilde, die Schiffsbauergilde, die Segelmachergilde, die Schmiedegilde und die Edelsteingilde. Jede von ihnen wurde von einem Gildemeister geführt, und die fünf Meister bildeten den Handelsrat. Nur sie stellten die Lizenzen aus, mit denen Händler in den Hafenstädten der Küste ihre Geschäfte betreiben durften, und es war unvorstellbar, dass diese Besatzung eine solche erlangt hatte. Wer auch immer West sein mochte – er hatte mindestens einen einflussreichen Freund.

Als ich nichts erwiderte, drehte sich Paj um und ging. Willa und ich blieben allein zurück. Sie hatte die Augen halb geschlossen, und mir fiel plötzlich auf, dass ich sie noch nicht hatte schlafen sehen, seit ich an Bord war. Wie auch, wo sie doch offenbar alle für drei arbeiteten.

»Wie lange schürfst du schon?«, fragte Willa mit leiser Stimme.

»Schon immer. Meine Mutter hat mir das Tauchen beigebracht, sobald ich schwimmen konnte.«

Saint hatte immer gesagt, sie sei die beste Schürferin des Engen Meeres, und ich hatte ihm geglaubt. Er gab sich nur mit dem Besten zufrieden, und wer einmal Teil seiner Mannschaft war, ging nie wieder von Bord. Der Verdienst war besser als überall sonst.

Aber meine Mutter hatte noch einen anderen Grund gehabt.

Ich hatte Saint nur einmal in meinem Leben lächeln sehen – als ich die beiden einmal heimlich in seiner Kajüte beobachtete.

Meine Mutter hatte ihn von den Seekarten weggezogen, die er gerade studierte, und seine Arme um ihren zierlichen Körper gelegt. Er stützte das Kinn auf ihren Kopf und lächelte, und ich weiß noch, wie überrascht ich damals war, seine Zähne zu sehen. Und die Fältchen rund um seine Augen. Er sah aus wie ein ganz anderer Mensch.

Als Saint sich in meine Mutter verliebte, verstieß er gegen seine eigenen Regeln. Und das gleich Hunderte Male.

»Ist sie noch auf Jeval?«

Ich blinzelte und verdrängte die Erinnerung. »Nein.« Das Wort hing in der Luft und beantwortete deutlich mehr, als Willa eigentlich gemeint hatte. Bevor sie weiterfragen konnte, wechselte ich das Thema. »Du bist also die Bootsfrau hier?«

»Korrekt.«

»Wo hast du das gelernt?«

»Hier und da.«

Ich gab mich mit der Antwort zufrieden. Mir reichte es, nur das Nötigste über die Besatzungsmitglieder zu wissen. Mehr war ich auch nicht bereit, ihnen zu erzählen. Ich war schon ziemlich weit gegangen, als ich ihnen gesagt hatte, dass ich Saint suchte.

Die besten Bootsleute waren für gewöhnlich Frauen, weil sie geschickt klettern konnten und in enge Räume passten. Früher auf der *Lark* hatte ich sie häufig fasziniert beobachtet. Und an Beschäftigungsmöglichkeiten mangelte es ihnen nie, weil jedes Schiff mindestens eine von ihnen brauchte.

Die *Marigold* schien mit dem absoluten Minimum an Mannschaft zu segeln – ein Kapitän, ein Zahlmeister, ein Schiffskoch, eine Bootsfrau und ein Steuermann.

»Ihr habt gar keinen Schürfer«, sagte ich und schaute zu den Stiefeln an der Wand, auf die gerade das Sonnenlicht fiel.

Willas Stimme klang plötzlich rauer. »Nein. Nicht mehr.«

Ich bekam schon wieder eine Gänsehaut. Die Luft in der Kajüte schien sich abrupt abzukühlen, als ich mich daran erinnerte, was Auster gesagt hatte, bevor ich über die Reling gesprungen war.

Der Letzte, der uns bestohlen hat, liegt jetzt auf dem Meeresgrund.

Mein Blick wanderte erneut zu der fast leeren Kiste an der Wand, in der ein Schürfergürtel und die nötigen Werkzeuge lagen.

Sie lagen dort, weil ihr Besitzer sie nicht mehr brauchte.

Willa sagte nichts, und ihr unheimliches Schweigen bestätigte meinen Verdacht. Sie wollte, dass ich die richtigen Schlüsse zog. Sie wollte, dass ich Bescheid wusste. Ich spähte über die Kante meiner Hängematte zu ihr hinüber und sah, dass sie mich immer noch anschaute, den funkelnden Dolch in der Hand.

Kapitel 10

Durch die Ritzen über meinem Kopf drang Sonnenlicht und die Luft war vom schweren Geruch nach Lampenrauch und Öl erfüllt. Sobald ich die Augen aufgeschlagen hatte, machte sich der Teil meines Kiefers bemerkbar, mit dem ich gegen Koys Boot geschlagen war. Ich kniff die Augen zusammen und biss mir auf die Lippe, doch der Schmerz ließ nicht nach. Und jetzt fingen auch die Schürfwunden, die sich über meine Schulter den Rücken hinabzogen, wieder an zu brennen.

Ich richtete mich vorsichtig auf und setzte die Füße auf die feuchten Bodenplanken. Willas Hängematte war bereits leer.

Auster war in der Vorratskammer und stemmte gerade den Deckel einer Kiste auf, als ich vorbeikam. Der Deckel fiel klappernd zu Boden und Auster nahm sich die nächste vor. Er warf mir einen kurzen Blick zu und grunzte, um dann ein Glas eingelegten Fisch herauszuholen.

Der feuchte Wind blies mir schon entgegen, als ich die Stufen erklomm, und ich hob eine Hand, um ihn zwischen den Fingern zu spüren. Warm, aber kräftig. Das gefiel mir gar nicht. Er war zu stark für den blassen, wolkenlosen Himmel über uns, was bedeutete, dass hinter dem Horizont wahrscheinlich ein Sturm aufzog.

Willa und Paj waren bereits dabei, die Segel zu reffen, um sie den Windverhältnissen anzupassen.

»Für eine Schürferin bist du ganz schön faul«, rief Willa von oben herab. Sie stand mit einem Fuß in den Leinen und hatte den anderen gegen den Mast gestemmt, an ihren Fingern glänzte schwarzer Teer.

»Wie weit ist es noch bis nach Dern?« Ich sah zu, wie sie zum nächsten Segel hinabkletterte.

Sie schaute über mich hinweg Richtung Westen. »Wir sind schon da.«

Ich drehte mich um. In der Ferne, wo das Meer gegen eine lang gezogene Felswand brandete, lag eine kleine Hafenstadt auf einer Anhöhe.

Ich musste unwillkürlich lächeln und stieß sogar einen kleinen Freudenschrei aus. Ich hatte Dern seit Jahren nicht mehr gesehen, erinnerte mich aber noch gut an die Stadt – an die schiefen Backsteinbauten und die krummen Schornsteine mit ihren schwarzen Schlünden. Auf dem Kai hatte immer eine Frau gestanden und Blutorangen verkauft, und Saints Steuermann Clove hatte es sich nicht nehmen lassen, mir bei jedem Besuch im Hafen eine davon zu besorgen.

Plötzlich brannten ungeweinte Tränen in meinen Augen. Der Anblick setzte Erinnerungen frei, die ich sorgsam unter Verschluss gehalten hatte. An Saint dachte ich jeden Tag. Sein Gesicht stand mir so klar vor Augen, als sei es nicht bereits vier Jahre her, dass ich ihn zuletzt gesehen hatte. Aber den Gedanken an Clove unterdrückte ich mindestens so häufig wie den an meine Mutter. Während mein Vater seine Gefühle immer sorgsam verborgen hielt, hatte Clove aus seiner Zuneigung nie einen Hehl gemacht.

»West...« Willa hatte ihre Arbeit unterbrochen und starrte mit großen Augen in den Hafen. Dann kletterte sie eilig den Mast hinunter und landete auf dem Deck.

Er trat unter dem Abdach hervor und ließ den Blick über den Kai wandern. Dann presste er die Lippen zusammen. »Hamish!«

Willa war bleich geworden, und einen Augenblick lang glaubte ich, sie müsse sich übergeben.

Hamish kam aus der Kapitänskajüte und stellte sich neben West an die Reling. Er stieß einen Seufzer aus und murmelte einen Fluch, bevor er wieder in der Kajüte verschwand.

Ich betrachtete die Schiffe im Hafen und fragte mich, was sie dort sahen. Sechs lange Piers ragten aus dem Steilhang hervor, an denen Schiffe unterschiedlichster Größe lagen. Es schienen ausschließlich Handelssegler zu sein. Die meisten Wappen waren mir geläufig, nur ein oder zwei kannte ich nicht, aber ein Schiff stach aus der Menge heraus. Der breite Rumpf und das kunstvoll verarbeitete Holz passten nicht zu den übrigen, sehr viel einfacheren Booten.

Mein Herz machte einen Sprung, als ich Saints Wappen entdeckte – die Welle, die über einem dreieckigen Segel brach, war auf die strahlend weiße Wand eines Klippers gemalt.

Er war bestimmt nicht an Bord. Das Schiff war zu klein, um sein Flaggschiff zu sein, und es war unmöglich zu sagen, wie groß seine Flotte mittlerweile war.

»Frachtraum öffnen!«, rief West über den Lärm des Windes hinweg. Seine Schulter stieß gegen meine, als er an mir vorbeilief.

Auster und Paj sprangen vom Fockmast, und Willa drückte mir die Büchse Teer in die Hand, bevor sie eine Leiter erklomm, die zum Achterdeck hinaufführte. Alle drei zogen mit synchronen

Bewegungen an einigen Leinen, bis sich eine Seite des Achterdecks hob und den Blick auf die Ladung freigab.

Anschließend banden sie die Taue um Eisenhaken am Fuß der Reling. Auster und Paj kletterten in den Laderaum hinab, wo in einer Ecke Fässer voller Äpfel und Kisten mit Netzen standen. Die beiden machten sich gemeinsam daran, die Fracht so auf dem Deck aufzustapeln, dass sie schnell entladen werden konnte.

Die anderen schwiegen, aber ich spürte die Gereiztheit, die sich plötzlich auf dem Schiff breitgemacht hatte. Was auch immer Willa im Hafen entdeckt hatte, hatte sie alle nervös gemacht. Sie räumten weiter Fracht nach oben, bis Hamish mit fünf roten Lederbeuteln in der Hand aus der Kapitänskajüte kam und jedem der Besatzungsmitglieder einen davon zuwarf.

Wests Blick war unverwandt auf Dern gerichtet, als er sein Hemd hochschob und den Beutel an seinem Hosenbund befestigte.

»Was ist denn da?«, fragte ich und beobachtete seine Reaktion.

Seine grünen Augen blitzten auf, als er das Steuerrad drehte, aber er gab keine Antwort. Ich sah, wie er im Kopf den Winkel zwischen Schiff und Kai berechnete. Dann drehte er das Rad noch ein kleines Stück weiter. Jetzt kam Paj vom Achterdeck und übernahm seine Position.

»Schürferin.« Auster beorderte mich mit einer Kopfbewegung zu sich.

Ich lief die Stufen hoch und nahm die Festmacherleine entgegen. Auster und Willa schlossen den Lagerraum, während Hamish noch unten stand und sorgfältig ein Seil um eine kleine Kiste zu seinen Füßen band. West trat so vor mich, dass er mir die Sicht versperrte. »Segel bergen!«, rief er mit einem warnenden Blick in meine Richtung.

Was auch immer Hamish dort unten trieb – West wollte nicht,

dass ich es sah. Ebenso wenig wie die Karten in seiner Kajüte und die Koralleninseln weiter im Norden. Ich hatte nicht einmal einen Tag gebraucht, um zu erkennen, dass die *Marigold* mehr als nur ein Handelsschiff war, aber die Liste der Fragen, die mir auf der Zunge brannten, wurde minütlich länger.

Auster und Willa folgten dem Befehl und liefen zu den Leinen. Hinter ihnen warf Hamish die Kiste samt einem guten Stück Seil ins Wasser, wo sie sofort versank.

Wenn Hamish der Zahlmeister war, konnte es sich bei dem, was er kurz vor dem Einlaufen versteckte, nur um eines handeln. Ich schlang mir das Tau um den Arm und betrachtete die Stadt. Was oder wer auch immer sich dort aufhielt, West war offenbar der Ansicht, dass sein Kupfer hier nicht sicher war.

Auster gesellte sich zu Willa, um ihr mit dem Anker zu helfen, und wir trieben langsam auf die Pier zu. Als wir nahe genug waren, nahm ich die aufgewickelte Festmacherleine und holte Schwung. Mit einem Grunzen ließ ich sie fliegen und konnte zusehen, wie sie sich in der Luft abwickelte. Als sie ihre volle Länge erreicht hatte, legte sich die Schlinge um den Poller, den ich anvisiert hatte.

Ich packte das andere Ende mit meinen blasenübersäten Händen und stemmte die Füße gegen die Reling, um das Schiff Stück für Stück an den Kai zu ziehen.

»Guter Wurf.« Willa grinste, stellte sich hinter mich und half mir. »Du hättest von so weit weg nicht getroffen, Paj!«, spottete sie.

Er sah vom Steuerrad aus zu uns herüber, und als ich das Lächeln bemerkte, das seinen Mund umspielte, war ich so überrascht, dass ich fast auf den geölten Planken ausgerutscht wäre. Das Zusammenspiel einer Mannschaft glich einer vielstimmigen Melodie, die ich seit meiner Geburt kannte und in den letzten vier Jahren für mich allein hatte summen müssen. In wenigen Tagen würden wir in Ceros anlegen, und dann bekam ich die Möglichkeit, endlich meinen Platz auf Saints Schiff einzunehmen, wie meine Mutter vor mir. Das war der Platz, der mir von Geburt an vorherbestimmt war.

Jetzt stellte sich auch West hinter Willa und half uns beim Ziehen. Zwei Männer kamen über den Kai gelaufen und streckten die Hände aus, um dafür zu sorgen, dass der Rumpf der *Marigold* keine Kratzer abbekam, als sie die Kante des Kais touchierte.

Die Besatzung warf einen zweiten Anker aus und brachte die Laderampe an. Hamish sprach währenddessen mit den Männern am Kai. Eine Böe fuhr durch die Bucht, und ich drehte mich um und sog die feuchte Luft ein.

Der auffrischende Wind verursachte mir eine Gänsehaut und ich beobachtete den Zug der Wolken über den Himmel. Sie bewegten sich langsam. Das war typisch für die Stürme im Engen Meer – sie waren klug. Das machte das Segeln in diesen Gewässern so gefährlich. Fast jedes Schiff, das auf dem Meeresgrund lag, war einem Sturm zum Opfer gefallen.

Willa und Auster hatten ihre Jacken und Taschen aus der Kajüte geholt und Paj zog sich eine Strickmütze über den Kopf, bevor sich alle drei nacheinander über die Reling schwangen und die Strickleiter hinabkletterten. Ich wollte ihnen gerade folgen, als mich eine Hand wieder auf das Deck zurückzog.

West stand hinter mir und hatte mich am Gürtel gepackt. »Du bleibst an Bord.«

»Was?« Ich starrte ihn mit offenem Mund an und versuchte instinktiv, mich zu befreien. Aber er verstärkte den Griff, was mir das Atmen erschwerte.

»Wir sind morgen früh zurück. Dann geht es weiter nach Ceros.«

Ich schaute über seine Schulter hinweg Richtung Stadt. Irgendwie musste ich es vom Schiff hinunter schaffen, wenn ich meine Münzen vermehren wollte. »Ich bin nicht deine Gefangene.«

»Du bist Fracht. Und die einzige Fracht, die hier von Bord geht, ist die, die hierbleibt.« Er starrte mich an, als fordere er mich zum Widerspruch heraus. Aber wir wussten beide, dass er mich nicht zwingen konnte, auf dem Schiff zu bleiben. Nicht, ohne mich an die Balken unter Deck zu fesseln. »Ich glaube nicht, dass du genügend Kupferstücke hast, um die Überfahrt auf einem anderen Schiff zu bezahlen. Wenn du nicht willst, dass wir dich morgen auf dem Kai zurücklassen, bleibst du hier.«

Damit schob er sich an mir vorbei, doch ich griff nach seinem Arm und hielt ihn fest. Er zuckte zusammen und schaute auf meine Hand, als hätte ich ihn gestochen.

»Was habt ihr da eben gesehen?« Eigentlich war es mir egal, in was für eine Bredouille sich die *Marigold* gebracht hatte, aber wenn es uns davon abhielt, nach Ceros zu gelangen, war es auch mein Problem.

Wests Kiefer mahlte unter seiner sonnengebräunten Haut. »Sobald du das Schiff verlässt, kommst du nicht wieder drauf«, wiederholte er.

Dann riss er sich von mir los, sodass die kalte Luft zwischen uns strömte, und ich konnte endlich wieder frei atmen, auch wenn mir sein Geruch noch auf der Zunge lag. Er zog eine Mütze über seine unbändigen goldenen Locken und kletterte nach unten. Ich sah, wie er den beiden Männern am Kai einige Münzen in die Hand drückte. Wahrscheinlich bezahlte er sie dafür, dass sie das Schiff im Blick behielten. Oder mich. Vielleicht auch beides. Die Besatzung würde die *Marigold* niemals verlassen, ohne eine Wache zu organisieren.

Ohne sich noch einmal umzudrehen, folgte West den anderen im Gänsemarsch über die abgenutzten Holzplanken in Richtung Stadt. Ich schaute ihnen hinterher und umklammerte die Reling dabei so fest, dass ich das Gefühl hatte, meine Knochen würden brechen. Irgendwie musste ich aus meinen sechs Kupferstücken mindestens zwölf machen, bevor wir Dern wieder verließen, doch hier auf der *Marigold* war das unmöglich.

Ich fluchte. Wests Geruch hatte sich in meiner Kehle festgesetzt.

Von Bord geworfen zu werden war ein Risiko, das ich eingehen musste.

Kapitel 11

Bis zum Einbruch der Dunkelheit blieben mir noch ein oder zwei Stunden, was locker ausreichte.

West war entweder dumm oder er hatte keine Wahl. Anders war nicht zu erklären, dass er mich allein auf dem Schiff zurückgelassen hatte. In Anbetracht der Anspannung, die ich bei der Besatzung der *Marigold* gespürt hatte, als wir in den Hafen eingelaufen waren, tippte ich auf Letzteres. Was auch immer West in Dern vorhatte, er brauchte seine gesamte Mannschaft und wollte nicht, dass die Schürferin von Jeval etwas mitbekam.

Ich kletterte den Großmast hinauf und beobachtete die fünf auf ihrem Weg durch die engen Gassen der Stadt. Sie liefen hintereinander, mit Auster an der Spitze und West ganz hinten. Ihr Ziel war das Gasthaus, ein langes, rechteckiges Gebäude, aus dem drei schiefe Schornsteine herausragten.

Dorthin zog es die Händler, die hier an Land gingen, für gewöhnlich als Erstes, und ich hatte schon als Kind gewusst, was hinter diesen Türen vor sich ging. Ich hatte genügend Besatzungsmitglieder meines Vaters ihr Kupfer in Wirtshäuser tragen sehen, nur um mit leeren Geldbeuteln wieder herauszukommen. Es gab zwei Dinge, die auf einem Schiff streng verboten waren, weil sie den Seeleuten selbst oder ihren Kameraden den Tod bringen konnten: Liebe und Trunkenheit. Nur an Land durften sie sich jemanden suchen, der ihnen das Bett wärmte, oder sich eine Flasche Roggenwhiskey einverleiben.

Das einladende Flackern eines Kaminfeuers fiel auf die Straße hinaus, als die Mannschaft der *Marigold* die Tür zum Wirtshaus öffnete und hineinging. Ich atmete tief durch und kämmte mir mit den Fingern die Haare aus dem Gesicht. Vermutlich würden sie dort drinnen bleiben, bis am nächsten Morgen die Kaufmannshalle öffnete, was bedeutete, dass ich gut zehn Stunden hatte, um unbemerkt nach Dern und anschließend wieder auf das Schiff zu gelangen.

Ich kletterte auf das Deck hinab. Die Maststufen waren kalt unter meinen nackten Fußsohlen. Sobald es dunkel war, würde ich mich in die Stadt schleichen und meine Münzen vermehren. Die Zeit bis dahin ließ sich gut nutzen, um herauszufinden, was auf der *Marigold* vor sich ging. Vielleicht fand ich ja etwas, das nützlicher war als Kupfer. Die wertvollste Währung am Engen Meer waren Informationen.

Ich stieg in den Gang unter Deck hinab und lief zur Tür des Frachtraums. Dort holte ich meine kleinste Pickhacke hervor und schob sie in das Schloss. Es ließ sich problemlos öffnen. Ich schob die Tür auf, bückte mich unter den Balken hindurch und streckte die Laterne aus.

Hamishs Worte hallten in meinem Kopf wider:

Solltest du hier irgendetwas anrühren, das dir nicht gehört, werde ich es erfahren.

Das Risiko musste ich eingehen.

Um diese Uhrzeit verirrten sich nur noch wenige der verbliebenen Sonnenstrahlen vom Achterdeck nach hier unten. Sie fielen auf die Kisten und Tonnen an den Wänden. Der Frachtraum war voll davon, und sie waren mit lauter Wappen markiert, die zu verschiedenen Hafenstädten am Engen Meer gehörten. Wenn man von der Ladung ausging, liefen die Geschäfte der *Marigold* ziemlich gut. Und da die Besatzung nur zu fünft war, dürfte der Anteil für jeden Einzelnen beträchtlich ausfallen.

Weniger klar war, wie es der jungen Mannschaft gelungen war, in so kurzer Zeit in so vielen Häfen Handelspartner zu gewinnen. Die Besatzungsmitglieder waren alle kaum älter als ich, und obwohl es nicht ungewöhnlich war, dass auf Handelsschiffen auch junge Leute arbeiteten, war es doch merkwürdig, dass kein einziger erfahrener Seemann unter ihnen war.

Neben sauber gefaltetem Segeltuch und Körben voller grüner Tomaten lagerten hier unten Netze und große Ballen unbenutzter Taue. Doch jedes Schiff hatte auch Güter an Bord, von denen der Zahlmeister nicht wollte, dass sie jemand zu Gesicht bekam. Das hatte ich schon als Kind gelernt, als ich im Frachtraum der *Lark* herumgeschnüffelt hatte.

Ich drehte mich im Kreis und musterte meine Umgebung ganz genau. Irgendwo befand sich immer ein Versteck, und dieses Schiff stellte keine Ausnahme dar.

Oder vielleicht doch?

Irgendetwas stimmte nicht mit der *Marigold* und ihrer Besatzung. Ich konnte mir ungefähr vorstellen, was mit ihrem Schürfer passiert war, aber warum waren sie nur zu fünft auf einem Schiff unterwegs, das eigentlich mindestens zwölf Personen erfordert hätte? Was hatte West bei den Koralleninseln gemacht? Und was hatte die Mannschaft hier im Hafen so aus der Fassung gebracht?

Ich hängte die Laterne an den dafür vorgesehenen Haken und stellte mich auf Zehenspitzen. Dann schob ich die Finger in die Öffnung zwischen den Balken über meinem Kopf und suchte den gesamten Spalt ab, Stück für Stück, bis ich auf glattes, kühles Glas stieß – eine Flasche. Ich holte sie heraus und hielt sie gegen das Licht. Das blaue Glas färbte die bernsteinfarbene Flüssigkeit grün. Neugierig zog ich den Korken heraus und roch an der Öffnung.

Roggenwhiskey.

Ich grinste so breit, dass der Riss in meiner Lippe schmerzte. Dann legte ich den Kopf in den Nacken und nahm einen großen Schluck. Der Schnaps brannte so sehr, dass ich die Augen beim Schlucken zukniff und einen Hustenanfall bekam. Als das scharfe, süße Aroma des Whiskeys in meiner Nase explodierte, flackerten vor meinem inneren Auge Hunderte von Kerzenschein erhellte Erinnerungen auf. Sofort verschloss ich die Flasche wieder und schob sie zurück in das Versteck, als hoffte ich, die Bilder würden mit ihr verschwinden.

Als Nächstes wandte ich mich den Wänden zu. Mit dem Messer aus meinem Gürtel klopfte ich auf das Ende jedes einzelnen Brettes, bis ich ein loses fand. Es schwang zur Seite, und als ich in die Öffnung griff, stieß meine Hand auf ein gut verschnürtes Leinensäckchen. Ich öffnete es und kippte den Inhalt in meine Hand. Es waren hellgelbe Steine, die ich jetzt ins schummrige Licht hielt. Auf den ersten Blick sahen sie aus wie Zitrine. Aber meine Mutter war eine gute Lehrmeisterin gewesen.

Die Facetten, die den schwachen Lichtschein auffingen und zurückwarfen, verrieten die Wahrheit: gelber Feldspat.

Es waren gute Exemplare, das Licht brach sich sehr gleichmäßig auf den geschliffenen Flächen. Auch wenn die Besatzung sicherlich noch mehr Steine an Bord versteckt hatte, würde es trotzdem sofort auffallen, wenn ich auch nur einen davon an mich nahm. Ich brauchte etwas anderes. Etwas weniger Auffälliges.

Ich legte den Beutel in sein Versteck zurück und nahm mir die Fässer vor. Ich hob einen Deckel nach dem anderen und schaute hinein, bis ich in einem etwas schimmern sah: Messingschnallen. Ich seufzte erleichtert auf und schob zwei Stück in den Beutel an meinem Gürtel. Dann verschloss ich das Fass wieder. Durch die Ritzen in den Planken des Achterdecks fielen die letzten Sonnenstrahlen des Tages in den Raum und ich schaute nach oben. Auf der Steuerbordseite drang kein Licht ein.

Die Kapitänskajüte.

Ich kletterte auf die Kisten mit Kohl, die in der Ecke standen, und streckte die Arme aus, um meine Messerspitze in den schmalen Spalt zwischen einem Brett und dem Querbalken zu schieben. Dann zog ich den Griff nach unten, bis ich den Nagel herausgehebelt hatte. Sobald ich beide Enden des Brettes gelöst hatte, nahm ich es heraus und legte es auf einen Stapel Taue neben mir. Über mir sah ich die geschlossenen Fensterläden von Wests Kajüte.

Meine Klinge glitt ohne Probleme unter die Planken daneben, und ein paar Minuten später war das Loch in der Decke groß genug, dass ich hindurchpasste. Ich holte mir die Laterne und quetschte mich durch die Öffnung. Einen Augenblick lang baumelten meine Füße in der Luft, doch dann schaffte ich es, mich hochzuziehen.

Ich stand mitten im Raum. Neben meinem Fuß bewegte sich ein Schatten, und ich entdeckte einige Hühnergötter, die vor dem Fenster an einer Schnur hingen und vom Wind, der durch die Ritzen der Läden drang, in Bewegung versetzt worden waren.

Lächelnd ging ich hinüber und befühlte einen der glatten Steine. Durch das runde Loch in der Mitte sah er aus wie ein Auge. Der

Legende nach brachten Hühnergötter Glück. Seeleute sammelten sie am Strand und hängten sie als Talismane auf, um den Kapitän vor den Blicken der Meeresdämonen zu schützen. Auch mein Vater hatte sie im Fenster seiner Kajüte hängen gehabt, aber das hatte die *Lark* nicht vor dem Untergang bewahrt.

Hinter mir stand Wests Schreibtisch, der mit Bolzen im Boden befestigt und mit lauter Seekarten und Tabellen bedeckt war. Ich trat näher heran und presste die Handflächen auf das weiche, abgenutzte Pergamentpapier, dessen Kanten sich hochrollten. Vor mir erstreckte sich ein geometrisches Netz aus geraden Linien, in das mit feinen, präzisen Tintenstrichen die Inseln, Buchten und Untiefen des Engen Meeres eingezeichnet waren. Am Rand der Karte waren überall Tiefenangaben und Informationen zu Orientierungspunkten vermerkt, und ich fragte mich, ob die schräge, schwer lesbare Handschrift wohl die von West oder die von Paj war. Dann studierte ich die nächste Karte, an deren oberem Rand Jeval zu sehen war – wie eine Boje mitten im Nichts.

Genau in der Mitte des Schreibtisches befand sich ein Kompass aus glänzendem Messing, wie ich ihn noch nie gesehen hatte. Ich nahm ihn in die Hand und betrachtete das ungewöhnliche Stück im Licht der Laterne. Die Nadel führte einen zitternden Tanz auf.

Direkt daneben lag ein rauer, weißer Stein, so groß wie meine Handfläche.

Doch in diesem Augenblick bemerkte ich aus dem Augenwinkel etwas in der dunklen Ecke, wo das Loch im Boden klaffte. Ich lief dorthin zurück und schaute nach unten in den Laderaum hinab, direkt auf eine der Planken, die ich losgehebelt hatte. Eines der Enden, das unter einem Teppich verborgen gewesen war, war mit schwarzer Farbe bemalt.

Ich drehte mich um und betrachtete den ausgefransten Rand des weinroten Wollteppichs neben meinen Füßen. Dann hockte ich mich hin und hob ihn an. Das Licht der Laterne fiel auf eine schwarze Welle. Ich schlug den Teppich weiter zurück und schnappte nach Luft, als auch der Rest des Bildes zum Vorschein kam. Auf dem Boden prangte ein – mittlerweile ziemlich abgewetztes – Wappen. Aber es war nicht das der *Marigold*.

Es war Saints.

Meine Gedanken rasten, als ich versuchte, mir einen Reim darauf zu machen. Die Puzzleteile so anzuordnen, dass sie ein Bild ergaben. Aber die einzige Erklärung, die mir einfiel, war so absurd, dass sie nicht stimmen konnte.

Das Schiff gehörte gar nicht West. Es gehörte meinem Vater. Oder hatte ihm zumindest irgendwann einmal gehört. Aber weder die Segel noch der Bug trugen sein Wappen. Entweder verheimlichte West, woher er das Schiff hatte, oder er verheimlichte, was es war.

Ein Schattenschiff.

Ich hatte bereits von solchen Schiffen gehört – sie standen unter der Kontrolle mächtiger Händler, fuhren aber unter fremder Flagge, um ihre wahre Identität zu verbergen. So konnten die Besatzungen Aufträge ausführen, mit denen der eigentliche Besitzer nicht in Verbindung gebracht werden wollte, oder – schlimmer noch – den Handel zugunsten des Besitzers manipulieren. Das war ein klarer Verstoß gegen die Regeln des Handelsrates und reichte aus, um dem Schiff dauerhaft die Lizenz zu entziehen. Dass Saint ein Schattenschiff besaß, überraschte mich nicht. Vielleicht hatte er sogar mehrere. Aber warum würde er eine Aufgabe wie diese einem Haufen junger Waterside-Streuner anvertrauen?

So waren sie also an die Lizenz vom Handelsrat gekommen – durch Saint.

Das durchdringende Läuten einer Glocke ließ mich zusammenzucken und der schwere Kompass glitt mir aus den kalten Fingern.

Ich konnte ihn gerade noch auffangen, bevor er auf dem Boden aufschlug, hätte dabei aber um ein Haar die Laterne vom Tisch gefegt. Um mich zu beruhigen, lehnte ich mich an den Schreibtisch und atmete tief durch.

Die Glocke verkündete der Stadt den Sonnenuntergang. Mit ihrem Läuten verschwanden die letzten Sonnenstrahlen hinter dem Horizont.

Ich legte den Kompass mit zitternden Händen zurück in die Mitte des Schreibtisches, bevor ich durch das Loch in den Laderaum hinabkletterte und die Planken an ihren alten Platz schob. Die Nägel konnte ich nicht wieder einschlagen, aber ich hoffte, dass das in der Ecke hinter dem Schreibtisch und halb unter dem Teppich erst einmal unbemerkt blieb.

Dann trat ich auf das Hauptdeck hinaus und schaute zur Stadt hinüber. Wenn ich den Weg zum Höker richtig im Kopf hatte, konnte ich es in gut einer Stunde hin und zurück schaffen.

Unter mir auf dem Kai waren die beiden Männer, die West als Wachposten engagiert hatte, in ein Kartenspiel vertieft. Ich kletterte über das Heck der *Marigold*, schlang die Beine um das Seil einer Fischfalle und ließ mich daran bis zur Wasseroberfläche hinab, wo ich tief Luft holte und ins ruhige Hafenbecken abtauchte. Mit vor mir ausgestreckten Armen schwamm ich durch die Dunkelheit Richtung Küste.

Ich wusste, dass rund um das Enge Meer nichts so war, wie es schien. Jede Wahrheit hatte eine Kehrseite. Jede Lüge war sorgfältig konstruiert. Was die *Marigold* anging, war mein Instinkt genau richtig gewesen. Sie war kein Handelsschiff – oder zumindest nicht nur das. Es war eine Frage der Zeit, bis die Besatzung mit einer Schlinge um den Hals in der Luft baumelte. Und damit wäre meine einzige Chance, nach Ceros zu kommen, vertan.

Kapitel 12

Ich schlängelte mich durch die dicht bevölkerten Straßen. Mein Ziel war der Glockenturm, der im Zentrum von Dern aufragte. Auf Jeval hatte es kaum etwas gegeben, das den freien Blick auf den Übergang vom Himmel zum Meer behinderte. Hier war er überall von schiefen, notdürftig zusammengezimmerten Hausdächern gesäumt, was mir das Gefühl vermittelte, einfach abtauchen zu können.

Auf Jeval war es unmöglich gewesen, sich zu verstecken.

Ich behielt meine Umgebung genau im Blick und schaute alle acht bis zehn Schritte nach hinten, um mir den Weg einzuprägen. Die Stadt war mir vertrauter, als ich erwartet hätte, weil sich seit meinem letzten Aufenthalt nicht viel verändert hatte. Der Anblick und die Geräuschkulisse lösten eine weitere Lawine an Erinnerungen in mir aus. Als ich Dern vor Jahren zum letzten Mal besucht hatte, war es zusammen mit Clove, dem Steuermann meines Vaters, gewesen. Ich war an seiner Hand durch die Dunkelheit gehüpft, während er mich durch das Gedränge zum Laden des Hökers zog. Doch ich war nicht länger das süße kleine Mädchen, das Clove auf dem Rückweg auf seinen Schultern durch die Straßen getragen hatte. Mittlerweile war ich aus einem anderen Holz geschnitzt.

In einer dunklen Gasse glomm ein Pfeifenkopf auf, und ich bemerkte eine Frau, die mir durch eine Wolke aus weißem Wollkrautrauch hinterherschaute. Ich zog bereits jetzt mehr Aufmerksamkeit auf mich, als mir lieb war.

Kurz hinter einer scharfen Kurve, wo ich mir ein rotes Hausdach an der nordöstlichen Ecke als Orientierungspunkt einprägte, hörte ich Stiefelschritte auf dem nassen Pflaster hinter mir. Rasch drückte ich mich in den Schatten einer Steinmauer. Den nassen Zopf fest um die Hand geschlungen wartete ich ab, bis die Person vorbeigegangen war. Die meisten Menschen waren jetzt auf dem Weg nach Hause und schoben ihre Marktkarren aus dem überfüllten Stadtkern heraus. Doch einige wenige erklommen den Hügel in Richtung Wirtshaus, und der Gedanke machte mich nervös. Wenn dort für die Mannschaft der *Marigold* kein Zimmer mehr frei wäre, würde sie vielleicht auf das Schiff zurückkehren.

Am Ende der nächsten, nur schwach von einer Laterne beleuchteten Gasse fand ich den Laden des Hökers. Es handelte sich im Grunde um einen gemauerten Anbau an einem fensterlosen Gebäude, der genauso aussah, wie ich ihn in Erinnerung hatte, bis hin zum Sprossenfenster mit der gesprungenen Scheibe. Fünf unebene Stufen führten zu einer grünen Tür hinauf, über der ein Schild mit einer abblätternden blauen Aufschrift hing.

HÖKER

Ich blieb kurz im Schatten stehen und lauschte, bevor ich mit meinen schmutzigen Füßen ins Mondlicht hinaustrat. Die Tür schwang auf und zwei Frauen traten heraus. Lachend stolperten sie die Stufen hinunter. Ich zuckte zurück und versuchte, mich tief im Dunkeln zu verkriechen. Sie liefen an mir vorbei, ohne auch nur aufzuschauen, und als sie fast schon um die Kurve verschwunden waren, sah ich am Handgelenk der einen etwas aufblitzen. Es leuchtete wie eine kleine Flamme unter dem Ärmel ihres Mantels.

Falls es in dieser Stadt möglich war, Glück zu haben, hatte ich gerade genau das geschafft.

Mit schnellen Schritten lief ich an der Mauer entlang in die entgegengesetzte Richtung, um noch vor den Frauen die nächste Straßenecke zu erreichen. Dort angekommen, richtete ich den Blick mit angehaltenem Atem auf die Stelle, wo sich ihre Schatten abzeichnen müssten. Eine schnelle Handbewegung, mehr war gar nicht nötig, aber es war lange her, seit ich so etwas das letzte Mal gemacht hatte, und meine spätabendlichen Unterrichtsstunden bei Clove lagen sogar noch weiter in der Vergangenheit.

Du darfst nicht zögern, Fay. Nicht eine Sekunde lang.

Es war fast, als könnte ich seine dröhnende, leicht heisere Stimme hören. Ich hatte erwartet, dass mein Vater sauer sein würde, wenn er herausfand, dass Clove mich die Feinheiten des Taschendiebstahls lehrte, doch später fand ich heraus, dass Saint ihn darum gebeten hatte. Wer es missbilligte, war meine Mutter.

Sobald ich Stimmen hörte, trat ich in die Gasse hinaus, den Blick auf die Dächer über mir gerichtet, und stolperte nach hinten, sodass ich gegen eine der Frauen stieß.

»Oh!« Ich griff nach ihrem Arm, bevor sie auf den schmutzigen Boden stürzen konnte. Sie sah mich mit weit aufgerissenen Augen an. »Hier, ich helfe Ihnen.«

Sie stützte sich auf mich, was mir die Gelegenheit bot, etwas ungelenk das Armband von ihrem schmalen Handgelenk zu lösen. Ich biss mir auf die Lippe. Taschendiebstahl war Trainingssache, aber ich hatte mich auf Jeval nicht getraut, meine Fähigkeiten anzuwenden. Zu groß war die Angst, an ein Riff gekettet im Meer zu verrecken. Ich hob den Blick, fest überzeugt, dass die Frau die Bewegung meiner Finger gespürt hatte. Doch als sie mich anschaute, zuckte sie zurück, ballte die Hände zu Fäusten und rief: »Fass mich nicht an!«

Es dauerte einen Augenblick, bis ich verstand, was passiert war. Ich folgte dem Blick der Frau und schaute auf meine nackten Füße und meine zerrissene Kleidung hinab. Beides deutete darauf hin, dass ich eine Schürferin von Jeval war, auch wenn durch meine Adern in Wahrheit anderes Blut floss, und meine geschwollene Lippe verriet eindeutig, dass meine letzten Tage nicht ganz friedlich verlaufen waren.

Die andere Frau legte schützend einen Arm um ihre Begleiterin und führte sie mit grimmigem Gesicht davon, während ich mich entschuldigend verbeugte.

Sobald die beiden außer Sichtweite waren, atmete ich auf und versuchte, meinen rasenden Puls zu beruhigen. Das goldene Armband schimmerte, als ich es im Licht hin und her drehte. Das war vielleicht das einzige Mal in meinem Leben, dass es mir einen Vorteil verschafft hatte, wie eine Jevali auszusehen.

Vor dem Fenster des Hökers schlich ein Schatten entlang. Das Licht aus dem Laden fiel auf eine Strähne goldenen Haares, die unter einer Mütze hervorlugte, und ich schnappte erschrocken nach Luft und schloss die Finger fester um das Armband.

West. Er stand jetzt mitten auf der Straße, den Blick auf die geschlossene Tür des Hökers gerichtet. Ich schob mich dicht an der Wand entlang um die Ecke und mein Herz hämmerte in meiner Brust.

Doch bevor ich mich umdrehen und davonlaufen konnte, öffnete sich die Ladentür und Willa kam die Treppe herab. Als sie ihn sah, erstarrte sie mitten in der Bewegung. Sein Gesicht lag halb im

Dunkeln und er schob die Hände in die Taschen. Hinter ihr fiel die Tür ins Schloss.

»Wie viel?« Seine tiefe Stimme klang ruhig, aber hart genug, um durch Knochen zu schneiden.

Willa wischte sich den überraschten Ausdruck aus dem Gesicht und trat die Stufen hinab. Sie wollte einfach an ihm vorbeigehen, aber er stellte sich ihr in den Weg.

»Wie viel?«, wiederholte er.

Ich drückte mich noch tiefer in den Schatten und beobachtete die beiden.

Willa drehte sich zu West um und richtete sich entschlossen auf, obwohl er mindestens doppelt so schwer war wie sie. Im Licht der Laterne wirkte ihr Gesicht dunkler, eher tiefbraun, und ihr bronzefarbenes Haar schien zu leuchten. »Halt dich da raus, West.«

Er ging ein paar Schritte auf sie zu, bis er direkt vor ihr stand, griff nach ihrem Handgelenk und verdrehte ihr den Arm, sodass sie ihm dem Rücken zuwandte. Trotz ihres Aufschreis hob er den Saum ihres Hemdes, um ihren Gürtel zu überprüfen, und erstarrte. Der juwelenbesetzte Dolch, den sie normalerweise dort hinten trug, war verschwunden.

West zückte sein eigenes Messer und marschierte auf den Laden des Hökers zu, aber Willa sprang vor, umklammerte seinen Arm und zog ihn zurück. »Lass gut sein, West«, flehte sie mit heiserer Stimme. »Bitte.«

Er hielt das Messer so fest umklammert, dass die Klinge im Lichtschein zitterte. »Wie viel hat er dir für den Dolch gegeben?«

»Zwanzig Kupferstücke.« Der Zorn, der eben noch in ihrer Stimme gelegen hatte, schien verraucht. Sie klang wie ein Kind.

West strich sich mit der Hand über das Gesicht und seufzte. »Wenn du etwas brauchst, frag *mich*, Willa.«

Ihre Augen schimmerten feucht, als sie zu ihm hochschaute, und selbst im Dunkeln konnte ich sehen, dass West die Zähne zusammenbiss. Plötzlich wurde mir klar, dass zwischen den beiden eine Verbindung bestand. Auch wenn sie an Bord des Schiffes nicht viel Zeit zusammen verbrachten, ließ die Art und Weise, wie sie einander jetzt anschauten, keinen Zweifel zu. Sie waren mehr als Mannschaftskameraden, und bei dieser Erkenntnis biss ich mir auf die Innenseite der Wange. Ich war beinahe … wütend, doch dieses Gefühl wurde umgehend durch Verlegenheit verdrängt. Es gefiel mir nicht, dass die Erkenntnis etwas in mir auslöste – was auch immer es war.

»Ich bin dir schon genug schuldig«, flüsterte sie. Auf ihrer Wange glitzerte eine Träne, und sie hob die Hand, um sie wegzuwischen, vorsichtig darauf bedacht, nicht die Brandwunde zu berühren, die sich über ihr Gesicht zog.

»Ich habe doch gesagt, dass ich mich der Sache annehme.«

Sie starrte mit gesenktem Kinn auf den schlammigen Boden zwischen ihnen, als versuche sie, trotz der Tränen ruhig zu atmen.

»Wann fängst du endlich an, mir zu vertrauen, Willa?«

Sie hob abrupt den Kopf und starrte ihn zornig an. »Wenn du aufhörst, mich wie die Waterside-Streunerin zu behandeln, die du mit geklautem Essen versorgt hast.«

Er wich einen Schritt zurück, als würde etwas Abstand ihren Worten die Wucht nehmen. Vergeblich. Willas Aussage hing zwischen den beiden wie der Geruch einer verwesenden Leiche. Sie ließ sich nicht ignorieren.

Dann hatte Willa also die Wahrheit gesagt, als sie erzählt hatte, dass sie Waterside-Streuner waren. Und sie und West kannten sich offenbar schon lange, bevor sie auf der *Marigold* anheuerten.

»Es tut mir leid.« Willa seufzte und die Anspannung wich aus ihrem Körper. Sie streckte die Hand nach West aus, aber er trat nur zur Seite, um sie vorbeizulassen, während er sein Messer wieder in den Gürtel steckte.

Sie sah ihn lange an und ging dann durch die Gasse davon. Als sie außer Sichtweite war, drehte West sich um – und ich erstarrte. Er schaute mir direkt ins Gesicht, und sein Blick fühlte sich an wie ein Lichtstrahl, der in mein Versteck eindrang.

Ich schaute über die Schulter, aber da war nichts. Ich hockte vollständig im Dunkeln.

»Komm raus.« West sprach so leise, dass ich ihn über das ferne Donnergrollen hinweg kaum hören konnte. »*Sofort.*«

Ich zögerte kurz, bevor ich aus dem Schatten auf die Straße hinaustrat. Ein kalter Regentropfen traf mich an der Wange, während West mich von oben bis unten musterte. Er wirkte weiterhin angespannt.

»Was machst du hier?«

Ich hielt seinem Blick trotzig stand. »Ich habe dir doch gesagt, dass ich für eine Überfahrt bezahlt habe, nicht für eine Gefängniszelle.«

Sein Blick blieb an meiner Hand hängen. Zwischen meinen Fingern hing das goldene Armband und funkelte im Licht der Laterne. »Du weißt, was passieren würde, wenn ein Passagier, den ich in diese Stadt gebracht habe, beim Klauen erwischt würde, oder?«

Ja, das wusste ich. West müsste ein Bußgeld bezahlen und könnte sogar seine Handelsgenehmigung in der Kaufmannshalle von Dern verlieren – je nachdem, was er sich in der Vergangenheit schon hatte zuschulden kommen lassen. Als Kapitän war er für jeden Menschen verantwortlich, der mit ihm in den Hafen kam.

Ich starrte ihn an und steckte das Armband ein. »Ich habe dir all mein Kupfer gegeben. Und ich kann nicht mit leeren Taschen in Ceros ankommen.«

West zuckte mit den Schultern. »Dann verbringst du eben die nächsten sechs Monate hier in Dern, um genügend Münzen für die Überfahrt auf einem anderen Schiff zusammenzukratzen.«

Ich riss die Augen auf. Er meinte es ernst.

»Du hast dein Anrecht auf eine Überfahrt mit der *Marigold* verwirkt«, erklärte er, und sein Blick fiel auf meine schmutzigen Füße. »Außer du bist bereit, einen neuen Handel einzugehen.«

»Und was für einen?« Fast hätte ich meine eigene Stimme nicht wiedererkannt. Sie klang ganz dünn.

»Ich biete dir die Überfahrt nach Ceros und dreißig Kupferstücke an.«

»Dreißig Kupferstücke?« Ich kniff misstrauisch die Augen zusammen. »Wofür?«

Ganz kurz glomm in seinen Augen etwas auf, das ich noch nie bei ihm gesehen hatte. Ein Hauch von Verletzlichkeit unter der steinharten Schale. Aber da war es schon wieder verschwunden.

»Du musst mir einen Gefallen tun.«

Kapitel 13

Während ich in der Gasse wartete, begann es zu regnen, und der Nebel, der sich durch die Straßen von Dern schob, glich dem Geist eines schon längst verstorbenen Flusses.

West hatte mir befohlen, mich nicht von der Stelle zu rühren, und war verschwunden. Als er endlich zurückkehrte, trug er etwas über dem Arm, das ich in der Dunkelheit nicht richtig erkennen konnte. Er drückte es mir in die Hände und ich trat damit ins Licht einer Laterne. Das Bündel enthielt ein Paar Stiefel und eine Jacke.

»So, wie du aussiehst, würde niemand mit dir reden, geschweige denn Geschäfte mit dir machen.«

Ich spürte, wie mir die Röte über die Wangen tanzte. Die Stiefel waren nicht neu, aber in einem sehr guten Zustand. Das Leder war blank poliert und die Ösen glänzten. Ich starrte sie an und war plötzlich sehr verlegen.

»Zieh sie an!«

Ich gehorchte, schlüpfte hinein und band die Schnürsenkel zu.

West behielt währenddessen die Umgebung im Blick. Außerdem zog er ein Taschentuch hervor, tränkte es an einer Ecke, wo der Regen vom Dach auf die Straße lief, mit Wasser und hielt es mir hin.

Als ich nicht reagierte, seufzte er: »Dein Gesicht.«

»Oh.« Mir stieg erneut die Hitze in die Wangen, als ich das Taschentuch nahm und mir damit großflächig über die Stirn und den Hals wischte.

»Du hättest Auster das ruhig nähen lassen können«, meinte West und deutete mit dem Kinn auf meine aufgeplatzte Lippe.

»Eine Narbe mehr oder weniger ist auch egal«, murmelte ich gereizt.

Er sah mich an, als würde er etwas erwidern wollen. Seine Lippen öffneten sich gerade weit genug, dass ich den Rand seiner Zähne sah. Doch dann presste er sie wortlos wieder zusammen und half mir in die Jacke. Ich schlüpfte in die Ärmel und er schloss die Spangen, eine nach der anderen.

»Lass dir nicht sofort anmerken, dass du es auf den Dolch abgesehen hast, schau dich erst um. Stell ein paar Fragen.« Er zog mir die Kapuze über den Kopf und strich mir die Schultern glatt.

»Was biete ich ihm als Gegenwert?«

Er zog sich den Ring vom Finger und drückte ihn mir in die Hand.

Ich hielt ihn hoch, sodass das Gold schimmerte. Ein Knotenmuster zog sich ganz rundherum. »Was, wenn das nicht reicht?«

»Dann lass dir etwas einfallen«, brummte er ungehalten. »Vermeide es, meinen oder Willas Namen zu nennen. Wenn er fragt, wer du bist, sag einfach, dass du als Schürferin auf einem kleinen Schiff arbeitest, das über Nacht hier im Hafen liegt.«

»In Ordnung.« Ich streckte die Hand aus.

Er sah mich fragend an.

»Fünfunddreißig Kupferstücke.«

»Ich habe dreißig gesagt.«

Ich zuckte mit den Schultern. »Alles Verhandlungssache.«

Er sah mich ungläubig an, griff dann aber in die Tasche und zog seinen Geldbeutel hervor.

Ich sah zu, wie er die Münzen in meine Hand abzählte, und unterdrückte das Lächeln, das in meinen Mundwinkeln zuckte.

Doch als mein Blick auf sein Gesicht fiel, sah ich, dass sich auf seiner Stirn tiefe Falten gebildet hatten und seine Augen müder wirkten, als ich sie je gesehen hatte. Die Sache setzte ihm schwer zu.

Der Dolch mochte Willa gehört haben, aber er war offensichtlich auch für West von großer Bedeutung.

Ich ließ das Kupfer in meine Tasche gleiten, drehte mich um und lief geradewegs auf den Laden des Hökers zu. Der Regen fiel in schweren Tropfen auf meine Kapuze, als ich die Stufen erklomm und zweimal an die heruntergekommene grüne Tür klopfte.

Drinnen waren Schritte zu hören. Dann öffnete sich die Tür und ich stand einem glatzköpfigen Mann mit einem langen, dunklen Bart gegenüber. Geduckt folgte ich ihm ins Innere des Gebäudes und zog dabei langsam mein Messer aus der Scheide. Mit einem Glockenläuten fiel die Tür hinter mir ins Schloss. Der Mann würdigte mich keines Blickes, sondern kehrte direkt zu einem Hocker in der Ecke des Ladens zurück, wo das Licht einer Lampe auf eine fest montierte Lupe fiel. Daneben lag eine qualmende Pfeife, die den kleinen Raum mit dem süßen, würzigen Geruch von Wollkraut erfüllte.

Auf fast allen Flächen standen Kerzen in alten, verstaubten Roggenwhiskeyflaschen, und ihr flackerndes Licht spiegelte sich auf den vielen glänzenden Gegenständen wider, die auf Regalbrettern und Tischen überall im Raum ausgestellt waren. Ungeschliffene Edelsteine, auf Hochglanz polierter Schmuck, vergoldetes

Kartografenwerkzeug – kleine Dinge, die einst irgendjemandem irgendwo etwas bedeutet hatten. Aber für Menschen wie mich war kaum etwas wertvoller als ein Dach über dem Kopf oder eine warme Mahlzeit. Dafür hätte ich alles gegeben, was ich je im Leben besessen hatte.

Ich griff nach einem Set aus Kämmen, die mit seltenen Muscheln besetzt waren, wie sie Fret auf den vorgelagerten Inseln verkaufte, und studierte es eingehend. Daneben lag ein dazu passender Handspiegel, und ich erstarrte, als ich meine Lippe sah. West hatte recht gehabt, sie hätte genäht werden müssen. Die geschwollene Haut war an den Wundrändern gerötet, und darunter zog sich ein Bluterguss fast bis zum Kinn.

Um dem Anblick zu entkommen, ging ich weiter zum nächsten Tisch. Ich wollte gar nicht sehen, wer mich aus dem Spiegel heraus anschaute und wie sehr sich diese Person von der unterschied, die noch bis vor Kurzem in meinem Körper gelebt hatte.

»Was ist das hier?« Ich griff nach einer bronzenen Statue einer nackten Frau, die in ein Segel gehüllt war.

Der Höker sah von seiner Lupe auf, die Pfeife zwischen den Zähnen. Er warf einen Blick auf die Statue, ohne mir zu antworten, und wandte sich dann erneut seiner Arbeit zu. »Entweder willst du etwas kaufen oder nicht.«

Ich stellte die Statue wieder hin und trat an seinen Arbeitstisch. Mein Blick glitt über die Glasvitrinen hinter ihm, in denen auf mehreren Ebenen unzählige Messer lagen. Den Dolch konnte ich allerdings nicht entdecken.

In einer Ecke des Raumes blitzte etwas auf, und ich drehte mich um und sah, dass ein schmaler Streifen Mondlicht durch das schmierige Fenster hereinfiel. Er traf auf eine offene kleine Holztruhe mit einem angelaufenen Messingverschluss. In dieser Truhe lag ein mit Samt ausgekleidetes Glaskästchen, und darin der Dolch.

Die Augenbrauen des Hökers schossen in die Höhe, als er sah, woran mein Blick hängen geblieben war.

Ich schob die Finger unter den Deckel und hob ihn an.

Im nächsten Augenblick stand der Mann hinter mir. Ich spürte ihn, bevor ich ihn hörte. Sofort ließ ich die Hand sinken und trat einen Schritt zurück. Er sah mich prüfend an, als er über meinen Kopf hinweg nach dem Kästchen griff und es auf den Arbeitstisch stellte.

»Habe ich gerade erst erstanden.« Auf einmal triefte seine Stimme vor Freundlichkeit.

»Darf ich?« Ich wartete seine Erlaubnis gar nicht erst ab, sondern hob den Deckel an, nahm den Dolch heraus und drehte mich damit Richtung Fenster. Er war noch wertvoller, als mir bewusst gewesen war. Die blauen und violetten Steine waren in geschwungenen Mustern angeordnet und bildeten funkelnde Wellen, als sich das Licht in ihren Facetten brach. Die einzelnen Stimmen tanzten zwischen meinen Fingern wie die Töne eines Musikstücks. Wenn ich die Augen schloss, konnte ich jede einzelne klar und deutlich vernehmen.

»Wie viel?«

Der Mann lehnte sich auf seinem Hocker an die Wand und sog an der Pfeife, bis neuer Rauch daraus aufstieg. »Wie viel bietest du mir?«, fragte er.

Ich sah ihn von der Seite aus an und überlegte. Er würde mehr haben wollen, als er Willa gezahlt hatte, um Gewinn zu machen. Ich wusste nicht, wie viel der Ring wert war, aber es erschien mir klüger, Wests Münzen zu nutzen und den Ring in Ceros zu verkaufen. »Fünfundzwanzig Kupferstücke.«

Der Händler lachte, was ein rasselndes Husten auslöste. »Auf gar keinen Fall.« Er griff nach dem Dolch, aber ich drückte ihn schnell an die Brust, als ich das Funkeln in seinen Augen sah. Das war mein erster Fehler.

»Dreißig«, versuchte ich es erneut.

»Er stammt aus Bastian.« Der Höker hob das Kinn und sah über seine Nase hinweg auf mich hinab.

Die große Hafenstadt an der Namenlosen See war für ihre Goldschmiedekunst bekannt. Hochwertige Anfertigungen wie der Dolch kamen nie vom Engen Meer, weil sich alle talentierten Goldschmiede in Bastian niederließen, wo die Edelsteingilde viel Einfluss hatte und gut bezahlte. Dort gab es reichlich Ausbildungsmöglichkeiten und genügend Arbeit.

Auch meine Mutter hatte alles, was sie über Edelsteine wusste – und mir beigebracht hatte –, in Bastian gelernt.

Der Tausch entschied über mein weiteres Leben, doch die wichtigste Regel des Verhandelns hatte ich bereits gebrochen. Ich hatte dem Händler gezeigt, dass ich ihm notfalls alles geben würde, was ich hatte. Wenn nicht, würde West mich in Dern zurücklassen und ich wäre keinen Schritt weiter als auf Jeval.

»Dreißig Kupferstücke und einen goldenen Ring.« Ich hätte mir am liebsten die Zunge abgebissen, als ich Wests Ring aus der Tasche zog und ihn vor dem Mann auf den Tisch legte.

Das war mehr, als er je für den Dolch bekommen würde, aber das boshafte Zucken in seinem Mundwinkel verriet mir, dass es ihm trotzdem noch nicht reichte.

Er wartete einfach ab.

»Und die hier«, mit zusammengebissenen Zähnen holte ich das goldene Armband und die beiden Messingschnallen aus der Tasche und ließ sie auf den Tisch fallen, »wenn Sie einen kleinen Schürferhammer dazupacken.« Meiner war unten am Riff zurückgeblieben.

»Abgemacht.« Er nahm einen kleinen Hammer von einem Werkzeugtablett hinter sich und behielt ihn in der Hand, bis ich die dreißig Kupferstücke abgezählt hatte. Dann reichte er ihn mir mit dem Griff voran über den Tresen.

Wenn ich schon ohne das Armband nach Ceros kam, konnte ich wenigstens schürfen, um mir etwas Geld zu verdienen.

Ich schaute aus dem Fenster und versuchte, in der Dunkelheit Wests Gestalt auszumachen. Obwohl ich ihn nicht sah, spürte ich, dass er uns beobachtete.

Er hatte den gleichen Fehler begangen wie ich – er hatte mir gezeigt, wie wichtig ihm der Dolch war. Er *wollte* ihn nicht nur wiederhaben, er *brauchte* ihn aus irgendeinem Grund. Wenn ich diesen Grund herausfinden könnte, ließ sich das Wissen sicher nutzen.

»Wissen Sie irgendetwas über die Person, die ihn verkauft hat? Den Dolch?«

Er ließ das Kupfer in eine Dose fallen und deutete auf ein handgeschriebenes Schild neben dem Fenster.

KEINE FRAGEN

Ich sah ihn an. Niemand machte Geschäfte mit einem Höker, der nicht den Mund halten konnte, was die Herkunft seiner Waren anging. Ich war nicht die erste unehrliche Kundin, mit der er heute zu tun hatte, und würde auch nicht die letzte bleiben.

Er drückte mir den Hammer in die Hand und forderte mich mit einer Geste zum Gehen auf.

West, der ein Stück die Straße hinab hinter einem Karren stand, sah mich kommen und trat aus dem Schatten hervor. Er hatte die Hände tief in den Taschen vergraben, doch sobald ich ihm den Dolch hinhielt, war ihm die Erleichterung deutlich anzumerken.

Mit einem Nicken nahm er ihn entgegen. »Danke.«

»Ich habe es nicht einfach so gemacht«, erinnerte ich ihn. Er hatte mir fünfunddreißig Kupferstücke und die Überfahrt nach Ceros dafür angeboten, und ich hatte meinen Auftrag erfüllt. Auch wenn nur wenige Münzen übrig geblieben waren, hatte ich immer noch mehr als vor unserer Ankunft in Dern.

Ich begleitete West durch die Straßen der Stadt bis zu den drei schiefen Schornsteinen des Wirtshauses. Die Wärme des Kaminfeuers schlug uns schon an der Tür entgegen, und ich hielt Ausschau nach dem Rest der Besatzung, doch an den Tischen drängten sich lauter unbekannte Gesichter über Gläsern mit Roggenwhiskey. West bahnte sich einen Weg zwischen ihnen hindurch und lehnte sich neben dem Feuer an den Tresen, bis eine magere Frau mit üppigen Locken vor uns stehen blieb, die sich die wilde Mähne hochgebunden und ein rotes Tuch darumgewickelt hatte. »West.«

»Eine warme Mahlzeit. Und ein Zimmer.« Er legte drei Kupferstücke auf den Tresen. Die Frau nahm sie und steckte sie sich mit einem wissenden Seitenblick auf mich in die Schürze.

Als ich verstand, was sie dachte, wurde ich rot. »Nein«, sagte ich und hob eine Hand, »wir sind nicht … «

Die Frau zwinkerte mir zu, aber West machte sich nicht die Mühe, die Situation klarzustellen, und ich fragte mich, ob das wohl daran lag, dass ich nicht das erste Mädchen war, das er hier mit nach oben nahm. Plötzlich war das Ziehen in meinem Magen zurück, das ich schon verspürt hatte, als ich West und Willa in der Gasse beobachtet hatte.

West legte eine Hand auf den Tresen und ich beäugte die helle Linie rund um seinen Finger. »Der Ring, hat er dir etwas bedeutet?«

Er ballte die Hand zur Faust und steckte sie wieder in die Tasche. Dann wandte er sich zur Treppe, als hätte er die Frage nicht gehört. »Gute Nacht.«

Ich schaute ihm hinterher und sah, wie im Obergeschoss ein schmaler Streifen Licht in den Flur fiel, als er eine Tür öffnete und hinter sich zufallen ließ.

»Na, dann komm mal mit.« Die Frau hinter dem Tresen wirkte enttäuscht, als sie mit einem klirrenden Schlüsselring in der Hand an mir vorbeilief. Sie schloss mir die Tür neben Wests Zimmer auf, in dem die Kerze bereits gelöscht worden war. »Hier ist es.«

Der Raum war winzig. An der einen Wand befanden sich ein schmales Bett und eine Waschschüssel, an der anderen stand ein Stuhl. Ich trat über die Schwelle.

»Ich bringe dir gleich etwas zu essen.« Sie lächelte, verließ das Zimmer und zog die Tür leise hinter sich zu.

Ich ging zum Fenster und schaute über die Dächer hinweg zum Hafen, wo die Schiffe im Dunkeln kaum zu erkennen waren. Als die Schritte der Frau verhallt waren, richtete ich den Blick auf die Bretterwand, die mein Zimmer von Wests trennte. Durch die Ritzen schien kein Licht, also trat ich näher heran, verschränkte die Arme und drückte die Stirn gegen das Holz.

In nur einer Nacht hatte ich fast meinen Platz auf dem Schiff verloren, genügend Geld erhalten, um damit in Ceros über die Runden zu kommen, es wieder ausgegeben und die mächtigste Waffe aufgetrieben, die ich seit der Abfahrt in Jeval in der Hand gehabt hatte: das Wissen, was die *Marigold* wirklich war.

Wenn die *Marigold* ein Schattenschiff war, gab es für mich vermutlich keinen gefährlicheren Ort rund um das Enge Meer. Ich hatte auf meiner Flucht vor Koy die falsche Entscheidung getroffen. Jeder Kapitän hätte mein Geld genommen, aber ich war zu West gelaufen.

Kapitel 14

Am nächsten Morgen weckte mich ein kräftiges Klopfen. Ich rollte mich aus dem Bett und machte auf, bevor ich die Augen richtig geöffnet hatte.

Vor der Tür stand Willa. Sie hatte sich die langen Zöpfe nach hinten gebunden und grinste spöttisch. »Wie genau hast du das denn hinbekommen?« Sie ließ den Blick durch das Zimmer wandern.

Ich spritzte mir etwas Wasser aus der Waschschüssel ins Gesicht und drückte die Handflächen auf meine heiße Haut. Das Fieber hatte eingesetzt und mir war leicht schwindelig.

Willa sah zu, wie ich mir erst den einen und dann den anderen Stiefel anzog. »Offenbar hat West seine Meinung geändert.«

»Aha.« Sie beäugte die Jacke, die ich über die Stuhllehne gehängt hatte.

Ich folgte ihr die Treppe hinunter in den Schankraum, wo bis auf Hamish schon alle versammelt waren und das Frühstück bereits mehr oder weniger beendet hatten. Auf dem Tisch standen zwei Kannen Tee und mehrere angeschlagene Teller mit Käse und frischem Brot. West schaute nicht auf, als ich zu ihnen trat, sondern hielt den Blick auf Hamishs Kassenbuch gerichtet, das aufgeschlagen zwischen ihnen lag.

Er hatte nicht gesagt, dass ich die Ereignisse des vergangenen Abends für mich behalten sollte, aber ich hatte nicht den Eindruck, dass er Willa davon erzählt hatte. Wenn sie erfuhr, was wir getan hatten, wäre sie vermutlich auf keinen von uns beiden gut zu sprechen, und ich konnte sie wirklich nicht als Feindin gebrauchen.

Ich setzte mich auf den freien Platz neben Paj und goss mir eine Tasse Tee ein. Aus dem Augenwinkel versuchte ich zu lesen, was auf den Seiten des Buches stand.

Doch Paj bemerkte es sofort. Er schlug das Buch zu, beugte sich vor und sah mich grimmig an. »Waren wir uns nicht einig, dass die Schürferin an Bord bleibt?«

»Waren wir«, sagte West und führte seine Tasse zum Mund. Er hatte sich das lockige Haar hinter die Ohren gestrichen und sein Gesicht sah zerfurcht und müde aus. Jetzt stützte er die Ellbogen auf den Tisch, trank einen Schluck und schaute mich an. »Wir waren uns aber auch einig, dass wir sie unversehrt in Ceros abliefern.«

Ich schluckte etwas heißen Tee und verbrannte mir die Kehle. Am Tisch machte sich Schweigen breit, und die Besatzungsmitglieder wechselten vielsagende Blicke, bevor sie sich zu mir umdrehten. West starrte mich so direkt an, dass ich errötete.

Also wusste er, was vor den Koralleninseln vorgefallen war. Oder er hatte zumindest eine Vermutung. Und er wollte, dass die Mannschaft das wusste.

Es war nicht das erste Mal, dass sich eine Besatzung in Abwesenheit ihres Kapitäns einen grausamen Streich erlaubte, aber die

Mannschaft der *Marigold* war anders. Sie war ein Team, und von der Rivalität, die auf anderen Schiffen herrschte, war hier nichts zu spüren.

West trank noch einen Schluck Tee und sah einen nach dem anderen an, und die Art und Weise, wie alle den Blick senkten, machte deutlich, dass seine Botschaft angekommen war.

Paj murmelte etwas Unverständliches, und Auster legte ihm zwei Finger auf den Arm, um ihn zum Schweigen zu bringen. Dann nahm er sie schnell wieder weg. Ich hielt mit der Tasse an den Lippen inne. Nachdenklich sah ich auf Austers Hand, die er jetzt im Schoß liegen hatte. Das war nicht einfach ein wortloser Hinweis eines Kameraden gewesen. Die Berührung wirkte … sanft.

Ich tat so, als hätte ich nichts bemerkt, schmierte mir eine dicke Schicht Butter auf ein Stück Brot und biss hinein. Womöglich waren Willa und West nicht die einzigen an Bord der *Marigold*, die mehr als nur die Arbeit verband.

Wir aßen schweigend, bis die Glocke am Kai zu läuten begann – das Zeichen, dass die Kaufmannshalle von nun an geöffnet war. Einen Augenblick später standen alle auf, schoben ihre Stühle zurück und knöpften sich die Jacken zu, und ich kippte den Rest meines Tees hinunter und folgte ihnen durch die schwere Holztür nach draußen.

West ging voran und marschierte mit langen Schritten durch die nebligen Straßen von Dern. Er hatte sich die Mütze tief in die Stirn gezogen, doch hier und da lugte eine Locke darunter hervor, und in der feuchten Luft wirkte sein blondes Haar noch heller.

Wir waren nicht die einzigen, die auf dem Weg in den östlichen Teil der Stadt waren. Die Leute strömten aus allen Richtungen zur Kaufmannshalle am Rand des Kais. Von außen sah sie noch genauso aus wie bei meinem letzten Besuch hier, doch drinnen war ich noch nie gewesen. Wenn die Mannschaft meines Vaters dort Geschäfte machte, hatte ich stets im Hafen warten müssen.

Wir duckten uns unter dem niedrigen Türbalken hindurch und betraten die verrauchte Halle. Dort drängten sich bereits die Händler und Verkäufer hinter ihren Ständen aus Treibholz und Segeltuchresten. Plötzlich ertönte ein lauter Pfiff, und West drehte den Kopf, um die Reihen nach Hamish abzusuchen. Der Zahlmeister winkte uns von der anderen Seite der Halle aus zu, und wir bahnten uns einen Weg zwischen den warmen Körpern hindurch.

»Verfluchte Salzblüter«, murmelte Willa mit zornigem Blick, als ein Händler in einem samtbesetzten Mantel unseren Weg kreuzte.

Die Besatzungen aus der Namenlosen See waren genauso leicht zu erkennen wie ihre Schiffe. Kurzes, ordentlich geschnittenes Haar, sauber geschrubbte Haut und elegante Kleidung. Sie strahlten eine gewisse Unbeschwertheit aus, so als hätten sie es niemals nötig gehabt, zu stehlen, zu lügen oder zu betrügen. Gerade deshalb glaubten viele Leute, dass die Salzblüter zu weich waren für das Leben am Engen Meer.

Hamish hatte sämtliche Waren, die die Mannschaft der *Marigold* vom Schiff getragen hatte, vor sich ausgebreitet, und seine Jacke war an der Hüfte, wo die Geldbeutel hingen, deutlich ausgebeult. West reichte ihm das Buch und die beiden tauschten sich kurz aus, bevor wir uns zur südöstlichen Ecke der Halle begaben.

Eine Hand packte mich am Ärmel und zog mich an den anderen vorbei. West beugte sich zu mir herunter und flüsterte kaum hörbar: »Bleib in meiner Nähe.«

Die Händler brüllten und gestikulierten wild durcheinander, einer lauter als der andere, aber West marschierte an ihnen vorbei zu einem Mann, der aussah, als hätte er auf uns gewartet.

»Ihr seid einen Tag zu spät dran«, brummte er. Sein Blick glitt über uns hinweg und verharrte auf Hamish.

»Wir sind vor dem letzten Hafen von einem Sturm aufgehalten worden«, antwortete West. Ich sah ihn an. Sein Gesicht hatte nicht einmal gezuckt, als er diese Lüge ausgesprochen hatte. Die *Marigold* war nicht zu spät in Jeval eingelaufen. Sie kam niemals zu spät. Aber wir hatten den Umweg über die Koralleninseln genommen.

West streckte eine Hand aus und Hamish gab ihm einen kleinen Beutel mit Münzen, den er aus seiner Jacke geholt hatte. »Zweihundertfünfundsechzig Kupferstücke.« West reichte den Beutel an den Mann weiter.

Der Gesichtsausdruck des Kaufmanns war undurchdringlich. »Das ist alles?«

West stützte sich ungehalten auf den Tisch. »Der Cidre verkauft sich in anderen Häfen nicht so gut wie hier. Das weißt du.«

»Oder du streichst einen Teil meiner Gewinne ein.« Der Mann sah zu Hamish hinüber und pochte mit seinem Kaufmannsring auf den Tisch. Darin war das gestreifte Tigerauge der Roggengilde eingelassen.

West verengte die Augen zu Schlitzen, und plötzlich schien der Lärm um uns herum anzuschwellen. »Wenn du uns nicht genügend vertraust, um uns deine Ware zu überlassen, such dir jemand anderen.« Er drehte sich um und machte Anstalten, in der Menge zu verschwinden.

»Warte.« Der Mann seufzte. »Zwei Kisten für die *Marigold*«, sagte er leise zu einem anderen, der hinter ihm stand. »Aber glaub nicht, dass sich dein Vorgehen in Sowan nicht bis hierher herumgesprochen hätte. Die Gerüchte gehen schon seit drei Tagen um.«

West verharrte in der Bewegung, und einen Augenblick lang schien seine kühle Fassade einen Riss zu bekommen. »Ich weiß nicht, wovon du sprichst.«

Paj und Willa warfen sich hinter Wests Rücken einen Blick zu, und Paj trat einen Schritt näher an seinen Kapitän heran, eine Hand am Gürtel, wo sein Messer steckte.

Der Kaufmann beugte sich vor und flüsterte: »Hier in Dern halten wir zusammen. Solltest du so etwas auch hier versuchen, kannst du nur hoffen, dass die Meeresdämonen dich zuerst erwischen.«

West zog die Augenbrauen hoch. »Wie schon gesagt, ich weiß nicht, wovon du redest.«

Der Kaufmann lächelte und zog das Stück Jute weg, das die Cidrekisten abgedeckt hatte. West nickte zustimmend. Dann fiel der Blick des Mannes auf Willa, und er stockte kurz, als er die Brandwunde sah, die sich aus ihrem Kragen nach oben zog. »Hab gehört, dass du dir Ärger eingehandelt hast, Willa.«

Willa verzog keine Miene, spannte aber kaum merklich die Schultern an.

»Zwei Wochen.« West streckte ihm die Hand hin, offensichtlich darum bemüht, das Thema zu wechseln.

»Zwei Wochen.« Der Mann schlug ein, und wir liefen ohne ein weiteres Wort den Gang hinunter.

Ich warf einen Blick zurück und sah, dass der Kaufmann uns weiterhin aus zusammengekniffenen Augen beobachtete. Da ich im Laderaum des Schiffes Waren mit dem Siegel der Kaufmannshalle von Sowan gesehen hatte, wusste ich, dass die *Marigold* dort gewesen war. Was auch immer dort vorgefallen war, verfolgte sie bis nach Dern. Wenn sie ein Schattenschiff war, ließ sich unmöglich erraten, was es war.

Ich beeilte mich und bemühte mich, nicht ins Stolpern zu geraten, wenn mich jemand anrempelte, um den Abstand zwischen mir und West nie auf mehr als einen halben Meter anwachsen zu lassen. Ansonsten bestand die Gefahr, dass mich die Menge in die Gegenrichtung spülte. West verhandelte mit einem weiteren

Kaufmann, und ich bemerkte, dass Auster am Stand nebenan mit einem Juwelenhändler feilschte. In der Hand hielt er einen der roten Lederbeutel, die Hamish ausgeteilt hatte.

Hinter mir, ein Stück den Gang hinab, diskutierte Willa mit einer kleinen Frau und hielt ihr vier funkelnde Steine – wahrscheinlich Amethyste – unter die Nase. Auf dem Tisch vor ihr lag ebenfalls ein roter Beutel.

West wechselte über meinen Kopf hinweg einen Blick mit Auster und deutete mit dem Kinn auf Willa. »Lass sie nicht aus den Augen.«

Auster nickte und schob sich näher an Willa heran. Ich sah mich um. In der Halle tummelten sich viele Menschen – und viel Geld. Wer seine Börse an der Hüfte trug, konnte sie im Bruchteil einer Sekunde los sein. Wahrscheinlich gab es sogar Menschen in Dern, die sich auf diese Weise ihren Lebensunterhalt verdienten.

Meine Hand wanderte zu meinem eigenen Gürtel, wo ich die wenigen Kupferstücke, die ich hatte, in der kleinen, eingenähten Tasche aufbewahrte. Paj passte auf, er ließ den Blick in alle Richtungen schweifen, während wir uns von Stand zu Stand bewegten. Auf einmal blieb West so abrupt stehen, dass ich in ihn hineinlief. Er schaute zu einem Mann hinüber, der auf der Rückseite der Halle im Rahmen eines schmutzigen Fensters lehnte.

»Bleib hier«, murmelte er mir zu und verschwand in der Menge. Bei dem Mann angekommen, nahm er die Mütze ab und fuhr sich mit einer Hand durch das Haar. Dann folgte ein Gespräch im Flüsterton.

»Wer ist das?«, fragte ich, als West und der Mann dem Raum den Rücken zudrehten.

Paj antwortete nicht, wirkte aber genauso neugierig wie ich und ließ die beiden nicht aus den Augen.

In dem Augenblick stieß Willa wieder zu uns, einen Sack Angelhaken über die Schulter geschlungen. Auster folgte ihr auf dem Fuß. »Wo ist er?« Sie sah sich um.

»Wie teuer?« Paj zeigte auf die Angelhaken, und ich bemerkte, dass er sich bewusst so hingestellt hatte, dass er Willa den Blick auf das Fenster versperrte. Die Frage diente der Ablenkung – Paj deckte West, ohne zu wissen, was dieser gerade trieb. Bei näherer Betrachtung fiel mir auf, dass das für sie alle galt.

Willa zog ein Stück Papier aus der Tasche und reichte es Paj. Dann steckte sie den leeren roten Beutel ein. Da verstand ich, was sie hier trieben. In den Beuteln befanden sich keine Münzen, sondern Edelsteine. Immer nur einige wenige. Die Mannschaft teilte sich auf und verkaufte geringe Mengen an verschiedene Händler.

Einzelne Stücke Pyrum von Jeval zu veräußern war das eine, aber für ein größer angelegtes Geschäft mit Juwelen brauchte man eine Genehmigung des Handelsrates, und die hatten sie vermutlich nicht. Solche Genehmigungen waren rar am Engen Meer, weil die mächtigen Juwelenhändler in Bastian das gesamte Geschehen kontrollierten.

Dieses illegale Geschäft ließ sich leicht unter dem Deckmantel des Handels mit fast allem *außer* Edelsteinen betreiben. Das war die perfekte Tarnung. Wenn eine Mannschaft immer nur hier und da ein paar Steine verkaufte, fiel das nicht weiter auf. Bei derart kleinen Mengen stellte niemand Fragen. Aber das hier wirkte eingeübt. Organisiert. Wahrscheinlich machten sie es in jedem Hafen so, und ebenso wahrscheinlich verbargen sich im Rumpf des Schiffes noch deutlich mehr Beutel mit Steinen als der eine, den ich gefunden hatte.

Eines war klar: Wäre das Ganze Teil des Auftrags als Schattenschiff, hätte Saint ihnen eine entsprechende Genehmigung verschafft. Aber die hatte die Mannschaft offensichtlich nicht, und das konnte nur eines bedeuten: Sie betrieb das Geschäft unter der Hand und an Saints Büchern vorbei.

Das war brillant. Und unfassbar dämlich.

West drängte sich zurück durch die Menge und gesellte sich ohne ein Wort wieder zu uns, und wir zogen weiter zum nächsten Stand, wo ein alter Mann vor einer Auslage voller Edelsteine und eingeschmolzener Metallteile saß. Der Onyx in seinem Kaufmannsring wies ihn als Juwelenhändler aus. Die Voraussetzung dafür waren zehn Jahre Berufserfahrung, und selbst die stellten keine Garantie dafür dar, dass man einen solchen Ring erhielt. Die Gilden waren genauso gnadenlos wie die Kaufleute selbst. Wurde ein Segelmacher oder ein Schiffsbauer oder ein Juwelenhändler dabei erwischt, wie er ohne den entsprechenden Ring Geschäfte machte, galt das als todeswürdiges Vergehen.

Die Bronzewaage, die vor dem Mann stand, reflektierte das einfallende Tageslicht, als er einige ungeschliffene Smaragde in eine der beiden Waagschale legte. »West.« Er grüßte mit einem Nicken. »Pyrum?«

Hier lieferte West also das Pyrum ab. Und wenn ich mit meinen Vermutungen richtig lag, tauschte er es nicht nur gegen Münzen ein, sondern auch gegen andere Edelsteine. Immer nur genau so viele, dass es in den Büchern nicht weiter auffiel. Wahrscheinlich war dieser Mann der einzige Juwelenhändler, mit dem er ganz offiziell Geschäfte machte.

West zog einen Beutel aus der Jacke und reichte ihn dem Händler, der das von mir geschürfte Pyrum auf ein sauber gefaltetes Stück Stoff kippte. »Woher bekommst du diese Steine nur? In den letzten Monaten hast du mir besseres Pyrum verkauft, als ich von den anderen Händlern in den vergangenen zwei Jahren zusammen bekommen habe.«

Ich musste grinsen und sah zu, wie der Mann das größte Stück nahm und es gegen das Licht hielt.

»Wenn du mir nächsten Monat noch mehr bringst, kann ich dir vielleicht einen besseren Preis dafür anbieten. Es gibt hier einen Juwelier, der Pyrum für neue Schmuckstücke sucht.«

»Das ist die letzte Lieferung. Wir legen ab jetzt nicht mehr in Jeval an«, antwortete Hamish.

Ich hob verwirrt den Kopf. Als ich West das Pyrum verkauft hatte, war nicht die Rede davon gewesen, dass er zum letzten Mal auf Jeval war. Im Gegenteil, er hatte mir sogar angeboten, mir einen Teil des Geldes erst beim nächsten Mal zu geben.

Auch Willa, Auster und Paj, die neben mir standen, wirkten überrascht. West schien der Einzige zu sein, der die weiteren Pläne für die *Marigold* im Detail kannte. Alle anderen verfügten nur über bruchstückhafte Informationen.

Das war kein Zufall. Es war das typische Verhalten eines guten Kapitäns – Saint hätte es genauso gemacht. Ich fragte mich, ob die anderen wohl über das Wappen unter dem Teppich in Wests Kajüte Bescheid wussten oder ob auch das ein Geheimnis war.

»Äußerst bedauerlich.« Der Mann schnaufte und strich sich über den weißen Bart. »Das hier dürfte rund zweiunddreißig Kupferstücke wert sein, schätze ich.«

»Was?«, flüsterte ich. »Du hast mir nur zehn gegeben.«

»Wir treiben Handel, um Gewinn zu machen, Fable.« In Wests Stimme schwang ein Hauch von Belustigung mit.

»Was hat der Quarz in Sowan eingebracht?« Der Händler schob die Hände unter die Weste und lehnte sich in seinem Stuhl zurück.

»Eine Menge. Hundertzwölf Kupferstücke für alles zusammen.« Hamish reichte ihm einen weiteren Beutel. »Was kannst du uns für das Pyrum anbieten?«

»Ich habe hier ein paar Smaragde, die ich loswerden will. Dürften sich in Sowan ebenfalls gut verkaufen.« Er nickte in Richtung der Waage.

Ich beugte mich vor und sah mir die Steine in der Bronzeschale genauer an. Ohne darüber nachzudenken, nahm ich einen von ihnen und legte ihn mir auf die offene Handfläche. Irgendetwas daran stimmte nicht.

»Wie viel?« West begutachtete sie genau.

Ich biss mir auf die Lippe und hob den Stein in die Höhe. Smaragde vibrierten tief und leise. Wie eine sanfte Strömung. Doch dieser Stein war anders. Ich kniff die Augen zusammen und hielt ihn gegen das Licht. Der Verkäufer runzelte die Stirn.

Ich räusperte mich, und West sah mich an.

»Was ist los?« Der Händler hatte die Hände auf den Tisch gestützt und musterte mich verärgert.

»Sie sind ...« Ich schaute von einem zum anderen, unsicher, wie ich es formulieren sollte. »Sie sind ...«

»Was?«, blaffte West, der langsam die Geduld verlor.

»Sie sind gefälscht«, flüsterte ich.

Der Händler sprang auf und brachte dabei die gesamte Auslage zum Klirren. »Was genau wirfst du mir da vor, Schürferin?« Vor lauter Wut lief er rot an und seine Augen blitzten.

»Nichts, äh, ich ...« Mein Blick huschte wieder zu West, doch der starrte auf den Smaragd in meiner Hand. »Ich werfe Ihnen gar nichts vor. Es ist nur ...« Der Mann stierte mich an. »Darf ich?« Ich trat einen Schritt vor, nahm die Schale von der Waage und drehte sie Richtung Licht. Dann kippte ich sie so, dass der Inhalt ins Rollen geriet. »Sehen Sie?« Ich zeigte auf einen der Steine. »Das ist kein Smaragd.«

Der Mann beugte sich über mich, zog sein rubinbesetztes Monokel aus der Weste und klemmte es sich vor das Auge. »Natürlich ist das ein Smaragd.«

»Nein, ist es nicht.«

»West«, knurrte Paj hinter meinem Rücken.

Ich deutete auf die haarfeine Linie in der Mitte des Steines. »Der Einschluss bricht das einfallende Licht. Bei einem Smaragd wäre das nicht der Fall. Dann könnte man geradeaus hindurchschauen. Ich tippe darauf, dass es sich um einen Forsterit handelt. Die sind nicht weiter wertvoll, sehen aber aus wie Smaragde, wenn man sie stark genug erhitzt. Sie kommen sogar im gleichen Gestein vor.« Ich zeigte auf das krustige Weiß an den Bruchkanten.

Der Unterschied war kaum zu erkennen, machte aber einen ganzen Beutel Münzen aus. Wer auch immer diese Steine hergebracht hatte, wusste genau, was er tat.

Der Händler wich einen Schritt zurück und starrte mich mit offenem Mund an. Dabei fiel ihm das Monokel herunter und schwang an seiner goldenen Kette über der Waage hin und her. »Ich … ich glaube, sie hat recht.« Er nahm mir die Schale aus der Hand und schüttete die Steine auf den Tisch.

»Das gilt nicht für alle«, sagte ich und sortierte sie rasch durch. Ich fand fünf Forsterite, die unter die Smaragde gemischt waren, und legte sie beiseite.

»Wow«, wisperte Willa, das Gesicht direkt neben meinem.

»Diese Bastarde aus Bastian!«, knurrte der Mann und schlug mit der knochigen Faust auf den Tisch.

Ich zuckte zusammen. In dem Augenblick trat West so vor mich, dass ich nur noch seinen Rücken sah. »Dann nehmen wir stattdessen den Bernstein.« Er zeigte auf die Steine in der Schale daneben. »Alles, was da ist.«

Der Händler wirkte erschüttert, sein Blick wanderte ständig zwischen den Smaragden und mir hin und her. Doch West hatte es plötzlich eilig. Er nahm den Beutel entgegen, ohne die Steine durchzusehen, und führte uns unverzüglich zum Ausgang. Wir drängten uns durch die Menge, bis ich den Sonnenschein auf meinem Gesicht spürte. Gierig sog ich die kühle, salzige Luft ein, erleichtert, der stickigen Hitze der Halle entkommen zu sein.

Doch sobald wir draußen waren, drehte sich West zu mir um. »Was zur Hölle glaubst du eigentlich, wer du bist?«

Ich blieb abrupt stehen, um nicht in ihn hineinzulaufen. »Wie bitte?«

West starrte mich mit zusammengebissenen Zähnen an. »Auster, sorg dafür, dass alles an Bord kommt. Paj, mach das Schiff bereit dafür, bei Einbruch der Dunkelheit auszulaufen.«

»Aber wir wollten doch erst morgen früh weiterfahren. Ich habe noch Einkäufe zu erledigen.« Austers Blick huschte zwischen mir und West hin und her.

»Dann beeilst du dich wohl besser«, stieß West hervor.

»Was ist denn los?«, fragte ich und sah von einem zum anderen. »Ich verstehe nicht, was ich falsch gemacht habe.«

Wests Blick bohrte sich in meinen und die Zornesröte kroch ihm den Hals hinauf. »Du hättest auf Jeval bleiben sollen.«

Kapitel 15

Jegliches Wohlwollen, das ich mir bei West und der Mannschaft erarbeitet hatte, hatte sich in Luft aufgelöst.

Auf dem Rückweg zum Kai und zur *Marigold* stapften West und Paj vorneweg. Ich warf noch einen Blick zurück auf die Kaufmannshalle, doch Hamish knurrte sofort: »Guck nach vorne. Du hast schon genug Aufmerksamkeit auf dich gezogen.«

»Er hat recht«, zischte Willa, die im Gleichschritt neben mir ging. Ihre Jacke bauschte sich im Wind, und sie klappte gegen die Kälte den Kragen hoch. »Wenn du dich noch einmal umdrehst, sperre ich dich in den Laderaum, bis wir in Ceros sind.«

Plötzlich geriet sie ins Straucheln, den Blick auf das große Schiff gerichtet, das an der Pier neben unserem vor Anker lag. Am Poller davor lehnte ein Mann in einem schwarzen Mantel und mit langem, dunklem Haar, in dem einzelne silberne Strähnen leuchteten. Er grinste Willa an.

»West!«, rief er dann und winkte.

West hielt inne, und sein Körper wirkte auf einmal ganz hart und kantig. Er straffte die Schultern, und Paj trat einen Schritt näher an ihn heran. »Zola.«

Ich musterte den Mann und versuchte, ihn einzuordnen. Der Name sagte mir irgendetwas.

»Wann hast du dir eine Schürferin aus Jeval an Bord geholt?« Zola schaute mich an und sein Grinsen wurde noch breiter.

West trat vom Kai auf die Pier hinaus, dicht gefolgt von Paj, dessen Finger auf dem Messer in seinem Gürtel lagen.

Zola nahm den Schal ab, den er um einen Teil seines Gesichts geschlungen hatte. Seine blasse Haut war vom Wind und der Kälte gerötet, die Augen sturmgrau. An der Reling über ihm stand die Besatzung seines Schiffes und beobachtete die Szene. Auf den Bug war in weißer Farbe das Wappen gemalt: ein Halbmond inmitten von drei Roggenähren. Ich erkannte es sofort.

Zola war nicht einfach irgendjemand. Als ich noch auf dem Schiff meines Vaters lebte, hatte das Enge Meer keinen erfolgreicheren Händler gekannt als ihn. Doch damals hatte er die pelzbesetzten Mäntel und glänzenden Stiefel der Händler aus der Namenlosen See getragen. Offenbar war es ihm seither nicht sonderlich gut ergangen.

Obwohl Wests Schultermuskeln so angespannt waren, dass sie durch die Jacke deutlich zu sehen waren, streckte er Zola die Hand entgegen.

Der starrte einen Augenblick lang darauf, bevor er sie schüttelte. »Hast du vielleicht meinen Schiffskoch gesehen?«

West legte fragend den Kopf schief.

»Komm schon, West.« Zolas Blick huschte wieder zu Willa hinüber, die die Fäuste fest in die Seiten stemmte.

»Schaffst du es etwa nicht, deine Mannschaft beisammenzuhalten?«, fauchte sie.

Zola lachte. »Ich will doch nicht, dass ihr Streuner euch mehr Ärger einhandelt, als ihr vertragen könnt.«

»Wahrscheinlich jagt Crane betrunken einem Rock im Wirtshaus hinterher.« West deutete mit dem Kinn Richtung Stadt. »Oder er hat sich mehr Ärger eingehandelt, als *er* vertragen kann.«

Zolas Lächeln löste sich auf. Er hielt Wests Blick eine Weile stand und sah dann plötzlich zu mir herüber. »Kannst du was? Wir sind auf der Suche nach einem Schürfer für die *Luna*.«

West trat einen Schritt zur Seite, um Zola den Blick auf mich zu versperren. »Sie gehört nicht zu uns. Sie ist nur eine Passagierin. Sonst nichts.«

Diese Antwort schien Zola nicht zufriedenzustellen. Seine geröteten Gesichtszüge wirkten misstrauisch, aber er ließ das Thema fallen. »Gut siehst du aus, Willa.«

Von oben erklang vereinzeltes Gelächter, und Willa wurde bleich.

»Gebt mir Bescheid, falls ihr Crane seht. Ihr wisst ja, wie schwierig es ist, einen vernünftigen Schiffskoch zu finden.« Zola lächelte.

West drehte sich ohne ein weiteres Wort um, und Zola sah von mir zu Willa und wieder zurück. Ich spürte, wie sein Blick sich in meinen Rücken bohrte, als wir den Kai hinab zur *Marigold* liefen. Die Strickleiter hing ausgerollt am Rumpf, und West kletterte direkt hinauf, gefolgt von Paj. Sobald die beiden über die Reling verschwunden waren, drehte ich mich um und sah Willa in die Augen.

»Was ist mit deinem Gesicht passiert?«

»Was ist mit deinem Arm passiert?«, konterte sie und starrte finster zurück.

Ich griff nach meinem Ärmel und zog ihn nach unten. Obwohl ich darauf achtete, die Narbe möglichst bedeckt zu halten, musste Willa sie gesehen haben.

Sie wandte den Blick nicht ab, bis ich nach der Leiter griff und den Fuß auf die unterste Sprosse setzte. Als ich über die Reling kletterte, wehte der Wind mir die Kapuze vom Kopf. West erwartete mich bereits, den Blick auf das Deck gerichtet. Er drehte sich um und lief zu seiner Kajüte, eindeutig in der Erwartung, dass ich ihm folgte.

Als ich zögerte, rief er von drinnen: »Los, rein hier!«

Ich wartete noch einen Augenblick, bevor ich die Tür aufstieß und eintrat. Die Fensterläden waren geöffnet, sodass das Tageslicht den Raum durchflutete. West stand bei seinem Schreibtisch neben dem weißen Stein. »Mach die Tür zu.«

Ich gehorchte und lehnte mich dagegen, bis der Riegel einrastete.

»Was sollte das?« Er schaute mich mit festem Blick an.

»Was?«

»Das mit den Steinen.«

Ich zuckte mit den Schultern. »Ich hab dir einen Gefallen getan. Sie waren nicht echt.«

»Ich habe keine Gefallen nötig.« Er drückte sich von der Schreibtischkante ab und kam auf mich zu. »Wir mischen uns nicht in die Geschäfte anderer ein, Fable. Niemals. Jetzt gerade ist der Juwelenhändler auf dem Weg zu der Person, die ihm die Steine verkauft hat. Er wird ihr von der Schürferin von Jeval erzählen, die auf meinem Schiff mitfährt und falsche Smaragde erkennt, die selbst *ihn* getäuscht haben.«

Ich starrte ihn sprachlos an und das Blut wich mir aus dem Gesicht. Er hatte recht. Ich hatte mich in Gefahr gebracht, ohne es zu bemerken.

»Wie hast du das gemacht?« West schaute mich an. »Woher hast du gewusst, dass es keine echten Smaragde waren?«

Wenn ich ihm diese Frage ehrlich beantwortete, riskierte ich, dass er erkannte, wer ich war. Es gab nur eine Handvoll Menschen mit den gleichen Fähigkeiten wie meine Mutter. Sie war eine Steinkundige gewesen, und diese Gabe war angeboren. Auch wenn man lebenslang immer weiter *dazu*lernte, ließ sie sich nicht *er*lernen.

Das war der Grund dafür gewesen, warum Saint meine Mutter in die Mannschaft geholt hatte. Es gab nur wenige Familien, in denen die Gabe vererbt wurde, und die meisten Steinkundigen hielten sie geheim, seit der Juwelenhandel immer weiter angewachsen und ihr Können zur Gefahr geworden war. Meine Mutter hatte ihr Wissen von ihrem Vater vermittelt bekommen und es an mich weitergegeben, bevor sie mit der *Lark* untergegangen war.

Doch irgendetwas an Wests Blick verriet mir, dass er die Antwort ohnehin schon kannte.

»Du verstehst einfach nicht, wie das alles hier funktioniert. Für dich verantwortlich zu sein bringt mich noch ins Grab«, murmelte er.

»Er weiß doch gar nicht, was ich kann.«

»Das ist egal. Er fragt sich, *ob* du es kannst. Das reicht.«

Ich wandte verlegen den Blick ab. »Darüber habe ich nicht nachgedacht«, gab ich zu.

»Nein, ich weiß. Genauso wie du nicht nachgedacht hast, als du dich vom Schiff geschlichen hast, obwohl ich es dir untersagt hatte.«

»Wäre ich nicht in die Stadt gegangen, hättest du den Dolch nicht zurückbekommen.«

Mir war selbst klar, dass das eine dumme Aussage war. Die Andeutung, West könnte beim Höker auf mich angewiesen gewesen sein, würde ihn nur in Rage bringen.

Ich fischte drei Kupferstücke aus meinem Gürtel und ließ sie auf den Schreibtisch fallen. »Hier. Für die Jacke und die Stiefel.«

Er schaute auf die Münzen hinab. »Wie bitte?«

»Ich bezahle dafür, genau wie ich für die Überfahrt bezahlt habe.«

»Du hast nicht nach Stiefeln und einer Jacke verlangt. Und ich verlange keine Bezahlung.«

»Ich habe keine Gefallen nötig«, wiederholte ich seine eigenen Worte. »Und ich will nicht bei dir in der Schuld stehen.«

»Fable …« Er seufzte und rieb sich mit den Händen über das Gesicht. Doch was er auch hatte sagen wollen – er behielt es für sich.

In der Ferne war Donnergrollen zu hören. Durch das offene Fenster konnte ich sehen, wie dunkle Wolken vor dem blauen Himmel aufzogen.

»Wir sollten warten«, sagte ich mit gesenkter Stimme. »Der Sturm wird ganz schön heftig.«

»Dank dir haben wir keine Wahl. Ich muss dich von Bord schaffen, bevor sich die Gerüchte herumsprechen und uns in Ceros einholen.«

»So wie die Gerüchte, die euch seit Sowan verfolgen? Willst du etwa vermeiden, dass irgendjemand zu genau nachfragt?« Ich legte den Kopf schief. »Schließlich ist das hier nichts als ein einfaches Handelsschiff.«

Der letzte Satz ließ ihn aufschauen und seine Finger klammerten sich fester um die Schreibtischkante. »Du hast keine Ahnung, wovon du da sprichst.«

»Vielleicht nicht.« Ich zuckte mit den Schultern. »Glaub mir, ich will das Schiff genauso dringend verlassen, wie du mich loswerden willst.«

Er erhob sich und trat einen Schritt auf mich zu. »Ich weiß, wen du suchst.«

Ich legte die Hände hinter dem Rücken zusammen und verschränkte die Finger. »Ja, und?«

»Du hoffst auf einen Neuanfang in Ceros? In Ordnung. Aber Saint ist gefährlich.« Wests Stimme wurde weicher. Plötzlich wirkte er erschöpft. »Was auch immer du von ihm willst, du wirst es nicht bekommen.«

Ich starrte ihn an und versuchte, die wenigen Informationen, die ich hatte, zu einem sinnvollen Bild zusammenzufügen. West war ein Waterside-Streuner, der es auf einem Schattenschiff meines Vaters zum Kapitän gebracht hatte. Doch seine Loyalität galt ausschließlich ihm selbst und der Mannschaft. Sonst hätte er nicht unter der Hand einen Nebenerwerb laufen, mit dem er riskierte, Saints Zorn auf sich zu ziehen. Obwohl das Ganze rein gar nichts mit mir zu tun hatte, war ich neugierig. Ich wollte wissen, was hier vor sich ging.

Ich schob meine Stiefelspitze unter die Kante des Teppichs und klappte ihn hoch, sodass Saints Wappen zum Vorschein kam. »Sieht so aus, als hättest *du* von ihm bekommen, was du wolltest.«

West schaute ohne einen Anflug von Überraschung im Blick auf das Wappen hinab.

»Wie viele Schiffe wie dieses gibt es?«

Er sah mir in die Augen, und ein unangenehmes Schweigen machte sich zwischen uns breit. Der Raum schien zu schrumpfen, und einen Augenblick lang bedauerte ich meine Worte. Ich wollte mir West nicht zum Feind machen. Doch als ich den Mund öffnete, um etwas zu sagen, erklang hinter mir ein Klopfen und die Tür ging auf.

Hamish schaute herein. »Auster ist zurück.«

West würdigte mich keines weiteren Blickes, als er Hamish auf Deck folgte. Noch im Gehen rief er: »Bereit machen zum Auslaufen!«

Rundherum erklangen Stiefeltritte. Kurz darauf erschien Auster über der Reling. Paj sprang vom Mastbaum herab und landete hart auf den Planken, wo er sich die Leinen vornahm.

»Anker auf!«, erklang Wests Stimme erneut, und alle machten sich an die Arbeit. Ihre Bewegungen liefen nach einem eingeübten Muster ab.

Willa und Hamish betätigten die Winde auf der Steuerbordseite und grunzten vor Anstrengung, als der Anker aus dem Wasser kam. An den Haken hingen tropfende Algen, und Willa kletterte auf die Reling und zog ihn auf das Deck. Ich packte mit an, als die beiden das schwere Teil absenkten, und kümmerte mich um die Sicherung, ohne darum gebeten worden zu sein. Wenn West kein Kupfer für die Stiefel und die Jacke annehmen wollte, musste ich meine Schulden eben abarbeiten, bevor wir in Ceros waren.

»Ablegen!« West griff nach dem Steuerrad. Das Schiff drehte sich und entfernte sich von der Pier. »Großsegel setzen, Willa!«

Willa kletterte den Mast hinauf und löste die Riemen. Als sich das Segel entrollte, glitt sie wieder nach unten. »Bist du dir sicher, was den Sturm angeht, West?« Ihr Blick war auf die Wolkenwand gerichtet, hinter der gerade ein Blitz zuckte.

West schaute mit zusammengebissenen Kiefern auf seine Stiefel. Er dachte nach. Das sonnengebleichte Haar wehte ihm in die Stirn, als er eine Hand hob und die Finger spreizte, um die Windstärke zu prüfen. »Willst du wirklich warten?«

Sie schaute Richtung Hafen und ihr Blick blieb an Zolas Schiff, der *Luna*, hängen. »Nein«, antwortete sie.

»Dann los!«

Ich kletterte den Großmast hinauf, um Willa, die den Fockmast erklommen hatte, beim Setzen der Segel zu helfen. Hamish kümmerte sich in der Zeit um den zweiten Anker. Ich holte die Leinen ein, Hand um Hand, und sah, wie sich die Segel vor dem grauen

Himmel strafften. Als sie voll aufgespannt waren, sprang ich auf das Deck, um die andern zu unterstützen.

West hatte den Blick immer noch auf den Horizont gerichtet.

Er war in der Lage, das Verhalten der Wolken über der Meeresoberfläche zu beobachten und daraus Rückschlüsse auf die Kraft des Windes zu ziehen. Das konnte jeder Kapitän, der etwas taugte. Er sah, was auch ich sah: dass das Unwetter schnell und dunkel vor uns aufzog, das Wasser aufwühlte und das Schiff stärker Richtung Küste drückte, als uns lieb war. Doch es würde nicht lange andauern. Und die *Marigold* war klein. Wenn wir schnell ausreichend tiefes Wasser erreichten, würde der Südwestwind sie nicht allzu weit abtreiben.

Kaum hatte ich den Gedanken formuliert, drehte West das Steuerrad und nahm eine leichte Kurskorrektur vor.

Auster kletterte auf den Kai, um die Festmacherleinen zu lösen, und sobald er wieder auf der Strickleiter war, glitten wir in die Bucht hinaus. Der Wind blähte die Segel und trieb uns rasch voran. Paj bezog Stellung neben West.

»Wie lange?«, fragte ich und sah zu, wie sich die Küste von uns entfernte.

»Zwei Tage«, antwortete Paj.

Ich schlang den Arm um eines der Seile, die den Mast stützten, und lehnte mich mit geschlossenen Augen in den auffrischenden Wind. Plötzlich meinte ich, einen Blick auf meiner Haut zu spüren. Also schlug ich die Augen wieder auf und schaute zurück zum Hafen, wo am Ende des Kais eine Gestalt auszumachen war. Zolas schwarzer Mantel bauschte sich hinter ihm im Wind, und sein Gesicht war wutverzerrt, als er uns davonsegeln sah.

Kapitel 16

Ich spürte, wie sich der Meeresboden immer weiter von uns entfernte, als wir in tiefere Gewässer vorstießen. An Deck der *Marigold* hatte sich Schweigen breitgemacht, da wir voll und ganz damit beschäftigt waren, die in Dern eingeladenen Waren sicher unter Deck zu verstauen, bevor der Sturm uns erreichte.

Hamish und West saßen beim Licht der Lampe über die Bücher gebeugt, während Auster und Paj Kisten und Fässer danach sortierten, welche von ihnen in Ceros abgeladen würden und welche weiter mit nach Sowan fuhren.

Willa hing in ihrem Bootsmannsstuhl an der Spitze des Großmastes und behielt das aufziehende Unwetter im Blick. Ich kletterte zu ihr hinauf und suchte mir einen Platz in der Takelage. Meine nackten Füße baumelten in der Luft, als ich die Blitze beobachtete, die sich in der Ferne wie Baumwurzeln über den Himmel zogen. Von hier oben wirkte es, als würden wir durch die Wolken segeln – der Nebel rund um das Schiff war so dicht, dass man das Wasser nicht sehen konnte.

»Könnte ganz schön übel werden«, sagte Willa leise.

Doch der Anblick des Himmels verriet uns beiden, was uns bevorstand: Der Sturm würde heftig ausfallen, aber auch schnell vorüber sein. »Wohl wahr.«

Willa schwieg eine Zeit lang, bevor sie weitersprach. »Wo hast du das gelernt? Das mit den Edelsteinen.«

Ich lehnte mich an den Mast und versuchte, ihren Gesichtsausdruck zu deuten. Sie wirkte ehrlich neugierig. »Ich bin Schürferin.«

»Ich habe noch nie einen Schürfer gesehen, der so gezielt eine Fälschung erkannt hat.«

»Ich kenne mich eben gut aus.« Ich zuckte mit den Schultern.

Sie lachte und gab auf. »Ich an deiner Stelle würde das für mich behalten.«

Ich lächelte. »Das hat West auch gesagt.«

»Na ja, er hat recht.« Sie spielte an der Leine unter ihr herum. »Wie bist du dort draußen gelandet? Auf Jeval?«

Ich verspürte einen Stich. »Was meinst du damit?«

Willa zog eine Augenbraue hoch.

»Ich weiß nicht. Wie landet man da, wo man ist?«

Wieder zuckte ein Blitz über den schwarzen Himmel, dieses Mal etwas näher. »Was auch immer du dort tun musstest, um zu überleben«, sagte Willa leise, »auf dem Festland wird es noch schlimmer. Härter.«

»Das ist mir klar.«

»Ich glaube nicht.« Sie seufzte.

»Du meinst, ich hätte auf Jeval bleiben sollen.«

»Ich weiß es nicht. Aber du wirst es schon bald herausfinden.«

Unten ertönte ein lautes Klopfen. Willa richtete sich auf und schlang einen Arm durch die Leinen, um sich vorbeugen zu können. Am Fuß des Großmastes stand West und sah zu ihr hoch. In der Hand hielt er ein Brecheisen, und Paj und Auster schleppten eine große Kiste vom Achterdeck heran.

Als Willa Wests Gesichtsausdruck sah, stellte sie sich auf den Mastbaum. »Was ist los?«, rief sie.

Aber er antwortete ihr nicht, sondern sah sie nur lange schweigend an, bis Paj und Auster die Kiste hinter ihm abgestellt hatten.

»Was hat er vor?« Ich beugte mich vor, um besser sehen zu können.

Wir schauten beide zu, wie er das Ende des Brecheisens unter den Deckel der Kiste schob und sich dagegenstemmte, bis die Nägel nachgaben. Willa strich sich die Haare aus dem Gesicht und sah mit zusammengekniffenen Augen nach unten. West löste auch die andere Seite des Deckels. Dann ließ er das Brecheisen mit einem Klappern auf die Planken fallen, um den Deckel abzuheben.

Im nächsten Augenblick schnappte Willa nach Luft und hätte fast das Gleichgewicht verloren. Zitternd schlug sie sich eine Hand vor den Mund.

Das kühle Mondlicht fiel in die offene Kiste, in der ein Mann auf schmutzigem Stroh hockte und uns mit weit aufgerissenen Augen anstarrte.

»Was zum …?« Mir stockte der Atem.

Aber Willa war bereits auf dem Weg nach unten, ihre Füße suchten im Dunkeln nach den Maststufen. Ich folgte ihr und landete neben ihr auf dem Deck. Sie wirkte starr, alle Muskeln angespannt, und in ihren Augen glänzten Tränen.

Der Mann wand sich grunzend in der Kiste und versuchte, sich von den Fesseln um seine Knöchel und Handgelenke zu befreien. In seinem Mund steckte ein teergetränktes Stück Stoff, durch das er nur gedämpfte Laute ausstoßen konnte, und auf seiner Kehle prangte eine Tätowierung – Zolas Wappen, der Halbmond inmitten der Roggenähren.

Das war der Mann, den Zola gesucht hatte. Crane. Er musste es sein.

Willa drückte schluchzend das Gesicht in die Fäuste. Dann hob sie den Blick und schaute West mit tränennassen Wangen an. Die anderen standen schweigend da, als warteten sie darauf, dass Willa etwas sagte. Die Wogen um uns herum hatten sich vorübergehend gelegt – die Ruhe vor dem Sturm erzeugte eine unheimliche Stille, und der Mann in der Kiste sah Willa mit einem flehenden Ausdruck in den Augen an.

Sie atmete tief durch und löste die Fäuste. Dann nickte sie kurz und zog die Dechsel aus ihrem Gürtel. Auster und Paj nahmen den Deckel und drückten ihn wieder auf die Kiste, sodass die stummen Schreie des Mannes aus unserem Blickfeld verschwanden, während Willa einen Nagel aus dem Beutel an ihrer Hüfte zog.

»Was machst du da?«, flüsterte ich.

Aber ich wusste es bereits.

Sie setzte den Nagel auf die Ecke der Kiste und trieb ihn mit einem Schlag in das Holz. Dann holte sie den nächsten hervor. Das wiederholte sie an allen vier Ecken, und als sie fertig war, stellten sich West, Hamish, Paj und Auster wie Sargträger an jeweils eine Seite der Kiste und hoben sie an.

»Nein.« Meine Lippen formten das Wort, ohne dass meine Kehle einen Laut hervorbrachte. »West, ihr könnt nicht einfach …«

Er hörte mir nicht zu. Keiner von ihnen tat es.

Der Mann stieß einen letzten erstickten Schrei aus, als die Mannschaft die Kiste hochstemmte und über die Reling schob. Wie auf Kommando lösten sich die Finger von der Kiste. Sie fiel durch die Luft und landete mit einem lauten Platschen im schwarzen Meer, und als ich zur Reling stürzte, sah ich, wie sie in der Dunkelheit versank.

Ein Zittern kroch mir von den Händen die Arme hoch. Ich

schlang sie um meinen Körper und krallte mich am Stoff meines Hemdes fest. Als ich mich wieder zu den anderen umdrehte, hatte Willa die Finger an die Brandwunde auf ihrer Wange gelegt und starrte ins Leere.

Ich hatte geahnt, dass Zola irgendetwas damit zu tun hatte. Und mir war klar, dass am Engen Meer jede Tat eine Reaktion erforderte. Auch auf dem Schiff meines Vaters hatte ich einige Male erlebt, wie derartige Urteile ausgeführt wurden. Einmal hatte ich mich mitten in der Nacht an Deck geschlichen und gesehen, wie mein Vater einem Dieb mit dem gleichen Messer, mit dem er mittags sein Fleisch zerteilte, die Hand abschnitt. Aber ich hatte vergessen, wie es sich anfühlte. Ich hatte vergessen, welche Laute ein erwachsener Mann in Todesangst ausstieß.

Das hatte West also in der Kaufmannshalle gemacht. Der Mann, mit dem er gesprochen hatte, war wahrscheinlich damit beauftragt gewesen, denjenigen aufzuspüren, der Willa Leid zugefügt hatte. Das hatte er gemeint, als er ihr vor dem Laden des Hökers erklärt hatte, dass er sich der Sache annehmen werde.

Jetzt ging sie zu West, stellte sich auf die Zehenspitzen und küsste ihn auf die Wange, während ihr weiterhin Tränen über das Gesicht liefen. Es war kein Kuss wie zwischen Geliebten, aber der Blick, den die beiden einander zuwarfen, barg hundert Geheimnisse. Hundert Geschichten.

West griff sich hinten ins Hemd, zog Willas Dolch hervor und hielt ihn ihr hin. Sie wischte sich mit dem Ärmel über das Gesicht, bevor sie ihn entgegennahm und so drehte, dass die Edelsteine im schwindenden Mondlicht funkelten.

»Danke«, sagte sie.

So standen sie schweigend da, bis der Wind wieder auffrischte und Willa den Dolch in ihren Gürtel steckte. Ich sah von der Reling aus zu und hatte das Gefühl, dass jedes bisschen Wärme aus meinem Körper gewichen war. Unter uns versank ein Mann in den Tiefen des Meeres. Doch Willa band sich das bronzene Haar mit einem Streifen Leder zurück, als hätten sie nicht gerade einen Mord begangen. Als läge der Hauch des Todes nicht immer noch über dem Schiff.

So war das Leben auf dem Engen Meer. Und zum ersten Mal überlegte ich, ob Saint womöglich recht gehabt hatte.

Du bist nicht für diese Welt gemacht, Fable.

Plötzlich erwischte mich ein Windstoß von steuerbord und ließ mich vor Kälte zittern. Als ich nach oben schaute, sah ich, dass die Blitze jetzt direkt über uns zuckten.

»Sichert die Decks!«, rief West und rannte die Treppe hinauf.

Alle machten sich an die Arbeit. Willa kletterte den Großmast hoch, und Paj und Auster beeilten sich, den Rest der Ladung sicher zu vertäuen. Ich sah mich ebenfalls nach einer Aufgabe um. Irgendetwas musste ich tun, um mich von dem Gedanken an die im Meer versinkende Kiste abzulenken. Ich hastete unter Deck, schloss die Seemannskisten im Mannschaftsquartier und prüfte sämtliche Türen.

Als ich wieder nach oben kam, mied West, der im zuckenden Licht der Blitze stand, meinen Blick. Aber er spürte, dass ich da war – das schloss ich aus der Art und Weise, wie er sich wegdrehte und auf die Planken ein Stück vor meinen Füßen sah. Vielleicht schämte er sich für das, was er getan hatte. Oder er schämte sich dafür, dass er sich nicht schämte. Vielleicht glaubte er auch, dass ich ihn für ein Ungeheuer hielt. Und damit läge er ganz richtig.

Ich schaute hinauf in das gleißende Licht eines Blitzes.

Er *war* ein Ungeheuer. Wir alle waren Ungeheuer. Und jetzt würde uns der Sturm dafür büßen lassen.

Kapitel 17

Ich versuchte, nicht hinzuschauen.

Den Blick fest auf die Leinen gerichtet, blendete ich das Heulen des Windes und die donnernden Wogen aus. Doch als die Luft immer kälter wurde, fing mein Herz an zu rasen. Eisiger Regen prasselte auf uns herab und überschwemmte das Deck. Er floss die Treppe hinunter und den Gang entlang.

Mein Blick huschte zu den laut knatternden Segeln hinauf, und ich musste schwer schlucken, bevor ich den Kopf wieder senkte.

»West!« Paj war den Großmast hinaufgeklettert, hielt sich mit einem Arm fest und beugte sich vor, um nach hinten zu schauen.

Er beobachtete die Wolken, die wie riesige, schwarze Rauchschwaden mit brodelnden Rändern aussahen. Ich atmete tief durch und wartete auf Wests nächsten Befehl, bevor ich mich von der Stelle rührte. Es konnte nicht mehr lange dauern, bis er begriff, mit was für einem Sturm wir es hier zu tun hatten.

»Fock reffen!« Wests Stimme ging im Dröhnen des Donners fast unter.

Ich wartete nicht ab, bis Auster vom Achterdeck heruntergekommen war, sondern kletterte den vorderen Mast hoch und griff nach den entsprechenden Leinen. In diesem Augenblick traf die erste Sturmböe auf das Schiff. Die *Marigold* neigte sich gefährlich zur Seite und ich rutschte ab. Plötzlich hing ich zehn Meter über dem Deck in der Luft.

West stand auf der anderen Seite des Schiffes am Steuerrad und versuchte, sich gegen die Gischt zu schützen.

Ich suchte atemlos nach Halt, doch meine Füße fanden nur Luft, als das Schiff noch stärker in Schieflage geriet und unter mir das dunkelgraue Meer auftauchte. Jetzt hatte West bemerkt, was geschehen war. Er riss die Augen auf und formte mit den Lippen Worte, die im Brüllen des Windes untergingen.

Ich zog mich nach oben und klammerte mich an die Taue, als sich das Schiff wieder aufrichtete und mich gegen den Mast knallen ließ. Sobald meine Füße die Trittstufen gefunden hatten, griff ich nach den Leinen, die um die Klampen geschlungen waren. Ich fingerte an den nassen Knoten herum, bis meine Haut aufgescheuert war, aber es gelang mir nicht, sie zu lösen.

Schon jagte die nächste Böe über die Wogen, und ich riss fluchend an dem Seil. Beim nächsten Versuch löste sich der Knoten endlich, und die befreite Leine schoss mit einem Ruck davon und riss mich mit. Während ich durch die Luft flog, zog sich das Segel nach oben, und die Leine, an der ich mich immer noch festklammerte, bremste meinen Fall erst, als ich schon fast auf dem harten Deck aufgeschlagen war. Sie glitt mir durch die Finger und verbrannte mir die Handflächen – und schon war das Segel wieder offen.

»Paj!«, rief West über das Tosen des Meeres hinweg, als die

Marigold bei der nächsten Böe erneut in Schieflage geriet und Auster quer über das Deck rutschte.

»Schon dabei!« Paj nahm seinen Platz am Steuerrad ein und korrigierte den Kurs nach Norden, weg von der Küste. Wir trieben bereits Richtung Flachwasser.

West rannte auf den Großmast zu. »Sturmsegel setzen! Jetzt!«

Ich schaute nach oben. Er wusste, dass die Sturmsegel die falsche Entscheidung sein konnten. Möglicherweise müssten wir in wenigen Minuten alle Segel bergen und darauf hoffen, dass uns die Wogen wohlgesonnen waren. Doch dann würden die Sturmsegel zu voll sein, um sie einzuholen.

Willa und Auster kletterten parallel die beiden Masten hoch, und als der nächste starke Windstoß kam, fuhr er in die Sturmsegel und das Schiff schoss ruckartig nach vorn. Das Wasser auf dem Deck ließ mich an West vorbei in Richtung Backbordreling rutschen, und er erwischte mich gerade noch an den Handgelenken und zog mich wieder auf die Füße.

»Ab unter Deck!«, brüllte er und schob mich zur Treppe.

Über den Bug hinweg sah ich die Wolkenwand auf uns zurasen. Gierig.

Ich schloss die Augen und sog die feuchte Luft ein. Ich hatte meine ganze Kindheit inmitten solcher Stürme verbracht, viele von ihnen noch heftiger. Das war der Grund dafür, warum nur die wagemutigsten Händler über das Enge Meer segelten. Und obwohl ich die Gewalt des Unwetters in jedem Muskel und Knochen spürte, erwachte irgendetwas in meinem Inneren in diesem Moment aus dem Tiefschlaf und schlug die Augen auf. Es war furchterregend, aber vertraut, und ebenso wunderschön wie tödlich.

Einen Atemzug lang sagte niemand etwas, weil auch die anderen wie gebannt auf die Wand vor uns starrten. Dann wandten sich alle

Köpfe zu West um, der im Bug stand und den Blick nach vorn gerichtet hatte. Der Wind brauste mit einem entfernten Dröhnen auf uns zu.

»Festhalten!«, brüllte West, und alle rannten zum nächsten fest montierten Gegenstand.

Ich warf mich auf eine eiserne Klampe und umklammerte die Reling, bevor das Schiff erneut zur Seite kippte. Die Kisten auf dem Brückendeck lösten sich aus der Vertäuung und rutschten ins Meer, wo sie von den Wogen zertrümmert wurden. Im Westen zeichnete sich eine schmale Linie Land ab. Wir waren zu nah an der Küste. Viel zu nah.

Auster, der sich oben an den Fockmast klammerte, rief etwas zu uns herunter. Das Schiff neigte sich und richtete sich wieder auf, und Auster wurde durch die Luft geschleudert und stürzte wild um sich schlagend ins Wasser.

»Nein!« Pajs verzweifelter Schrei schnitt durch den tosenden Wind. Wir alle konnten sehen, wie Auster die Meeresoberfläche durchbrach und verschwand.

Paj zögerte keine Sekunde. Er schnappte sich ein Tau, das auf den Planken lag.

»Bleib hier!«, rief West und lief zu ihm.

Aber es war zu spät. Paj rannte zur Reling und sprang. West rutschte durch das Wasser, das auf dem Deck stand, und schaffte es, das Ende des Taus zu erwischen, bevor es von Bord verschwand. Ich fiel hinter ihm auf die Knie und half ihm, es festzuhalten, während es durch Pajs Gewicht nach unten gezogen wurde. West schaute über die Reling und suchte die Meeresoberfläche ab.

Auf dem Deck machte sich ein schreckerfülltes, übelkeitserregendes Schweigen breit, und auch der Wind schien kurz zu verstummen. Ich kniff die Augen zusammen, bis West auf einmal rief: »Da! Zieh!«

Ich konnte nichts erkennen, hängte mich aber mit aller Kraft hinter ihm in das Tau. Dessen raue Fasern rissen mir die Hände auf, als wir es Stück um Stück einholten. Irgendwann tauchte eine Hand an der Reling auf. Ich schrie auf und zog, so fest ich konnte, bis auch Pajs Kopf erschien. Er hatte den Mund weit aufgerissen und schnappte nach Luft. Willa und Hamish zerrten ihn an Bord, und als er auf den Planken lag, sah ich, dass er Auster im Arm hielt, der Meerwasser erbrach.

Paj verlor die Fassung und vergrub das Gesicht weinend in Austers nassem Haar, während er ihn so fest an sich drückte, dass es aussah, als würden seine Finger Austers Hemd zerreißen.

»Du dämlicher Idiot!«, stieß Auster hervor.

In dem Augenblick vernahmen wir ein durchdringendes, metallisches Klirren, das über das ganze Schiff hallte.

»Der Buganker!« Hamish beugte sich über die Steuerbordreling und schaute nach unten.

Der Anker hatte sich aus der Halterung an Deck gelöst und war ins Wasser gerutscht. Die Ankerkette war gespannt. West fluchte, als er sich hinter das Ruder stellte und uns gegen den Wind steuerte. Der Sturm befand sich jetzt genau über uns. Uns blieb nichts, als zu hoffen, dass wir nicht auf Grund liefen.

West griff nach meinem Arm. »Unter Deck! Jetzt sofort!«

Die Wellen türmten sich immer höher auf und der Regen prasselte hart auf das Deck. Er kam von der Seite, und die Tropfen fühlten sich an wie Glassplitter. Ich schüttelte den Kopf und suchte das Deck nach Willa ab.

»Geh unter Deck, oder ich setze dich auf der nächsten Insel aus und du kannst nach Ceros schwimmen!« West umfasste mein Gesicht mit beiden Händen und schaute mir in die Augen.

Sein Gesichtsausdruck glich dem Donner nach einem Blitzeinschlag. Er wirkte, als würde die Angst jeden Zentimeter seines

Körpers einschnüren, und die Berührung seiner Hände jagte mir einen Schauer über den Rücken. In seinem Blick lag etwas Wissendes. Etwas, das an den Knoten des Lügengeflechts zerrte, das wir beide geknüpft hatten.

Hinter uns stand das Unwetter kurz davor, seinen Höhepunkt zu erreichen. Es war stark, aber die *Marigold* würde es überstehen, solange sie nicht auf ein Riff lief. Solange sie nicht ...

»Fable!«, rief er erneut.

Das Deck neigte sich und West ließ mich los, sodass ich über die Planken hinweg Richtung Treppenabgang rutschte. Ich bekam den Türpfosten zu fassen und hastete die Stufen hinunter, begleitet von einem Schwall Wasser, der dafür sorgte, dass ich rücklings unten ankam. In der Öffnung über mir tauchte Willa auf und schlug die Luke zu, sodass ich im Dunkeln saß.

Ich rappelte mich auf und watete durch das immer tiefer werdende Wasser. Der Schiffsrumpf ächzte, und ich setzte mich in die Ecke der Kajüte, schlang die Arme um die Knie und zog sie an die Brust. Die gedämpften Rufe der Besatzung und die schweren Stiefeltritte wurden vom Brüllen des Sturms übertönt, der jetzt mit voller Kraft auf das Schiff traf. Der letzte Rest an Licht, der zwischen den Brettern hindurchdrang, schwand.

Die Windsbraut spricht mit uns.

In der tiefsten Dunkelheit drangen die Worte meiner Mutter zu mir durch.

Ich kniff die Augen zusammen, bis ich ihr Gesicht klar und deutlich vor mir sah. Den langen, dunkelroten Zopf, der ihr über die Schulter nach vorn fiel. Die hellgrauen Augen in der Farbe des Morgennebels, die Kette mit dem Seedrachen-Anhänger um den Hals. Den Blick, der fest auf die Wolken über uns gerichtet war. Isolde liebte diese Stürme.

Als in jener Nacht die Glocke geläutet hatte, war mein Vater zu mir gekommen, hatte mich im Halbschlaf aus der Hängematte gezogen und mich in das Ruderboot gesetzt. Ich rief nach meiner Mutter, bis meine Kehle wund war. Die *Lark* war schon halb versunken, sie verschwand immer weiter im Wasser hinter mir.

Meine Mutter nannte es *die Seele der Windsbraut berühren*. Wenn sie so über uns herfiel, nahm sie uns in ihr Herz auf und öffnete sich uns. Sie sprach mit uns. Und nur dann konnten wir erkennen, was in ihrem Innersten lag.

Nur dann konnten wir erkennen, wer sie war.

Kapitel 18

Die Windsbraut spricht mit uns.

Ich öffnete die Augen erst, als Sonnenlicht die Dunkelheit durchbrach und auf das grüne Wasser fiel, das den Boden der Kajüte bedeckte. Das eigentliche Unwetter war rasch über die *Marigold* hinweggefegt, aber es hatte Stunden gedauert, bis sich der Wind gelegt hatte. Wir waren weder gekentert noch auf Grund gelaufen, und das allein war mehr, als wir uns hatten erhoffen können.

Draußen waren heisere Stimmen zu hören, aber ich verharrte noch ein paar Minuten länger eingerollt in der Dunkelheit. Unter mir schwappte das Wasser durch die Kajüte, und auf ihm trieb der Inhalt der umgestürzten Kisten, wie kleine Boote. Eine Dose Wollkraut, eine Schreibfeder, eine verschlossene, aber leere Roggenwhiskeyflasche. Es würde Tage dauern, bis wir den Rumpf wieder trockengelegt hatten, und der säuerliche Geruch würde bleiben.

Wer über das Enge Meer segelte, musste Stürme überstehen.

Einmal hatte ich Saint gefragt, ob er jemals Angst hatte, wenn sich die dunklen Wolken vor der *Lark* auftürmten. Saint war ein kräftiger Mann, der mich hinter seinem Steuerrad weit überragte. Als er zu mir herunterschaute, war sein Gesicht in den weißen Rauch seiner Pfeife gehüllt.

Ich habe schon Schlimmeres gesehen als Stürme, Fay, hatte er geantwortet.

Die *Lark* war das einzige Zuhause gewesen, das ich vor meiner Ankunft in Jeval gekannt hatte, doch in den Jahren vor meiner Geburt hatte Saint vier Schiffe an die zürnenden Meeresdämonen verloren. Als Kind trieb mir der Gedanke an die wunderschönen Segelschiffe, die nun in der kalten Tiefe lagen, Tränen in die Augen. Das erste Mal, dass ich ein solches Schiff mit eigenen Augen gesehen hatte, war auf einem Tauchgang mit meiner Mutter zusammen in der Sturmfalle gewesen – dort, wo jetzt auch die *Lark* ihre Ruhestätte gefunden hatte.

Ich kam vorsichtig auf die Beine. Durch den Absturz aus der Takelage taten mir sämtliche Knochen und Muskeln weh. Meine Handflächen waren blutverkrustet und brannten, weil die Taue die Haut abgerieben hatten. Ich öffnete die Luke, indem ich die Faust dagegendrückte, und als sie aufschwang, schien mir die Sonne ins Gesicht. Meine Augen gewöhnten sich nur langsam an die Helligkeit.

Vor der obersten Stufe hockte Hamish. Sein sandfarbenes Haar, das er normalerweise ordentlich zurückgekämmt trug, klebte ihm jetzt an der Stirn, und seine Brillengläser waren beschlagen. Hinter ihm sorgte die Hitze des späten Vormittags dafür, dass die Decksplanken dampften wie ein heißer Kochtopf.

Paj grüßte mich mit einem Nicken und grinste. »Sieht so aus, als hätte unsere Unglücksbringerin überlebt.«

Ich stieg die Treppe hinauf, die Stiefel schwer vor Nässe. Das

Meer war ruhig und erstreckte sich glatt und tiefblau in alle Richtungen.

West stand auf der Backbordseite, ein Stück Seil über dem Rücken. An seinem Unterarm klaffte eine tiefe Fleischwunde und auch an seiner Schläfe war die Haut aufgeplatzt. Das Blut war ihm über die Wange gelaufen und dort getrocknet.

Ich warf einen Blick über die Reling und entdeckte Willa, die in ihrem Bootsmannsstuhl saß und die Klinge eines Messers zwischen den Zähnen hielt. Sie stützte sich mit den Füßen am Rumpf ab und war mit den ausgefransten Löchern beschäftigt, in denen sich zuvor die eisernen Befestigungsspangen des Bugankers befunden hatten. Die Sturmwogen hatten sie einfach aus der Rumpfwand gerissen.

Willa zog die Dechsel aus dem Gürtel und trieb damit einen Holzzapfen in jedes der Löcher. So konnte bis zu unserem Eintreffen in Ceros kein weiteres Wasser mehr eindringen, aber im Hafen müssten weitere Arbeiten durchgeführt werden.

Auster hing neben ihr und zog an der Ankerkette, doch sie hing fest. Paj sah über die Reling zu ihm hinunter, und die Art, wie die Kiefer zusammenpresste, erinnerte mich daran, wie er in das schwarze Wasser gesprungen war. Wie er Auster in den Armen gehalten und mit qualvoll verzerrtem Gesicht in seine Haare geweint hatte. Ich hatte mit meiner Vermutung richtig gelegen. Das war kristallklar gewesen, sobald die beiden dem Wasser entronnen waren.

Paj liebte Auster, und wenn ich dessen Blick von dort unten hinauf richtig deutete, liebte Auster auch Paj.

Lass dir niemals und unter keinen Umständen anmerken, wer oder was dir wichtig ist.

Aus genau diesem Grund hatte Saint mir das Versprechen abgenommen, keiner Seele zu verraten, dass ich seine Tochter war.

Ich schaute nach oben, wo der Sturm das Toppsegel zerfetzt hatte, das nun in Einzelteilen am Fockmast hing. Auf dem Brückendeck waren die Leinen gerissen, mit denen unser Ersatzmaterial gesichert war. Die *Marigold* würde mindestens eine Woche im Hafen liegen müssen, um die Schäden zu beheben.

Auster kam die Strickleiter heraufgeklettert und sprang tropfnass an Deck. »Es muss ein Riff sein. Ich kann nicht so weit gucken.«

West studierte die Wasseroberfläche unter uns. »Wie tief ist es?«

»Vielleicht sechzig Meter? Ich bin mir nicht sicher.«

Ich griff nach der Kette und zog daran. »Ich kann ihn hochholen.«

Aber West drehte sich nicht einmal zu mir um. »Nein.«

»Warum nicht? Es sind nur sechzig Meter.«

»Das ist das Mindeste, was sie tun kann.« Auster starrte mich an, aber ich bemerkte ein belustigtes Funkeln in seinem stahlgrauen Blick. »Als unsere Unglücksbringerin und so.«

»Was soll das denn heißen?«

»Wir haben heute Morgen abgestimmt.« Willa schaute zu uns hoch, die Augen wegen des gleißenden Sonnenlichts zusammengekniffen. Auf ihrer tiefbraunen Wange prangte ein dunkelroter Fleck. Wahrscheinlich war sie gegen die Reling geprallt oder von einem Stück verrutschter Ladung getroffen worden. »Das Ergebnis war einstimmig: Du bringst uns Unglück, Schürferin.«

Ich lachte und ließ die Kette los. »Können wir die Abstimmung wiederholen, wenn ich den Anker befreie?«

Wests Blick wanderte zu meinen blutigen Händen. »Wir warten bis zum Niedrigwasser. Sobald der Meeresspiegel sinkt, löst er sich von selbst.«

Willa schaute nachdenklich zu ihm hoch, bevor ihr Blick zu mir huschte. »Wir haben ohnehin schon Verspätung.«

West beugte sich vor und begutachtete ihr Werk. »Wie lange brauchst du noch?«

»Nicht mehr lange.«

»Und das Segel?«

»Darum kümmere ich mich.« Paj stieß sich von der Reling ab und ging unter Deck.

Ich folgte ihm, schnappte mir eine Lampe und entzündete auf dem Weg die Treppe hinunter den Docht. In der Kajüte ging ich auf die Knie und suchte mit den Händen das Wasser ab, bis ich ihn gefunden hatte – meinen Schürfergürtel. Es gab keinen vernünftigen Grund, mich nicht tauchen zu lassen, so wie es keinen Grund dafür gegeben hatte, mich in Dern auf dem Schiff festzusetzen oder mich im Sturm unter Deck zu schicken. Und wenn ich den Anker befreite, wäre die Schuld, in der ich bei West stand, beglichen. Dann wären wir quitt, und die Mannschaft könnte es bezeugen.

Ich fand nur drei meiner Werkzeuge, doch das dürfte für die Stelle, an der sich der Anker verhakt hatte, ausreichen. Den Gürtel fest um die Taille gezurrt, kehrte ich nach oben zurück. West befand sich auf dem Achterdeck und half Hamish dabei, die letzten Kisten zu vertäuen.

Ich kickte mir die Stiefel von den Füßen und ging zu der Stelle, wo die Kette neben dem Schiffsrumpf im Meer verschwand.

»Was hast du vor?« Auster lehnte sich neben mich an die Reling.

»Wenn der Anker frei ist, ziehe ich an der Kette«, sagte ich leise und stieg auf das Geländer. »Dann kannst du ihn hochziehen.«

Auster sah mich aus dem Augenwinkel an und nickte dann unauffällig. Ich kletterte auf die andere Seite der Reling und balancierte auf der Kante.

»Fable«, warnte Hamish vom Achterdeck aus.

Willas Lippen verzogen sich zu einem Grinsen.

West schaute über die Schulter in meine Richtung, und unsere Blicke trafen sich genau in dem Augenblick, in dem ich losließ. Er verschwand aus meinem Sichtfeld, und kurze Zeit später tauchte ich mit den Füßen voran ins Wasser ein. Ich sank in die Tiefe und ließ mich von der Kälte umfangen. Das Salz brannte in meinen Augen.

Als ich wieder durch die Oberfläche brach, hörte ich Wests raue Stimme: »Fable!«

Ich ignorierte ihn, kehrte dem Schiff den Rücken zu und atmete tief ein, bis meine Lunge zum Bersten voll war. Dann stieß ich die Luft langsam und kontrolliert wieder aus, während West erneut meinen Namen rief: »Fable!«

Nach zwei weiteren Atemzügen tauchte ich unter. Das trübe Blau erstreckte sich in alle Richtungen, der Untergrund war durch den Sturm noch aufgewühlt. Ich ließ einen Finger über die Kette gleiten und folgte ihr so in die Tiefe, während die Strömung mir das Haar aus dem Gesicht spülte. Lächelnd betrachtete ich die gewaltige Leere um mich herum. Ich war seit meiner Kindheit fast jeden Tag getaucht. Im Meer fühlte ich mich mehr zu Hause, als es auf Jeval je der Fall gewesen war.

Die Wahrheit war: Ich war gern Schürferin. Ich liebte es.

Vor mir schwamm ein Schwarm Papageifische, und ich bewunderte, wie ihr Zickzackkurs ihre violetten Ränder schillern ließ. So langsam machte sich der Wasserdruck bemerkbar und ich ließ etwas Luft aus meiner Lunge entweichen. Unter mir kam der Grund in Sicht. Schwarzer Fels zog sich wie ein Riss durch den weißen Sand. Ich landete mit den Füßen auf dem Gestein und sah, dass sich der Anker an einer Kante verfangen hatte. Von hier aus war die *Marigold* nichts als ein dunkler Fleck weit über mir an der Oberfläche.

Ich stützte mich mit meinen brennenden Handflächen auf

dem Felsen ab und trat mit der Ferse gegen den Anker. Als das nichts brachte, zog ich Hammer und Meißel aus dem Gürtel und versuchte, die Felsspalte Schlag für Schlag zu erweitern. Kleine, schwarze Gesteinssplitter schwebten durch das Wasser und sanken auf den Grund, bis ich in einer trüben Wolke stand. Als der Spalt breit genug war, stemmte ich beide Füße gegen den Fels und zerrte mit aller Kraft an der Kette. Ein Ziehen in meiner Brust zeigte mir an, dass mir bald der Sauerstoff ausgehen würde, und meine Finger kribbelten.

Mit einem lauten Knacken gab der Stein nach und der Anker war frei. Die Spannung auf der Kette ließ nach, und ich zog scharf daran, bis ich merkte, dass sie sich in Bewegung setzte, weil von oben gezogen wurde. Ich stellte mich auf die Ankerhaken und beobachtete, wie die schillernde Oberfläche näher kam und sich ausdehnte. Unterhalb der *Marigold* schwammen Fische umher, sie schlängelten sich zwischen den Algen hindurch, die an den Seepocken und Muscheln am Schiffsrumpf hingen. Kurz bevor ich durch die Wasseroberfläche brach, stieß ich den letzten Rest Luft aus, sodass ich im Freien sofort tief einatmen konnte. West lehnte immer noch an der Reling, die Lippen zu einem dünnen Strich aufeinandergepresst. Als er mich sah, drehte er sich um und ging weg.

Auster und Paj betätigten die Winde und zogen den Anker aus dem Wasser. Sobald sie ihn an Deck gehievt hatten, griff ich nach der Strickleiter. Willa war gerade dabei, die gestopften Löcher im Rumpf mit einer Schicht Teer abzudichten, und schüttelte lächelnd den Kopf.

»Was?« Ich hielt neben ihr inne und atmete durch.

»Ich kann mich nicht entscheiden, ob ich dich mag oder ob ich dich für dumm halte.« Sie lachte.

Ich grinste und kletterte weiter hinauf, bis ich oben angelangt war und die Füße auf die heißen Planken setzte.

West war bereits auf dem Weg den Großmast hinauf. Seine Schulterpartie wirkte so angespannt wie immer, wenn er sauer war. Er war es nicht gewöhnt, dass man sich seinen Anweisungen widersetzte, aber ich war es nicht gewöhnt, dass man mir vorschrieb, was ich zu tun und zu lassen hatte.

Er zog sich an den eisernen Stufen hoch, bis er am unteren Ende des Segels angekommen war. Dort machte er sich mit dem Messer zwischen den Zähnen an den Leinen zu schaffen, während der Wind ihm das Haar ins Gesicht blies.

Er hatte recht – je schneller ich die *Marigold* verließ, desto besser. Aber ich würde von Bord gehen, ohne jemandem etwas schuldig zu sein.

Kapitel 19

Als ich nach Einbruch der Dunkelheit in die Kajüte kam, lag nur Willa in ihrer Hängematte. Meine Kiste stand immer noch unter Wasser, aber das hielt mich nicht davon ab, sie aufzuklappen und meinen Gürtel hineinfallen zu lassen. Von oben waren knarzende Schritte in Wests Quartier zu hören, und durch die Ritzen schimmerte Kerzenschein. West hatte mich keines Blickes gewürdigt, seit ich nach dem Anker getaucht war, und womöglich würde das so bleiben, bis ich von Bord ging. Vielleicht war es das Beste so.

Ich kletterte mit einem Segel in der Hand in meine Hängematte. Während ich über dem grünen Wasser schaukelte, das immer noch den Boden bedeckte, betrachtete ich den Riss, der quer durch den Stoff verlief, und überlegte, wie lang der Faden sein müsste, um ihn zu flicken.

»Ich habe ihn schon, seit ich fünf war«, sagte Willa, und als ich aufsah, bemerkte ich, dass sie den Dolch hervorgeholt hatte und ihn in ihren teerverschmierten Händen hin und her drehte. »Ich habe ihn einem Betrunkenen in Waterside abgenommen, der mitten auf der Straße eingeschlafen war. Habe ihn einfach aus seinem Gürtel gezogen.«

Damit hatte ich nicht gerechnet.

»Er ist im Grunde nichts Besonderes, aber der einzige wertvolle Gegenstand, den ich besitze. Ich habe ihn an den Höker in Dern verkauft, doch West hat ihn irgendwie zurückgeholt.«

Ich hielt den Blick fest auf das Segel gerichtet. »Warum?«

»Weil er die überaus blöde Angewohnheit hat, sich für andere Leute verantwortlich zu fühlen.«

Ich führte die Nadel durch den Stoff und zog den Faden straff, und als ich den Blick hob, verstand ich, was sie damit meinte. Ihre Worte bezogen sich nicht nur auf den Dolch, sondern auch auf mich. »Hast du deshalb auf seinem Schiff angeheuert?«

Sie lachte kurz auf. »Ja.«

»Aber Paj hat gesagt, dass du von Anfang an dabei warst.«

»Wir haben schon als Kinder zusammen auf Schiffen gearbeitet.« Willa starrte an die Decke, und in ihren Augen schien eine Erinnerung aufzublitzen. »Als West die *Marigold* angeboten bekam, wollte er Leute um sich haben, denen er vertrauen kann.«

Ich verknotete das Fadenende und hob das Segel, um zu überprüfen, ob meine Naht gerade verlief. »Und wie ist ein Waterside-Streuner zu einem Schiff wie diesem gekommen?«

Sie zuckte mit den Schultern. »Er ist eben West. Er weiß, wie er bekommt, was er will.«

»Und was ist mit dir? Willst du auch auf einem Handelsschiff über das Enge Meer fahren?«

»Was ich will, ist, nicht einsam zu sterben«, sagte sie, und ihre Stimme war plötzlich ganz leise geworden. »Ich habe mir dieses Leben nicht ausgesucht, aber es ist das einzige, das ich habe.«

Meine Hände verharrten reglos auf dem Segeltuch.

»Solange ich mit dieser Mannschaft unterwegs bin, bin ich nicht allein, wenn der Tod an die Tür klopft. Ich könnte es deutlich schlechter treffen.«

Ich wusste nicht, was ich sagen sollte. Willas Gedankengang war traurig und vertraut. Viel zu vertraut. Sie hatte ausgesprochen, was auch ich mir im Stillen wünschte. Es war die einzige Hoffnung, die ich zu hegen wagte, und durch Willas Worte wurde sie schmerzhaft konkret, wirkte plötzlich zart und zerbrechlich. So etwas wurde in einem Leben wie unserem ganz schnell zerstört. »Was ist mit eurem Schürfer passiert?«

»Wie bitte?«

»Der letzte Schürfer der *Marigold*. Was ist mit ihm passiert?«

Ihr Blick fiel auf die Kiste an der Wand, die leer gestanden hatte, als ich an Bord kam. »Er hat uns bestohlen«, sagte sie schlicht.

»Aber was ist mit ihm *passiert?*«

»Nicht das Gleiche wie mit Crane, falls du das meinst. Wir haben ihm die Kehle durchgeschnitten, bevor wir ihn über Bord warfen.« Die Gelassenheit, mit der sie das sagte, war schwer zu ertragen.

»Und deine Brandwunde?«

»Ja, das war Crane. Na ja, im Grunde Zola.« Sie hob die Hand und berührte das weiche, rosafarbene Fleisch an ihrem Kiefer. »Vor ein paar Wochen, in Ceros.«

Ich hätte gern gesagt, dass es mir leidtat, was mit ihr passiert war. Aber ich wusste, wie ich es gefunden hätte, wenn jemand so etwas zu mir gesagt hätte. In gewisser Weise war Mitleid schlimmer als die Schmerzen selbst. »Warum?«

»Unsere Geschäfte sind ein bisschen zu gut gelaufen für seinen Geschmack. Er hat uns ein paar Mal gewarnt, aber wir haben nicht auf ihn gehört. Also hat er beschlossen, ein Zeichen zu setzen.«

So lief es unter Seeleuten. Warnungen, gefolgt von heftigen, öffentlichkeitswirksamen Strafen. So verteidigte man die Vorherrschaft.

»Was hast du vor, wenn du in Ceros angekommen bist?«

Ich richtete den Blick auf das Segel und legte es zu einem ordentlichen Viereck zusammen. »Das habe ich dir doch schon erzählt. Ich suche Saint auf und bitte ihn, mich für eines seiner Schiffe anzuheuern.«

»Nein, ich meine, was hast du vor, wenn er ablehnt?«

Ich schaute abrupt auf und presste die Lippen zusammen.

»Abendessen ist fertig.« Auster kam in die Kajüte, bevor ich antworten konnte. Er zog sich die Jacke aus und hängte sie an einen Haken. »Es ist nichts Besonderes, aber immerhin essbar.«

Willa rollte sich aus der Hängematte und trat in den Gang hinaus. Ich folgte ihr die Treppe hinauf. Die Segel am Fockmast und am Großmast blähten sich im Wind und die *Marigold* glitt rasch durch das schwarze Wasser. Wir kamen gut voran, aber die verlorene Zeit war nicht aufzuholen. Die Mannschaft hatte bereits einen Teil der Fracht im Sturm verloren, und jetzt musste sie durch die Verspätung mit weiteren Verlusten rechnen.

Ich kletterte den Fockmast hinauf und brachte das geflickte Segel an. Sobald es hing, griff der Wind hinein. Der Nachthimmel war schwarz und leer, bis auf die Sterne, die überall verstreut waren. Der Mond war nicht zu sehen, sodass das Deck im Dunkeln dalag. Ich lehnte mich an den Mast und legte den Kopf in den Nacken. Der Wind strich über meinen Körper.

Unter mir hatte sich die Besatzung zum Essen auf dem Achterdeck eingefunden und beugte sich über Schüsseln mit Haferbrei – alle bis auf West. Er stand am Steuerrad, die Hände auf den Speichen, und war im Dunkeln fast unsichtbar. Sein Gesicht, das nach vorn gerichtet war, lag tief im Schatten.

Ich versuchte, ihn mir als kleinen Jungen vorzustellen – als

Waterside-Streuner in Ceros. Viele Seeleute begannen ihre Laufbahn auf diese Weise, sie wurden von Besatzungen auf der Straße aufgelesen und für schwerste Arbeiten eingesetzt. Nicht wenige ließen auf See ihr Leben, aber einzelne schafften es, aufzusteigen und hohe Positionen auf bedeutenden Schiffen zu bekleiden. Auf diesen segelten sie dann über das Enge Meer und manchmal sogar bis in die Namenlose See.

Immer wenn wir auf unseren Handelsfahrten mit der *Lark* in Ceros waren, hatte ich die streunenden Kinder im Hafen beobachtet und mir gewünscht, sie wären meine Spielkameraden. Mir war nicht bewusst gewesen, dass sie hungerten und die meisten von ihnen keine Familie hatten.

Sobald sich das Segel, das ich geflickt hatte, neben den anderen im Wind blähte, kletterte ich den Mast hinunter. West sah mich an, als ich jetzt auf ihn zuging, und sein grimmiger Gesichtsausdruck deutete darauf hin, dass er mir noch grollte.

»Ich mag es nicht, nutzlos herumzusitzen«, sagte ich und stellte mich direkt vor ihn, sodass er meinem Blick nicht ausweichen konnte.

»Du gehörst nicht zu dieser Mannschaft.« Die Worte schmerzten, auch wenn ich nicht wusste, warum. »Du bist als Passagierin an Bord.«

»Ich habe aber schon bezahlt. Wenn ich umkomme, bevor wir in Ceros sind, geht dir kein Geld verloren.«

In seinem Blick veränderte sich etwas, und er musterte mich von oben bis unten. Er verbarg irgendetwas, aber seine Miene machte mir klar, dass das Thema für ihn abgeschlossen war. Es gab eine ganze Menge Dämonen auf diesem Schiff, und die meisten davon schienen West zu plagen.

»Befindet sich Saints Quartier immer noch in Pinch?« Ich lehnte mich an einen Pfosten.

»Ja.«

»Willa glaubt, dass er mich nicht anheuern wird.«

»Sie hat recht.«

Ich sah, wie seine Hand über die hölzernen Speichen des Steuerrades glitt. »*Dich* hat er auch angeheuert.«

»Zu einem hohen Preis.«

»Wie meinst du das?«

Er überlegte sich seine Worte genau, bevor er sie aussprach. »Nichts ist umsonst, Fable. Wir wissen beide, dass man zum Überleben manchmal Dinge tun muss, die einen später heimsuchen.«

Diese Worte versetzten mich in Unruhe. Denn er sprach über den Mann in der Kiste. Aber was sollte ich dazu sagen? Der Mann war tot. Daran war nicht zu rütteln. Und obwohl ich über das Vorgehen der Mannschaft entsetzt war, konnte ich es gleichzeitig verstehen. Und dieser Gedanke jagte mir Angst ein.

»Was hast du sonst noch getan, was dich heimsucht?«, fragte ich, wohl wissend, dass er nicht antworten würde.

Die *Marigold* zog ein Meer aus Lügen hinter sich her. Die Mannschaft hatte ihren eigenen Schürfer und den Schiffskoch eines anderen Schiffes umgebracht. Was auch immer sie in Sowan getan hatte, verfolgte sie in jeden Hafen. Und als ob das noch nicht genug war, betrieb sie auch noch heimliche Geschäfte hinter dem Rücken ihres Arbeitgebers Saint.

Aber selbst wenn dieser sich verändert haben sollte, seit ich ihn das letzte Mal gesehen hatte – mein Vater war immer noch mein Vater. Er würde nicht zögern, West etwas deutlich Schlimmeres anzutun als das, was die Mannschaft der *Marigold* mit Crane gemacht hatte. Das wollte ich nicht erleben.

Ich hatte Angst um West.

Auf Jeval hatte ich nur mit ihm zu tun gehabt, wenn er zum Handeln zu den vorgelagerten Inseln kam, aber es war sein Geld, das mir das Überleben gesichert hatte, und er war in den zwei Jahren, seit ich ihn das erste Mal getroffen hatte, nicht einmal weggeblieben. Er hatte mir unzählige Male das Leben gerettet, auch wenn es unbeabsichtigt geschehen war.

Wenn ich in Ceros von Bord ging, würde ich ihn wahrscheinlich nie wiedersehen. Und ich wollte mir keine Sorgen über sein weiteres Schicksal machen müssen.

»Mir ist egal, was du getan hast. Als ich auf dem Kai der vorgelagerten Inseln aufgetaucht bin, hättest du mir nicht helfen müssen.«

»Doch, musste ich«, sagte er. Sein Gesichtsausdruck war unergründlich.

Die Worte gingen mir unter die Haut. Sie trieben mir die Luft aus den Lungen. Doch als ich gerade nach dem Grund fragen wollte, richtete West die Augen auf etwas in der Ferne. Ich drehte mich um und folgte seinem Blick zum Horizont, wo sich ein sanfter, orangeroter Schimmer abzuzeichnen begann.

Ceros.

Dort, im flackernden Licht der Laternen, lag die einzig mögliche Zukunft für mich.

Kapitel 20

Der Morgen dämmerte bereits, als wir in den Hafen einliefen. Ich stand am Bug und sah die Stadt näher kommen, während Auster mir den letzten Verband anlegte. Vier Jahre lang hatte ich davon geträumt, nach Ceros zu gelangen, und jetzt, wo ich hier war, konnte ich an nichts anderes mehr denken als an das Wiedersehen mit meinem Vater. Ich fragte mich, was er wohl sagen würde. Was er tun würde.

Vor uns ragte ein Abhang auf, an dem sich unzählige Steinbauten drängten. In den quadratischen Fensterscheiben spiegelte sich die Morgensonne, die gerade hinter mir aufging, sodass es aussah, als sei die Stadt mit Diamanten besetzt. Über den Häusern verlief ein verschlungenes Netz aus Hängebrücken, auf denen auch um diese Uhrzeit schon viele Leute unterwegs waren.

»Halte die Wunden sauber.« Auster wartete, bis ich zustimmend genickt hatte. Dann nahm er den Eimer zu seinen Füßen und kletterte damit den Mast hinauf.

Ich schaute auf meine geschundenen Hände, die jetzt mit weißen Stoffstreifen umwickelt waren. Das Fieber und die Schwellung rund um die Schürfwunden auf meiner Schulter waren zurückgegangen und auch meine Lippe verheilte langsam. Mir würde mehr als nur eine Narbe als Andenken an diese Überfahrt bleiben.

Austers Schatten tanzte über das Deck, als er sich durch die Wanten hangelte. Über seinem Kopf glitt eine Schar Vögel mit ausgestreckten Flügeln durch den Wind. Er warf einen Barsch in die Luft, den sich eines der Tiere sofort schnappte, während ein anderes auf seiner Schulter landete. Ich überlegte, ob das, was mein Vater immer über die Vögel gesagt hatte, wohl stimmte. Wenn ja, könnte es sich bei einem von ihnen um Crane handeln.

Die Mannschaft machte die *Marigold* bereit zum Anlegen, und als ich den Blick über die anderen Schiffe im Hafen schweifen ließ, erkannte ich, dass wir nicht die einzigen waren, denen der Sturm übel mitgespielt hatte. Ich sah mehrere umgeknickte Masten, zerrissene Segel und zerkratzte Rümpfe. Die Hafenarbeiter würden in der nächsten Woche gut verdienen. Viele von ihnen verdankten den wiederkehrenden Stürmen im Engen Meer ihren Lebensunterhalt.

Mehr als die Hälfte der Schiffe am Kai trug Saints Wappen, was mich nicht im Geringsten überraschte. Trotz des Verlusts der *Lark* hatte er seine Geschäftstätigkeiten in den Jahren, seit wir uns das letzte Mal gesehen hatten, enorm ausgebaut. Meine Mutter hatte das immer an ihm bewundert – seine standhafte Weigerung, sich geschlagen zu geben, und den stetigen Hunger nach mehr. Es ließ sich kaum sagen, wie viele Schiffe mittlerweile unter seinem Kommando standen.

Willa hockte sich neben den Hauptanker, und ich hielt die Kette fest, während sie die Sperre löste. »Was ist, wenn Zola herausfindet, was mit Crane passiert ist?«

»Er weiß es.«

Meine Hand verkrampfte sich um die Kette. Ich machte mir Sorgen – nicht nur um West. »Was glaubst du, wie er reagiert?«

Sie zuckte mit den Schultern. »Zola hat größere Probleme.«

»Größer als der Mord an einem seiner Besatzungsmitglieder?«

»Er hat sich vor ein paar Jahren Ärger mit einer mächtigen Edelsteinhändlerin aus Bastian eingehandelt, die ihm seitdem den Zugang zur Namenlosen See verwehrt. Er könnte dort nicht einmal schwimmen gehen, ohne dass ihm jemand die Kehle durchschneidet, und jetzt, wo Saint langsam die Kontrolle über den Handel am Engen Meer erlangt, wird es eng für ihn. Deshalb hat er uns im Visier. Er kann seine Handelsrouten nicht erweitern, also muss er die vorhandenen verteidigen. Gegen Saint kann er nichts ausrichten, das ist ihm klar, aber er kann kleinere Schiffe davon abhalten, sich hochzuarbeiten.«

Der Handelskrieg zwischen der Namenlosen See und dem Engen Meer war älter als mein Vater. Die Anwohner des Engen Meeres kontrollierten traditionell den Anbau und den Verkauf von Roggen, während Bastian sich auf Edelsteine konzentrierte. Beide Produkte waren nötig, um die Taschen der Gildemeister zu füllen.

Es war eine Welt, die stets auf Messers Schneide stand.

»Welche Edelsteinhändlerin war das?«, fragte ich.

»Die einzige, die wirklich zählt. Was die Handelslizenz für das Enge Meer angeht, hält der Rat Holland im Augenblick noch hin, aber es ist nur eine Frage der Zeit, bis sie sie bekommt. Dann ist Zola nirgendwo mehr sicher.«

Holland war schon eine Legende gewesen, lange bevor ich zur Welt kam. Sie führte ein Edelsteinimperium in Bastian, und ihr Einfluss auf die Gilden war noch viel größer als der von Saint. Sollte sie je die Genehmigung erhalten, in unseren Häfen Geschäfte zu machen, wäre das das Ende sämtlicher am Engen Meer angesiedelten Händler, einschließlich meines Vaters.

Unter uns brachten die ersten Fischer ihren Fang an Land und der Geruch nach Tang und Algen lag in der Luft. Auster und Willa warfen den Männern auf der Pier die Festmacherleinen zu, und sie zogen uns langsam näher. Währenddessen kam der Hafenmeister angelaufen, einen Stapel Dokumente unter dem Arm.

»*Marigold!*«, rief er und blieb auf dem Kai stehen.

»Hol West, ja?«, sagte Willa, die gerade mit der Ankerwinde beschäftigt war.

Ich schaute über ihre Schulter hinweg zur geschlossenen Tür der Kapitänskajüte. West und Hamish hatten sich schon vor dem Morgengrauen zurückgezogen, und ich fragte mich, ob sie die Bücher durchgingen, um sie Saint vorlegen zu können. Die Verluste durch den Sturm würden nicht folgenlos bleiben, mein Vater war kein verständnisvoller Mann.

Ich klopfte an die Tür und trat einen Schritt zurück. Dann atmete ich tief durch, um mich auf den Abschied vorzubereiten. Von nun an würde ich nie wieder am frühen Morgen auf den Klippen von Jeval stehen und den Horizont nach den Segeln der *Marigold* absuchen. Ich würde mich nie wieder mit einem Beutel voller Pyrum am Gürtel von Speck zu den vorgelagerten Inseln fahren lassen und West nie wieder am Ende des Kais auf mich warten sehen. Mein Magen zog sich zusammen und mir wurde übel. Die Vorstellung, ihn nie wieder zu sehen, gefiel mir gar nicht. Und genauso wenig gefiel mir, dass ich so empfand.

Drinnen erklangen Schritte, dann öffnete sich die Tür mit einem Knarzen. Doch es war Hamish, der in der Öffnung stand. Auf dem Schreibtisch hinter ihm erspähte ich mehrere Stapel Kupferstücke und sauber aufgerollte Seekarten.

»Was gibt es?«, ertönte Wests Stimme hinter meinem Rücken.

Als ich mich umdrehte, stand er in dem Durchgang, der unter Deck führte.

»Oh, ich dachte, du …« Mein Blick fiel in den dunklen Gang hinter ihm. »Der Hafenmeister will dich sprechen.«

Er nickte und kam die letzte Stufe hinauf. Erst da fiel mir auf, dass er meinen Gürtel und meine Jacke dabeihatte, die er mir jetzt im Vorbeigehen in die Hand drückte.

Ich schaute auf die Schulternaht der Jacke und biss mir auf die Unterlippe. Er hatte es also ernst gemeint, als er sagte, dass ich direkt nach dem Anlegen von Bord zu verschwinden hätte. Ich wünschte, diese Erkenntnis wäre mir egal, doch sie schmerzte. Während ich mit klopfendem Herzen auf dem Brückendeck gestanden und mir Gedanken über unseren Abschied gemacht hatte, konnte West es kaum erwarten, mich loszuwerden.

Mit rot glühendem Gesicht schlang ich mir den Gürtel um die Hüften und zog ihn fest. Unbewusst legte ich die Hand auf den Rahmen der Luke und fuhr mit den Fingern noch ein letztes Mal über das geölte Holz, während ich den Blick über die *Marigold* schweifen ließ. Trotz der Sturmschäden war sie ein wunderschönes Schiff. In gewisser Weise würde ich sie vermissen.

Von unten klangen laute Männerstimmen herauf, und Hamish rollte die Strickleiter aus. Dann griff er in seine Tasche und zog ein zusammengefaltetes Dokument hervor. »Hier hast du eine Karte. Die Stadt ist groß.«

»Danke.« Ich nahm das Geschenk entgegen und lächelte über diese unerwartet wohlwollende Geste.

»Pass auf dich auf da draußen.« Willa hatte die Hände in die Hüften gestemmt. Das Sonnenlicht fiel auf die Brandnarbe in ihrem Gesicht und ließ sie blutrot erscheinen, aber die Haut heilte langsam. Und vielleicht galt das jetzt, wo Crane auf dem Meeresgrund lag, ja auch für die unsichtbare Wunde in ihrem Inneren.

»Mach ich.«

Ihre Mundwinkel zuckten. »Irgendwie glaube ich dir das nicht.«

Paj streckte mir die Hand hin und ich ergriff sie. Er drückte einmal fest zu. »Alles Gute, Schürferin.«

»Danke.«

Hinter ihm stand Auster und warf mir sein übliches heiteres Lächeln zu.

»Fable.« West kam über das Deck auf mich zu, und der Wind drückte ihm das Hemd eng an den Körper.

»Danke«, sagte ich und hielt ihm die Hand hin. Was auch immer seine Beweggründe gewesen sein mochten, er war ein Risiko eingegangen, als er mich an Bord der *Marigold* gelassen hatte. Wenn ich ihn schon nie wiedersehen sollte, wollte ich ihm zumindest deutlich machen, dass ich das verstanden hatte.

Er ignorierte meine Hand. Stattdessen verlagerte er das Gewicht und schaute überall hin, außer in mein Gesicht. »Knöpf dir die Jacke immer bis oben zu und hab dein Messer stets griffbereit. Lass dich nie dazu hinreißen, dein Werkzeug zu verkaufen, nicht einmal, wenn du hungerst. Und schlaf niemals auf der Straße.« Er rückte mir die Kapuze zurecht, als ich die Jacke zuzog und sie bis obenhin zuknöpfte. »Versuch dich unauffällig zu verhalten. In dieser Stadt ist es deutlich besser, ein Niemand zu sein als ein Jemand.«

Er schien noch etwas sagen zu wollen, überlegte es sich dann aber anders, schloss den Mund und schluckte schwer. Ich hob erneut die Hand, und dieses Mal ergriff er sie. Seine Finger schlossen sich um mein Handgelenk und meine um seines, und ich schaute ihm ins Gesicht. »Danke, West.« Meine Stimme klang brüchig.

Er rührte sich nicht. Es sah aus, als würde er nicht einmal atmen. Ich versuchte ihn loszulassen, aber er verstärkte den Griff nur und hielt mich fest. Mein Herz schlug schneller, als er meine

Hand näher an sich heranzog und der Rand meiner Narbe unter dem Ärmel hervortrat.

»Ich meine es ernst, Fable«, wisperte er. »Sei vorsichtig.«

Dann ließ er mich los, und ich wich einen Schritt zurück, um etwas Abstand zwischen uns zu bringen. Mein Herz hämmerte in meiner Brust. Mit gesenktem Blick kletterte ich über die Reling zur Strickleiter. West ließ mich nicht aus den Augen, während ich die schwankenden Sprossen hinunterstieg, doch sobald meine Füße den belebten Kai erreichten, versetzte mir jemand einen Schlag in die Seite. Ich verlor das Gleichgewicht und musste mich mit den Händen am Schiffsrumpf abstützen, um nicht ins Wasser zu fallen.

»Mach doch die Augen auf!« Ein breitschultriger Mann hastete mit einer Kiste Fisch auf der Schulter an mir vorbei und schaute nicht einmal zurück.

Ich stürzte mich ins Gedränge und achtete darauf, dass der Ärmel meiner Jacke meine Narbe verdeckte. Im Hafen herrschte ein geschäftiges Treiben, er war mindestens sechsmal so groß wie der von Dern. Ich schlängelte mich zwischen den Menschentrauben hindurch, bis ich die Hauptstraße zur Stadt hinauf erreicht hatte. Dort drehte ich mich noch einmal um, um einen letzten Blick auf die *Marigold* zu werfen. Sie lag an einer der letzten Piers, und das goldene Holz schimmerte in einem warmen Honigton. Auf dem Achterdeck stand West, die Arme verschränkt, und schaute mir hinterher.

Unsere Blicke trafen sich ein letztes Mal, und ich hoffte, dass er wusste, was ich nicht ausgesprochen hatte.

Ich stand tief in seiner Schuld. Ich verdankte ihm alles.

Er hielt meinen Blick einige Sekunden lang fest. Dann drehte er sich um und verließ das Deck. Ich atmete tief durch, um das Brennen in meinen Augen zu vertreiben.

Anschließend mischte ich mich unter die vielen Händler, die

vom Hafen in die Stadt strömten. Seeleute, deren Schiffe gerade erst angelegt hatten, waren schon auf dem Weg in die Wirtshäuser im oberen Teil von Ceros, wo kurzzeitige Bettgenossen und flaschenweise Roggenwhiskey auf sie warteten.

Saint hatte sein Quartier im Talkessel von Pinch aufgeschlagen, einem armseligen Stadtteil, in dem niemand wohnte oder Handel trieb, der auf seinen Ruf bedacht war. Die meisten Bewohner lebten von Saints Geschäften, was bedeutete, dass er sie in der Hand hatte. Das war einer der Gründe, warum er sich ein solches Imperium hatte aufbauen können. Er wusste, wie man Menschen von sich abhängig machte.

Eine weitere Schulter stieß gegen mich und ließ mich gegen einen Pfosten stolpern. Doch irgendetwas erregte meine Aufmerksamkeit, und ich hob den Blick und schaute den polierten Stiefeln und dem langen, saphirblauen Mantel des Mannes hinterher.

Plötzlich hatte ich das Gefühl, als bliebe mir das Herz stehen. Das wilde Treiben rund um den Hafen schien auf einmal in Zeitlupe abzulaufen und die Luft in meiner Lunge fing an zu brennen, als mit einem Schlag so viele Erinnerungen auf mich einstürzten, dass ich glaubte, darin zu ertrinken.

Der Mann, der mich angerempelt hatte, sah sich mit grimmigem Gesichtsausdruck zu mir um.

Saint. Es war wirklich und wahrhaftig Saint.

Der Händler, der ein ganzes Imperium erschaffen hatte. Der Vater, der mich allein zurückgelassen hatte. Der Mann, der meine Mutter mit der Heftigkeit von tausend erbarmungslosen Stürmen geliebt hatte.

Er blinzelte, und für einen Augenblick meinte ich ein Funkeln unter der Hutkrempe wahrzunehmen, bevor er den Blick wieder auf die Straße richtete.

Als hätte ich mir das Ganze nur eingebildet, ging er weiter.

Kapitel 21

Er hatte mich gesehen.

Er hatte mich gesehen und wusste genau, wer ich war. Das hatte ich daran gemerkt, wie er die Faust geballt hatte, als er sich umschaute. Daran, wie seine Kiefermuskeln zuckten, als sich unsere Blicke trafen. Er hatte mich erkannt.

Saint wusste, dass ich es nach Ceros geschafft hatte, und er wusste auch, warum. So wie ich wusste, weshalb er einfach weitergegangen war. Ich hatte das Versprechen, das ich ihm gegeben hatte, nie gebrochen. Bis auf Clove wusste niemand, dass ich Saints Tochter war, und er würde sich nie öffentlich anmerken lassen, dass er mich kannte. Denn sonst könnte sich jemand fragen, wer ich war.

Saint verschwand zwischen den Hafenarbeitern und lief mit festem Schritt zu einem großen Schiff, das gerade am Kai anlegte. Auf dem Vorsegel prangte sein Wappen.

Ich zog mir die Kapuze tiefer ins Gesicht. Mein Atem ging stoßweise. Hinter meinen Augen brannten Tränen und meine Kehle fühlte sich rau an. Denn Saint hatte sich nicht verändert. Wie war das möglich? Seine markanten, schroffen Gesichtszüge sahen genauso aus wie vor vier Jahren.

Ein Glockenläuten verkündete, dass die Kaufmannshalle nun geöffnet war. Ich hielt mich mit einer Hand am Pfosten fest und drehte mich wieder um. Saint würde sich mit den Kapitänen seiner frisch eingelaufenen Schiffe treffen und anschließend in sein Quartier in Pinch zurückkehren. Wenn er dort ankam, würde ich ihn erwarten.

Ich lief die Stufen vom Hafen hinauf und stand kurz darauf vor dem schmiedeeisernen Tor zum schlimmsten Slum von Ceros. Waterside bestand aus einer Aneinanderreihung dreckverkrusteter Hütten, die sich jenseits des Hafenbeckens an der Küste erstreckten. Dahinter glich die Stadt einem Labyrinth. Die Straßen und Gassen waren wie Knoten ineinander verschlungen, und die Fenster und Türen spuckten stetig mehr Menschen aus. Die größte Hafenstadt am Engen Meer war ein Umschlagplatz für Waren aller Art, auch wenn die Städte an der Namenlosen See ungleich prunkvoller waren.

Ich zog die Karte hervor, die Hamish mir gegeben hatte, und breitete sie in einer Gasse an einer Hauswand aus. Wenn der Hafen hinter mir lag, befand sich Pinch im Nordosten. Jener Teil der Stadt war nicht leicht zu erreichen, was womöglich einer der Gründe dafür war, dass mein Vater sich dort niedergelassen hatte. Niemand rechnete damit, dass sich ein wohlhabender Kaufmann im heruntergekommensten Winkel der Stadt verschanzte.

Ich stellte mich auf Zehenspitzen und versuchte, die nächstgelegene Leiter hinauf zu den Brücken zu finden. Hinter einem Marktplatz sah ich schemenhafte Gestalten oberhalb der Hausdächer herumklettern. Ich faltete die Karte zusammen, schob sie in meine Jacke und trat auf die Hauptstraße hinaus. Hier herrschte dichtes Gedränge; in beide Richtungen waren Leute mit Körben voller Kartoffeln und scheffelweise Getreide unterwegs.

Die Straße mündete direkt in den Marktplatz, auf dem leuchtend bunte Zelte und Markisen aufgespannt waren. Dadurch war alles in ein rosafarbenes Licht getaucht, und die staubige Luft roch nach gegrilltem Fleisch. Die Stände waren recht eigenwillig angeordnet, und auf den Tischen und Karren lagen große Mengen an Obst und Fischen sowie Stoffballen in allen erdenklichen Farben aus.

Ich bahnte mir einen Weg hindurch und behielt dabei die Brücken im Auge, um nicht die Orientierung zu verlieren. Meinen Gürtel und den Beutel mit dem Kupfer hatte ich mir vorsorglich unter das Hemd gesteckt, wo niemand herankam, ohne mir die Jacke aufzuschlitzen. Trotzdem wanderte meine Hand instinktiv zwischen die Knöpfe und suchte nach dem Griff meines Messers.

Vor mir schob sich eine kleine Frau mit einem riesigen, silbernen Fisch auf den Schultern durch das Gedränge, und ich heftete mich an ihre Fersen, bis wir die andere Seite des Platzes erreicht hatten. Dort angekommen, stellte ich mich in der Schlange am Fuß der Leiter an, und als ich dran war, kletterte ich hinauf. Auf dem Weg nach oben machte sich der kühle Wind bemerkbar, der über der Stadt wehte; er fegte den stickigen Stadtmuff hinweg. Ich sog die frische Luft ein, lehnte mich gegen das Netz, das die Brückenbrüstung bildete, und ließ die Nachkommenden vorbeigehen. Die Holzplanken unter meinen Füßen schwangen leicht hin und her, und ich hakte die Finger in die Seile und ließ den Blick über Ceros schweifen. Jeder Quadratmeter der Stadt war von hoch aufragenden Backsteinmauern und löchrigen Dächern bedeckt, und dazwischen erstreckte sich das verzweigte Brückensystem.

Im Osten sah ich Pinch. Der Stadtteil befand sich an der tiefsten Stelle der Hügellandschaft und war am dichtesten besiedelt. Dort stapelten sich die halb verfallenen Gebäude wie wackelige Türme aus Bauklötzen.

»Miss?« Ein kleines Mädchen stand neben mir und zupfte am Saum meiner Jacke. Sie hielt ein kleines, quadratisches Tuch aus weißer Seide hoch, auf das mit blauem Faden ein Schiff gestickt war. »Kupfer?« Die blassblauen Augen wirkten im hellen Sonnenlicht fast farblos.

Ich starrte auf das zerknitterte Stück Stoff in ihren schmutzigen Händen. Das Schiff war ein großer Handelssegler mit vier Masten und mehr als einem Dutzend Segel.

»Tut mir leid.« Mit einem Kopfschütteln ließ ich die Kleine stehen.

Ich ging über die Brücke und hielt mich dabei immer am Rand, um einen freien Blick auf die Stadt zu haben. Es hatte eine Zeit gegeben, in der ich den Weg nach Pinch auswendig konnte, aber die Brücken waren verwirrend, und es passierte schnell, dass man plötzlich in die entgegengesetzte Richtung des eigentlichen Ziels unterwegs war. Ich bog nach Osten ab und lief geradeaus, bis ich auf eine Brücke Richtung Norden stieß. Die Strahlen der Vormittagssonne fielen schräg auf das Wasser im Hafenbecken und wurden so reflektiert, dass ich von hier aus nicht hätte sagen können, welches Schiff die *Marigold* war.

In der Ferne läuteten die Glocken im Turm. Das war das Zeichen, dass der Markt jetzt schloss, und kurz darauf kam ein ganzer Schwall von Leuten die Leitern zu den Brücken heraufgeklettert. Als ich eine Brücke betrat, die erst ein Stück bergauf und dann wieder nach unten führte, nahm ich ihn schon wahr: den typischen Gestank von Pinch, der in der Nase brannte und sich dort tagelang festsetzte. Für diejenigen, die in diesem Teil der Stadt lebten, gehörte er einfach dazu.

Die Straßen unter mir wurden immer dunkler und morastiger,

je weiter die Brücke ins Tal führte. Irgendwann war sie einfach zu Ende, und die Leiter nach unten war vom gleichen Schlamm überzogen wie die Wege. Ich zog mir den Kragen meines Hemdes über Mund und Nase und hielt die Luft an. Dann kletterte ich hinab. Die dichte Bebauung sorgte dafür, dass ein Großteil von Pinch trotz der frühen Tageszeit im Schatten lag. Durch die engen Straßen hallte das Gebell wilder Hunde und Babygeschrei, und ich holte erneut den Stadtplan hervor, um mich zu orientieren.

Pinch sah genauso aus wie vor vier Jahren, nur dass es jetzt mehr von allem gab – mehr Schlamm, mehr Menschen, mehr Müll. Und da die Mauern der Gebäude so hoch aufragten, war der Himmel von hier unten kaum zu sehen.

Ich bog in eine Gasse, die von der Hauptstraße abzweigte und an einigen Stellen so schmal war, dass ich mich seitlich zwischen den Häusern hindurchschieben musste. Aus den Fenstern über mir, vor denen Leinen mit nasser Wäsche hingen, folgten mir misstrauische Blicke. In der Ferne ragte der vertraute kaputte Torbogen über den Dächern auf. In den schmiedeeisernen Ornamenten war das gleiche dreieckige Segel zu finden, das auch Saints Wappen zierte. Ich lief darauf zu, während die Sonne langsam Richtung Horizont sank – und mit ihr die Temperatur.

Die Gasse wurde wieder breiter und gab den Blick auf ein ganzes Rund von Holztüren frei. Alle waren grün gestrichen, bis auf eine – sie war leuchtend blau und verfügte über einen bronzenen Türklopfer in Form eines Meeresdämonenkopfes, der mich aus großen Augen und mit ausgestreckter Zunge anschaute.

Saints Quartier.

Ich spürte, dass mich noch weitere Augenpaare von oben beobachteten, vermutlich Menschen, die mein Vater dafür bezahlte, dass sie hier Wache hielten, aber ich wusste, wie ich mir Zutritt zum Haus verschaffen konnte. Ich hatte es bereits Hunderte Male getan. Zuerst zog ich meine Jacke aus und stopfte sie mir unter den Gürtel. Dann tastete ich mit den Fingern nach den Rissen und Spalten in der glatten, weiß verputzten Wand. Meine Hände waren jetzt größer als beim letzten Mal, doch die Löcher befanden sich noch an den gleichen Stellen. Ich hievte mich hinauf und nutzte dabei den Türklopfer als Trittstufe. Sobald das kleine Fenster in Reichweite war, sprang ich hoch, sodass ich den Rahmen mit den Fingerspitzen packen und mich hinaufschwingen konnte.

Den Ellbogen um die Holzkante geklammert, fischte ich den Meißel aus meinem Gürtel. Die flache Seite passte problemlos in die Ritze zwischen Fenster und Rahmen, und ich schob ihn nach oben, bis sich der Riegel löste. Das Fenster war so eng, dass ich zuerst den Gürtel abnehmen und ins Zimmer werfen musste, um mich anschließend hinterherzuquetschen. Bei der Landung auf den harten Fliesen konnte ich ein Stöhnen nicht unterdrücken, weil mir ein stechender Schmerz durch die Rippen schoss, doch ich rappelte mich auf.

Das Zimmer war dunkel, die einzigen Lichtstrahlen fiel schräg durch das offene Fenster hinein. Ich tastete auf der Suche nach einer Lampe die Regale ab, bis meine Stiefelspitze gegen das Bein eines Schreibtisches stieß und meine Finger eine Kerze fanden. Ich entzündete ein Streichholz und hielt das Licht in die Höhe – und schon war der Kloß in meinem Hals wieder da.

Karten. Tabellen. Listen. Diagramme.

Ein Bronzeteleskop, in das sein Name eingraviert war:

SAINT.

Alles sah noch genauso aus wie damals. Das Zimmer war unverändert, wie er selbst. Als hätten sich die letzten vier Jahre nie ereignet, als wäre keine Zeit vergangen. Er war immer noch hier, samt seiner Segelschiffe, seiner Geschäfte und Handelsrouten.

Ganz so, als hätte es mich nie gegeben.

Kapitel 22

Vier Jahre zuvor

In jener Nacht fing die Glocke plötzlich an, wie wild zu bimmeln, und mein Vater kam zu mir in die Kajüte und riss mich – verwirrt und völlig verschlafen – aus der Hängematte.

Ich wusste nicht, was los war, bis die Luke vor uns aufflog und ein Blitz so nah neben dem Schiff einschlug, dass ich kurz geblendet war und der Donner mir in den Ohren schmerzte. Ich sah nur noch schwarze Punkte und blinzelte wie wild, um sie zu vertreiben.

Saint hüllte mich in seine viel zu große Jacke und rannte mit mir in den heulenden Wind hinaus. Der Regen schien aus allen Richtungen gleichzeitig zu kommen.

So etwas hatte ich noch nie gesehen.

»Mama!«, rief ich und hielt über die Schulter meines Vaters hinweg nach ihr Ausschau, doch das Deck war fast leer. Als ich nach oben zu den tief hängenden Wolken sah, schrie ich auf. Der Großmast der *Lark* war in der Mitte abgebrochen.

Ich wusste, was das hieß. Ein Mastbruch bedeutete das Ende.

Wir verließen das Schiff.

Ich wühlte mich aus Saints Jacke, wand mich aus seinem Griff und landete so hart auf dem Deck, dass es mir den Atem verschlug.

»Fable!« Von Steuerbord schlug eine Woge über die Planken und riss Saint von den Beinen. Ich rannte auf die Luke zu.

»Mama!«, schrie ich, konnte aber meine eigene Stimme nicht hören. Das Heulen des Windes übertönte alles. Das und das Ächzen des Schiffes.

Plötzlich schlangen sich Arme um meinen Körper und zogen mich zurück, und dann tauchte ein anderes Gesicht vor mir auf: Clove. Saint stieß mich in seine Richtung, und ich rutschte über die nassen Planken, bis ich gegen ihn prallte.

Clove zögerte keine Sekunde. Er kletterte mit mir im Arm auf die Reling und sprang in den Wind. Wir stürzten durch die Dunkelheit und brachen mit einem Geräusch wie einem Donnerschlag durch die Wogen. Im nächsten Augenblick war alles still. Das Wüten des Sturms war dem tiefen Brummen des Meeres gewichen. Unter der Oberfläche trieben reglose Körper im schwarzen Wasser, und das Licht der dicht aufeinanderfolgenden Blitze ließ die Masten und Rümpfe längst versunkener Schiffe auf dem Meeresgrund hervortreten.

Als wir wieder durch die Oberfläche stießen, würgte ich und klammerte mich mit zitternden Händen an Clove fest.

Plötzlich war Saint neben uns. »Schwimmt!«, rief er.

Ein weiterer ohrenbetäubender Knall war zu hören, wie ein Kanonenschuss, und ich drehte mich um. Die *Lark* war in zwei Teile gebrochen – genau in der Mitte.

»Schwimm, Fable!« Diesen Tonfall hatte ich bei meinem Vater

noch nie gehört, und ich hatte auch noch nie gesehen, dass sein Gesicht vor Angst völlig verzerrt war.

Ich schwamm, so schnell ich konnte, gegen den Sog des sinkenden Schiffes, das mich mit in die Tiefe reißen wollte. Saint blieb die ganze Zeit neben mir, über alle Wellen hinweg. Wir schwammen, bis ich meine Arme und Beine nicht mehr spürte und mein Magen halb voll mit Meerwasser war. In dem Augenblick, in dem ich das orangefarbene Licht einer Lampe vor mir aufflackern sah, verließen mich meine Kräfte und ich ging unter. Clove packte mich am Hemd und zog mich hinter sich her. Als ich die Augen wieder aufschlug, hob mich gerade einer der Matrosen meines Vaters in ein kleines Boot.

»Mama …«, heulte ich und sah, wie der Bug der *Lark* in der Ferne versank. »Mama, Mama, Mama …«

Saint sprach kein Wort, als er hinter mir ins Boot kletterte. Er schaute sich nicht ein einziges Mal um.

Das kleine Segel hissten wir erst am nächsten Morgen, als die Böen nachgelassen hatten und die See langsam einschlief. Ich saß im Heck und schöpfte Wasser mit einem Eimer, bis das Innere des Ruderboots leer war. Saint hielt den Blick fest auf den Horizont gerichtet. Erst da bemerkte ich, dass der Mann, der mich aus dem Wasser gezogen hatte, verletzt war. Sein blasses Gesicht verriet, was ihm bevorstand. Wenige Stunden später war er tot, und nur wenige Augenblicke nach seinem letzten Atemzug rollte Saint ihn über Bord.

Am folgenden Morgen erreichten wir den Sandstrand von Jeval. Ich war noch nie auf der Insel des Pyrums gewesen, aber meine Mutter war schon zwischen den Riffen getaucht. Ich ließ mich in den Sand fallen und spürte, wie die Wellen meine nackten Füße umspülten, doch als Clove sich aufmachte, um Wasser und etwas zu essen aufzutreiben, zog mein Vater sein Messer aus dem Gürtel.

»Vertraust du mir?«, fragte er und schaute mir fest in die Augen, sein Blick so ruhig, dass es mir Angst machte.

Ich nickte. Daraufhin griff er mit seinen rauen Fingern nach meiner Hand und drehte sie so, dass die weiche Innenseite meines Unterarms nach oben zeigte. Was er vorhatte, verstand ich erst, als die Spitze seines Messers schon in meine Haut eingedrungen war.

Ich versuchte, mich loszureißen, doch sein Blick war so ernst, dass ich aufhörte. Stattdessen vergrub ich das Gesicht zwischen den Knien und gab mir Mühe, nicht zu schreien, während er lange, geschwungene Linien in meinen Arm schnitt, vom Ellbogen bis zum Handgelenk. Als er fertig war, trug er mich zum Wasser und reinigte die Wunden, bevor er sie sorgfältig mit abgerissenen Streifen seines Hemdes verband.

Clove kehrte mit einem Eimer voller Schalentiere zurück, den er ertauscht hatte, und wir machten ein Feuer und verspeisten schweigend unser kärgliches Mahl. Der pochende Schmerz in meinem Arm schlug mir auf den Magen, und in meinem Herzen brannte der Verlust meiner Mutter. Doch wir erwähnten sie mit keinem Wort. So blieb es auch – ich sollte ihren Namen in den Jahren auf Jeval nicht ein einziges Mal in den Mund nehmen.

Ich fragte nicht, was genau passiert war. Wenn sie noch am Leben wäre, hätte Saint sie niemals zurückgelassen.

Wir schliefen am Strand, und als die Sonne aufging, schob Clove das Ruderboot wieder ins Wasser. Doch als ich hinterherwatete, legte mir mein Vater die Hand auf die Schulter und erklärte mir, dass sie mich nicht mitnehmen würden. Er schaute mir dabei tief in die Augen, sein Gesichtsausdruck so unlesbar wie immer. Aber obwohl ich sah, wie seine Lippen die Worte formten, verstand ich ihn nicht. Er musste es dreimal sagen, bis die Information endlich zu mir durchgedrungen war und meine Hände zu zittern begannen.

»Warum?«, stieß ich krächzend hervor und versuchte, nicht zu kläglich zu klingen. Mein Vater hasste es, wenn Leute jammerten.

»Weil du nicht für diese Welt gemacht bist, Fable.« Einen Augenblick lang glaubte ich, eine Träne in seinem Augenwinkel schimmern zu sehen. Einen Anflug von Trauer in seiner Stimme zu hören. Doch als ich blinzelte, war die vertraute Maske wieder da.

»Saint…« Ich wollte nicht betteln. »Lass mich nicht hier zurück.« Ich schaute zum Boot hinüber, in dem Clove schon wartete. Doch er mied meinen Blick, und seine Schultern wirkten hart wie Stein.

»Versprich mir etwas, dann verspreche ich dir auch etwas.«

Ich nickte eifrig, weil ich glaubte, er hätte sich umentschieden.

»Bleib am Leben. Finde eine Möglichkeit, diese Insel zu verlassen. Wenn du das schaffst und wir uns dann wiedersehen, gebe ich dir, was dir zusteht.«

Ich schaute ihn an. »Und was, wenn wir uns nicht wiedersehen?«

Doch er drehte sich um, zog seine Hand aus meinen Fingern und ging davon.

Ich wagte es nicht zu schluchzen, als er zum Boot lief. Ich gab keinen Laut von mir. Die Tränen liefen mir heiß über das Gesicht und tränkten mein Hemd. Mein Herz verschlang sich zu einem Knoten und drohte stehen zu bleiben, während jede Faser meines Körpers lautlos schrie.

Als das kleine, dreieckige Segel hinter dem Horizont verschwand, war ich allein.

Kapitel 23

Ich ließ mich in den mit Leder bezogenen Lehnstuhl hinter dem Schreibtisch meines Vaters sinken und sog den warmen Geruch seines Pfeifenrauches ein. Er hing in jedem Winkel des Raumes, süß und würzig und so vertraut, dass ich ein Ziehen in der Brust verspürte.

Die Spuren meiner Mutter waren allgegenwärtig.

Ein Kompass, der ihr gehört hatte, auf dem Fensterbrett. Schürferwerkzeug, das aus einer kleinen Kiste auf dem Boden quoll. Neben der Tür hing ein ausgefranster türkiser Seidenschal an einem rostigen Nagel. Hätte ich die Augen zugemacht, hätte ich vor mir gesehen, wie sie ihn um die Schultern trug, während ihr langer Zopf beim Gehen hin- und herschwang.

Also schloss ich die Augen lieber nicht.

Als die Sonne unterging, zündete ich die Kerzen an und ging zum Fenster, von wo aus ich eine gute Sicht über Pinch hatte. Hinter den dunklen Fenstern lauerten immer noch Augenpaare, und ich fragte mich, ob ich irgendeines der dazugehörigen Gesichter erkennen würde. Und ob eines von ihnen mich als das kleine Mädchen erkannt hatte, das früher hinter Saint durch diese Straßen gelaufen war.

Ich warf einen Blick über die Schulter, in den goldenen Spiegel an der Wand. Die Silberfolie hinter dem Glas schlug bereits Blasen, wodurch das Spiegelbild aussah, als befände man sich unter Wasser.

Dort war ich.

Ich stockte. Denn das Mädchen im Spiegel war mir unbekannt – gleichzeitig aber auch nicht.

Ich sah aus wie *sie*. Ich hatte die gleiche Gesichtsform, den gleichen Kieferwinkel, und auch die Farben waren identisch.

Die letzten Jahre hatten Veränderungen mit sich gebracht. Zum einen war ich natürlich gewachsen, aber darüber hinaus wiesen meine Hüften jetzt eine gewisse Rundung auf, die mir bis dahin nicht aufgefallen war. Die Sommersprossen, die meine Nase immer schon geziert hatten, hatten sich so stark vermehrt, dass sie sich nicht mehr zählen ließen, und viele von ihnen waren miteinander verschmolzen. Mein rotbraunes Haar war dunkler geworden und die Farbe changierte je nach Lichteinfall. Irgendetwas an dem Anblick gefiel mir nicht. Er machte mich nervös.

Ich hob die Hand und fuhr mit den Fingerspitzen über die Knochen meines Gesichts. Doch plötzlich erstarrte ich. Ich spürte etwas – eine Art Strudel tief in meinem Inneren.

Isolde.

Ich konnte sie fühlen, als befände sie sich hier bei mir im Zimmer. Als tanze ihre Wärme über meine Haut. Im Regal an der Wand glänzte etwas, und ich kniff die Augen zusammen und konnte ein hellgrünes Schimmern ausmachen.

In einem offenen Holzkästchen lag etwas, das ich sofort wiedererkannte. Etwas, von dem ich nie erwartet hätte, es noch einmal zu Gesicht zu bekommen.

Ein stechender Schmerz fuhr mir durch die Brust und mir schossen Tränen in die Augen. Das war unmöglich.

In dem Kästchen befand sich ein schlichter Anhänger an einer silbernen Kette, die über den Rand hing. Der Anhänger war ein Seedrache aus hellgrünem Irismuschel-Perlmutt. Das Schmuckstück war wertvoll. Vor allem, weil es *ihr* gehört hatte.

Dieser Seedrache hatte jeden Abend über mir gebaumelt, wenn meine Mutter mir einen Kuss gab. Er zog an ihrem Hals, wenn wir zu den Riffen hinabtauchten. Sie trug ihn in der Nacht ihres Todes.

Wie kam er dann hierher?

Ich nahm die Kette vorsichtig in die Hand, als könne sie sich jederzeit in Luft auflösen.

Durch das Fenster drangen Stimmen ins Zimmer, und ich schloss die Finger um die Kette und schaute nach draußen.

Saints blauer Mantel leuchtete im Dämmerlicht, der einzige bunte Fleck in der trostlosen Umgebung. Die Menschen machten ihm Platz, als er die Straße heraufkam, seine schweigende Präsenz schien die Menge zu teilen. So war es immer schon gewesen.

Ich spürte ein Zittern in meinen Knochen und schob die Hand in die Jackentasche. Die Kette um die klammen Finger gewickelt, ließ ich mich in den Stuhl sinken. Dann setzte ich mich aufrecht hin und richtete den Blick auf die Tür.

Seine Stiefelschritte hielten vor der Tür inne, und er verharrte kurz, bevor er den Schlüssel ins Schloss steckte. Ich versuchte, meinen rasenden Herzschlag zu beruhigen, doch auf meiner Stirn bildeten sich bereits Schweißperlen. Ich biss mir auf die Unterlippe, um das Beben zu unterdrücken.

Die Tür schwang auf, sodass ein Schwall kühler Luft ins Zimmer drang, und nun stand der Mann, den ich niemals meinen Vater hatte nennen dürfen, auf einmal vor mir. Seine eisblauen Augen stellten sich auf das Kerzenlicht ein.

Ich saß reglos da, unfähig, auch nur zu atmen. »Ich bin …«

»Fable.« Seine tiefe, kratzige Stimme erfüllte den ganzen Raum.

Es stimmte also – er *hatte* mich wiedererkannt.

Saint schob die Tür hinter sich zu. Dann kam er zum Schreibtisch, stützte sich mit beiden Händen darauf und schaute mir ins Gesicht. Ich versuchte, die aufsteigenden Tränen wegzublinzeln, doch vergeblich. Während ich darauf wartete, dass er zu sprechen begann, überlegte ich fieberhaft, was er wohl sagen würde. Was er tun würde. Aber er starrte mich nur an.

»Ich habe eines deiner Schiffe dafür bezahlt, mich mitzunehmen«, sagte ich, und meine Stimme klang ganz fremd.

»Die *Marigold*.«

Ich nickte. »Ja.«

Die Bodendielen knarzten, als er sich hochstemmte und zum Regal ging. Er nahm seine Pfeife und stopfte sie.

»Wo ist Clove?« Der Steuermann meines Vaters hielt sich immer in seiner Nähe auf, und ich fragte mich, wie er wohl reagieren würde, wenn er mich wiedersah.

»Weg.«

»Weg?«

Saint beugte sich schützend über die Flamme und blies in die Pfeife, bis das Wollkraut glühte.

Das konnte nicht stimmen. Clove und Saint waren schon gemeinsam zur See gefahren, bevor ich geboren war. Es war unvorstellbar, dass Clove die Mannschaft meines Vaters verlassen hatte. Es sei denn …

Ich wischte mir eine einzelne Träne aus dem Augenwinkel, als ich begriff, was mein Vater gemeint hatte. Clove war tot. Und wenn Clove tot war, war mein Vater allein. Bei diesem Gedanken fühlte ich mich, als befände ich mich wieder tief unter Wasser, während über mir stumme Blitze über den Himmel zuckten.

»Ich habe deine Schiffe in Dern und unten im Hafen gesehen.« Ich zog die Nase hoch und wechselte das Thema. »Wie viele hast du mittlerweile?«

Er setzte sich auf den Stuhl mir gegenüber. »Achtundzwanzig.«

Meine Augen wurden groß. Ich hatte mit etwa zwanzig gerechnet. Aber knapp dreißig Schiffe unter einem einzigen Wappen waren mehr als eine einfache Handelsflotte. Wenn Saint so viele Schiffe besaß, war er nicht mehr der aufstrebende Händler, der er vor vier Jahren gewesen war. Dann hatte er die Spitze der Leiter erreicht.

»Du hast es geschafft«, flüsterte ich, und meine Lippen verzogen sich zu einem Lächeln.

»Was?«

»Du hast dir Zugang zur Namenlosen See verschafft.«

Er zog an der Pfeife und ließ den Rauch langsam aus dem Mund entweichen.

»Genau wie Isolde …«

»Sprich diesen Namen nicht aus.« Saint war stocksteif geworden und kniff die Augen zusammen.

Ich legte den Kopf schief und versuchte, seinen Gesichtsausdruck zu deuten. Saint war ein Bollwerk. Ein unüberwindlicher Abgrund. Es gab nur wenige Dinge, die ihn aus der Fassung brachten. Mir war nicht klar gewesen, dass der Name meiner Mutter dazugehörte.

Das war nicht der Empfang, den ich erwartet hatte. Saint war kein warmherziger Mensch, und ich brauchte weder Umarmungen noch Gefühlsausbrüche, aber er hatte mich bisher noch nicht einmal gefragt, was passiert war, nachdem er mich auf Jeval zurückgelassen hatte. Wie ich überlebt hatte. Wie ich nach Ceros gekommen war.

»Ich bin hier, weil du mir etwas versprochen hast«, sagte ich mit vernehmlichem Zorn in der Stimme.

Die Falten rund um seine Augen vertieften sich, als er mich einen Augenblick lang eindringlich musterte. Dann biss er auf die Pfeife und stand erneut auf. Er ging zurück zum Regal, holte stapelweise verstaubte Bücher heraus und stellte sie auf den Schreibtisch. »Dein Erbe«, sagte er.

Ich beugte mich vor. »Mein was?«

Er zog eine schwere Pergamentrolle aus dem hinteren Teil des Regals und ließ sie vor mir auf den Schreibtisch fallen. Ich nahm sie vorsichtig in die Hand und spürte, wie meine Haut zu kribbeln begann. Saint sah zu, wie ich das Dokument entrollte, und das Kerzenlicht fiel auf eine ausgeblichene Seekarte. Sie zeigte die Sturmfalle.

»Was soll das heißen?«

Saint zog ein einzelnes Kupferstück aus seiner Jackentasche und platzierte es auf einem Punkt in der rechten oberen Ecke der Karte. »Die *Lark.*«

Das Kribbeln auf meiner Haut wurde zu einem Ziehen und erfasste meinen ganzen Körper, bis ich das Gefühl hatte, in einem tosenden Sturm zu sitzen. »Was?«

Saint berührte die Münze mit der Fingerspitze. »Dort liegt sie. Und sie gehört dir.«

Ich sah ihn durch meine Wimpern hindurch an.

»Ich überlasse sie dir.«

»Du bist nie wieder dort gewesen?«

»Einmal.« Er räusperte sich, und ich schloss die Finger fest um die Kette in meiner Tasche. So war sie also hierhergekommen. Er war zum Wrack getaucht. Wegen Isolde. »Aber die Fracht habe ich nicht angerührt.«

»Im Frachtraum lag ein Vermögen …« Ich verstummte.

»Nur drei Menschen haben diese Nacht überlebt.« Einen Augenblick lang wirkte es, als würde er von qualvollen Erinnerungen heimgesucht. »Nur diese drei wissen, wo die *Lark* untergegangen ist.«

Ich, Saint und Clove.

»Sie gehört dir«, sagte er.

Ich stand auf, ging um den Schreibtisch herum und schlang meine Arme um ihn. Während ich mein Gesicht an seine Schulter drückte, stand er einfach nur aufrecht und zunehmend verkrampft da, doch das war mir egal. Ich hatte vier Jahre lang jeden Tag darum gekämpft, zu ihm zurückzukehren – und mich jeden Tag gefragt, ob er sein Versprechen halten würde.

Das hatte er.

Die *Lark* ruhte zusammen mit meiner Mutter auf dem Grund der Sturmfalle und wartete auf mich. Auf *uns*.

Sie barg genügend Geld und Edelsteine, um mir alle Möglichkeiten zu eröffnen. Nach vier Jahren, in denen ich mich mühsam durchgeschlagen hatte, würde es mir an nichts mehr fehlen.

Ich ließ Saint los und wischte mir über die Augen. »Wann fahren wir los?«

Sein Gesichtsausdruck veränderte sich, sein Blick wurde hart. »Gar nicht.«

Ich starrte ihn an.

»Das Schiff am Meeresgrund ist deins. Wenn du es haben willst, hol es dir.«

»Aber ich dachte …« Ich brachte den Satz nicht zu Ende. »Du hast gesagt, dass du mir geben würdest, was mir zusteht.«

»Und das habe ich hiermit getan.«

»Ich dachte, du meintest einen Platz an deiner Seite.« Meine Stimme brach. »Ich bin zurückgekommen, um bei dir zu sein. Um mit dir zur See zu fahren.«

»Mit mir zur See zu fahren?«

»Ich bin eine gute Schürferin und eine noch bessere Steinkundige. Nicht so gut wie Isolde, aber …«

»Sag … nicht … ihren … Namen«, stieß er hervor.

»Ich verstehe das alles nicht«, flüsterte ich.

»Ich hätte niemals zulassen dürfen, dass deine Mutter mein Schiff betritt. Und ich werde nicht den gleichen Fehler noch einmal begehen.« Er ging zum Fenster. Ich sah, wie die Muskeln in seinem Nacken hervortraten, als er die Kiefer zusammenpresste.

»Du setzt mich vor die Tür? Einfach so?«

»Ich habe dir gerade eine Zukunft geschenkt!« Er wies mit der Hand auf die Karte.

Ich packte sie und warf damit nach ihm. Die Karte traf ihn und fiel auf den Boden. »Ich will die *Lark* nicht. Ich will unter deinem Wappen zur See fahren.«

»Nein.«

Heiße Tränen liefen mir über die Wangen und die Panik schnürte mir die Brust zu. »Du hast keine Ahnung, was ich durchgemacht habe, um hierherzukommen.«

»Und jetzt weißt du, wie man in dieser Welt überlebt.« Er hob das Kinn.

»Was soll das heißen?«

»Es war das einzig Richtige für dich, dich auf Jeval zu lassen.«

»Du meinst, es war das einzig Richtige für *dich*. Ich bin fast verhungert. Ich hatte Angst!« Ich starrte ihn wütend und mit zusammengebissenen Zähnen an. Er erwartete offenbar, dass ich ihm dankbar war für die Hölle, durch die ich gegangen war. Denn dann konnte er als sein Verdienst betrachten, wer ich heute war. »Ich hatte meine Mutter und mein Zuhause verloren. Und dann hast du mich auf dem nächstbesten Felsen ausgesetzt und mich mir selbst überlassen.«

»Dich dir selbst überlassen?« Er sprach leise, voller Bitterkeit und Schärfe. »Was glaubst du denn, wer dich mit Essen versorgt hat? Wer dir die Kupferstücke verschafft hat, mit denen du für die Überfahrt bezahlt hast?« Seine Stimme wurde lauter.

Ich starrte ihn verwirrt an.

»Was glaubst du, was die *Marigold* ist, Fable?«

»Ich weiß, was ein Schattenschiff ist. Du nutzt sie, um den Handel zu manipulieren und dir Informationen zu beschaffen. Ich bin nicht blöd. Vermutlich steht West aus irgendeinem Grund so tief in deiner Schuld, dass er es dir nicht anders zurückzahlen kann.«

»Kluges Kind.« Er wirkte zufrieden.

»Was hat das mit mir zu tun?«

»Glaubst du wirklich, dass West nach Jeval gekommen wäre, wenn ich ihn nicht dorthin geschickt hätte? Glaubst du, er hätte dich für dein Pyrum bezahlt, ohne dass ich es angeordnet hätte?«

Meine Augen wurden groß und mir stand der Mund offen. Mit zitternden Händen griff ich nach der Tischplatte, um mich abzustützen. »Was soll das heißen?«

»Ich habe für dich gesorgt.«

Mir entfuhr ein Schluchzer, der sich dann aber in ein bitteres Lachen verwandelte. Natürlich. West wusste genau, wer ich war. Er hatte es die ganze Zeit über gewusst. Als er vor zwei Jahren auf der Suche nach Pyrum in den Hafen der vorgelagerten Inseln eingelaufen war, hatte er in Wahrheit nach mir gesucht. Deshalb hatte er mich nicht auf seinem Schiff gewollt. Und deshalb hatte er nicht zulassen können, dass mir etwas passierte.

Ich war die wertvollste Fracht, die er je über das Enge Meer transportiert hatte.

Ich sah zu Boden. Um mich herum schien sich alles zu drehen. Nichts war, wie es schien. Alles war falsch.

»Du verstehst es noch nicht. Vielleicht wirst du es auch nie verstehen. Aber was ich getan habe, war für uns beide am besten. Du hast dein Versprechen gehalten und ich meines.« Er hob die Karte vom Boden auf und rollte sie fest zusammen. »Jetzt ist es Zeit, dass du deinen eigenen Weg gehst, Fable.«

Mir entwich ein weiterer Schluchzer und ich schlug mir die Hände vor das Gesicht. Ich fühlte mich gedemütigt. Ich hatte das Enge Meer für einen Mann überquert, der mich wahrscheinlich nie geliebt hatte. Für einen Traum, der nie in Erfüllung gehen würde. Und in diesem Augenblick war mir völlig unverständlich, wie ich je daran hatte glauben können.

»Du bist stark und klug. Du wirst ihn schon finden.«

»Wenn du nicht mitkommst, ist diese Karte nutzlos.« Beim Blick auf das aufgerollte Dokument erfüllte mich eine bleierne Schwere. »Selbst wenn ich es dorthin schaffe, kann ich nicht einfach ohne dich in die Sturmfalle fahren. Du bist der Einzige, der den Weg zwischen den Riffen hindurch kennt.«

Er streckte die Hand nach mir aus und ich zuckte zurück. Doch er packte meinen Arm und schob den Ärmel meines Hemdes bis zum Ellbogen hoch. Das flackernde Licht brachte die wulstige, perlfarbene Narbe zum Schimmern.

»Hier.« Er zeigte auf eine Stelle rechts oben, am Ende des längsten Schnittes.

In dem Augenblick begriff ich. Mein Magen zog sich zusammen und mir wurde übel. Es war, als würde ich die Narbe zum ersten Mal sehen, und plötzlich entstand vor meinen Augen ein Muster.

Die Narbe war eine Karte.

Dieser stolze Sturkopf hatte eine Wegbeschreibung zur *Lark* in meine Haut geritzt. Die Linien bildeten eine Route durch den Schiffsfriedhof, wo die Wracks der letzten zweihundert Jahre lagen.

Ich entzog Saint meinen Arm, das Gesicht feuerrot.

»Du hast alles, was du brauchst, um dir ein eigenes Leben aufzubauen.«

Er meinte ein Leben fernab von ihm. Das hier war kein Erbe. Es war nicht mal ein Geschenk. Es war ein Mittel, sich von mir loszukaufen. »Okay«, stieß ich erstickt hervor, »ich gehe meinen eigenen Weg. Aber wenn du glaubst, dass ich dir irgendetwas schuldig wäre …«

»Du bist meine Tochter, Fable.«

Ich schaute ihm in die Augen und legte meine gesamte Verachtung in meine folgenden Worte: »Ich bin *Isoldes* Tochter.«

Einen kurzen Augenblick lang entglitten ihm die Gesichtszüge, und ich wusste, dass ihm die Worte wehgetan hatten. Aber sie entsprachen der Wahrheit. Es war töricht gewesen, zu glauben, dass Saint mich mit offenen Armen empfangen würde. Dass er sich freuen würde, mich zu sehen.

Er war der gleiche grausame, kalte Tyrann, der er immer schon gewesen war.

Und ich hasste ihn so sehr, wie ich noch nie irgendjemanden gehasst hatte.

Ich schnappte mir die Karte und lief geradewegs an ihm vorbei. Im goldgerahmten Spiegel blitzte mein Ebenbild auf, wie ein Geist, und als ich die Tür öffnete, drang der Gestank von Pinch herein. Ich trat in den Morast hinaus und schob die Karte unter meine Jacke.

Dieses Mal ließ *ich* Saint zurück.

Kapitel 24

Es wurde dunkel, als ich über die Brücken ging.

Vom Meer wehte ein salziger Wind herauf, und ich hatte eine Hand auf die knotige Seilbrüstung gelegt und folgte ihr, wohin sie mich führte. Mir war egal, wo ich ankam. Ich gehörte sowieso nirgendwohin.

An mir liefen Menschen mit schlammgetränkten Rocksäumen und Schuhen vorbei, und unter mir flackerten immer mehr Laternen auf, während Ceros langsam Dach für Dach in Dunkelheit versank. Als die Brücke schließlich einfach endete, fand ich mich allein in der Nähe von Waterside wieder. Ich kletterte die Leiter hinab und landete platschend mit den Stiefeln im Schlamm. Durch die krummen Gassen fiel ein Rest orangefarbenen Sonnenlichts.

»Sieh zu, dass du nach drinnen kommst, Mädchen«, rief mir eine Frau zu, die mit einem tiefroten Tuch um den Kopf hinter einem kaputten Fenster saß.

Ich zog mir die Kapuze in die Stirn und lief weiter.

Die Stadt bestand aus einem Gewirr schmaler Straßen, dicht bebaut mit Häusern. Meine Mutter hatte immer gesagt, dass Ceros einem korallenbewachsenen Riff glich, bis auf den Lärm. In allen Ecken und Spalten wimmelte es vor Leben, aber unter Wasser herrschte eine tiefe Stille, die bis in die Knochen zu spüren war. Isolde hatte diese Stadt nie so geliebt wie Saint. Ihre Heimat war das Meer.

Ich zog die Halskette aus der Tasche und hielt sie hoch, sodass der Anhänger im Mondlicht schimmerte.

Es war nicht meine Absicht gewesen, sie mitzunehmen. Nicht wirklich. Doch meine Finger hatten sich mit jedem vergifteten Wort, das über Saints Lippen kam, fester um das Schmuckstück geschlossen. Bis es sich so anfühlte, als gehöre es nicht länger ihm.

Ich legte es mir um den Hals und zog an dem Anhänger, bis mir die Kette in die Haut einschnitt. Wäre Isolde nicht zusammen mit der *Lark* untergegangen, würden wir jetzt vielleicht gemeinsam durch diese Straßen laufen. Wir würden einen Spaziergang über die Brücken machen, während mein Vater in seinem Quartier über den Büchern brütete und sich im Hafen mit Händlern traf. Würden Schmorpflaumen auf dem Markt kaufen und uns einen Platz suchen, von dem aus man den Sonnenuntergang über den Hügeln betrachten konnte, die Hände klebrig vom Saft der warmen Früchte.

Diese Vorstellung war zu qualvoll, um darin zu schwelgen; sie brodelte wie kochendes Wasser in meinem Kopf.

»Hey, Kleine!« Ein Mann trat auf die Straße hinaus und versperrte mir den Weg. Seine Augen glänzten im Licht der Laternen und zwischen seinen Zähnen klafften Lücken.

Ich sah zu ihm hoch und griff wortlos nach dem Messer in meinem Gürtel.

»Wo willst du hin?« Er kam einen Schritt auf mich zu und ich zückte die Klinge.

»Lass mich durch.«

Er beugte sich vor und griff ungeschickt nach meinem Gürtel. Dabei geriet er ins Stolpern, und bevor er sich wieder gefangen hatte, riss ich den Arm hoch und traf mit dem Messer den Rand seines Ohres.

Ruckartig wich er zurück. Sein vom Alkohol getrübter Blick wurde abrupt klarer, und ich folgte ihm mit drei schnellen Schritten, bis er mit dem Rücken zur Wand stand. Dann setzte ich das Messer in die Vertiefung unter seinem Kehlkopf und drückte gerade genug zu, dass ein einzelner Blutstropfen austrat.

Der Mann erstarrte, und ich sah ihm direkt in die Augen, um ihn zu einer Bewegung zu provozieren. Ich suchte nur nach einem Grund, ihm wehzutun. Hätte er mir einen Anlass geliefert, hätte ich meinen Druck verstärkt, bis die Stahlklinge in sein Fleisch eingedrungen wäre. Es schien mir die einzige Möglichkeit zu sein, den stechenden Schmerz in meinem Inneren zu lindern. Den rasenden Zorn, der weiter in mir brannte, zu besänftigen.

Vorsichtig trat der Mann zur Seite, schlug einen großen Bogen um mich und verschwand mit einem Schwall von Flüchen in der Nacht. Ich blieb stehen und starrte die Ziegelmauer an, bis das Geräusch von splitterndem Glas mich herumfahren ließ. Am Ende der Gasse, hinter einem Fenster, vor dem nur noch ein halb kaputter Fensterladen baumelte, brannte Licht. Als der Wind den vertrauten, säuerlichen Geruch von verschüttetem Roggenwhiskey zu mir herübertrug, stieß ich den angehaltenen Atem aus und marschierte auf die Tür zu.

Dahinter lag eine schummrige Schankstube voller Menschen, die den Schmutz der Stadt auf Haut und Kleidung trugen. Händler. Hafenarbeiter. Handwerker. Sie saßen und standen dicht gedrängt in jeder freien Ecke und umklammerten kleine grüne Gläser, und in der Luft lag der beißende Geruch ungewaschener Körper.

Es gab nur noch einen freien Platz, zwischen zwei großen Männern an der Bar, und ich stellte mich auf Zehenspitzen und kletterte auf den Hocker. Der Wirt nickte mir flüchtig zu und ich zückte meinen Geldbeutel.

Doch als ich ihn in der Hand hielt, stockte ich. Er war schwerer. Voller.

Ich zog an den Bändern, um einen Blick hineinzuwerfen. Im Beutel befanden sich gut zwanzig Münzen mehr als am Tag zuvor. Mit der Hand am Gürtel versuchte ich, mir den Zuwachs zu erklären, bis mich die Erkenntnis traf wie ein Schlag.

West.

Ich sah plötzlich wieder vor mir, wie er am Morgen auf der Treppe gestanden hatte. Er hatte meinen Beutel aufgefüllt. Deshalb hatte er meinen Gürtel aus der Kajüte geholt.

»Was ist jetzt?« Der Wirt streckte mir die offene Hand entgegen. Ich ließ ein Kupferstück hineinfallen und schnürte den Geldbeutel schnell wieder zu, bevor jemand einen Blick auf den Inhalt ergattern konnte.

Dann verschränkte ich die Arme vor mir auf der Theke, legte den Kopf darauf ab und starrte auf meine Stiefel.

West hatte die ganze Zeit über gewusst, wer ich war. Und ihm war völlig klar gewesen, was bei meinem Besuch bei Saint herauskommen würde. Er sorgte für mich, so wie schon in den letzten zwei Jahren, als er mir auf den vorgelagerten Inseln mein Pyrum abgekauft hatte. Selbst wenn es auf Saints Befehl hin geschehen war, hatte es dennoch er getan. Aber die zusätzlichen Kupferstücke an meinem Gürtel lösten keine Erleichterung in mir aus. Sie erinnerten mich nur daran, dass sämtliche Münzen der letzten Jahre nie wirklich mir gehört hatten.

Der Whiskey schwappte über, als der Wirt mir meine Bestellung vor die Nase knallte und sich gleich der nächsten erhobenen Hand zuwandte. Die smaragdgrünen Gläser funkelten wie Juwelen, und ich hob das erste an und atmete das torfige Aroma des Inhalts ein, bevor ich einen kleinen Schluck nahm.

Der Geruch erinnerte mich an Saint. In seiner rauchgeschwängerten Kapitänskajüte auf der *Lark* hatte jeden Abend ein kleines grünes Glas auf dem Schreibtisch gestanden, obwohl Roggenwhiskey an Bord eigentlich nicht gern gesehen war.

Ich wollte ihn hassen. Ich wollte ihn verfluchen.

Doch in der Zeit, die vergangen war, seit ich sein Haus verlassen hatte, war mir quälend deutlich geworden, dass meine Gefühle komplizierter waren. Ich hatte keine Ahnung, wo Saint herkam, wusste aber, dass er nicht gern darüber sprach. Er hatte sein Unternehmen aus dem Nichts aufgebaut, Schiff für Schiff, und obwohl er mich im Stich gelassen und betrogen hatte, war da ein kleiner Teil in mir, der ihn immer noch liebte. Und ich wusste auch warum. Der Grund war Isolde.

Meine Mutter hatte Saint mit einer Inbrunst geliebt, die gereicht hätte, um das Meer in Flammen aufgehen zu lassen.

Das machte es schwer, ihm den Tod zu wünschen. Aber vielleicht war nach drei Gläsern Roggenwhiskey ja alles möglich.

Ich legte den Kopf in den Nacken und leerte das Glas mit einem Schluck. Der Whiskey brannte so sehr in meiner Kehle, dass ich die Augen zusammenkniff. Ich spürte, wie er in meinen Magen rann, und fühlte mich gleich etwas leichter. Die Wärme breitete sich bis in meine schweren Beine aus, und ich lehnte mich an die Theke.

Die letzte Person am Engen Meer, bei der ich noch Zuflucht

hätte suchen können, war Clove, aber er war verschwunden wie meine Mutter. Der Gedanke hing schwer in meinem Kopf, und mir stiegen erneut Tränen in die Augen. In all den Jahren auf Jeval hatte ich mich nie so allein gefühlt wie jetzt gerade.

»Schürferin«, ertönte eine tiefe Stimme hinter meinem Rücken, und ich griff nach dem zweiten Glas und drehte mich auf dem Hocker um.

An einem Holzpfosten neben der Theke lehnte Zola, das Gesicht zu einem Lächeln verzogen.

»Dachte ich mir doch, dass du das bist.«

Ich starrte ihn schweigend an. Dann warf ich den Kopf zurück und leerte das Glas.

Zola warf dem Mann neben mir einen scharfen Blick zu. Er stand sofort auf und gab seinen Hocker frei. Zola setzte sich und legte ein Kupferstück auf die Theke.

»Was machst du mitten in der Nacht ganz allein in einem Wirtshaus in der gefährlichsten Stadt am Engen Meer?« Offenbar fand er den Umstand amüsant.

Der Wirt stellte ihm drei Gläser Roggenwhiskey hin und achtete dabei sehr bewusst darauf, nichts zu verschütten. Ich warf ihm einen bösen Blick zu.

»Das geht dich nichts an.«

»Wo ist der Rest deiner Mannschaft?« Er kam näher.

»Sie sind nicht meine Mannschaft.«

Zola stieß ein kurzes Lachen aus. »Vermutlich besser so. Glaub mal nicht, dass die *Marigold* noch lange über die Meere segeln wird. Genauso wenig wie ihr Kapitän.«

Ich schob mein letztes Glas Whiskey im Kreis auf dem Tresen umher. »Was soll das denn heißen?«

Zola zuckte mit den Schultern und starrte in sein Glas. »Nur dass West gut darin ist, sich in Schwierigkeiten zu bringen. Und irgendwann holen die ihn eben ein.« Er nahm ein Glas und kippte den Inhalt hinunter. »Ich habe munkeln hören, dass in Dern eine völlig unbekannte Schürferin aufgetaucht ist, die falsche Steine erkennt. Warst du das?«

»Nein.«

Er stützte die Ellbogen auf und verschränkte die Finger. »Du bist eine gute Lügnerin. Hat dir das schon einmal jemand gesagt?«

Ich sah ihm prüfend in die Augen. Koy hatte mir genau das Gleiche gesagt, bevor er versucht hatte, mich umzubringen.

»Keine schlechte Eigenschaft hier am Engen Meer. Du bist Schürferin, kennst dich mit Edelsteinen aus und verstehst dich aufs Lügen. Bist du zufällig auf der Suche nach Arbeit?«

»Nicht auf *deinem* Schiff.« Ich drehte mich zu ihm um.

»Warum nicht?«

»Ich weiß, was du Willa angetan hast.«

Seine Augen funkelten und sein Grinsen wurde noch breiter. »Ich glaube nicht, dass ich dir erklären muss, was nötig ist, um hier in diesen Breiten zu überleben.«

»Es ist mir egal, wie deine Beweggründe aussehen. Ich habe kein Interesse.«

Er musterte mich, während ich meinen letzten Whiskey trank, und als ich mich ihm wieder zuwandte, hatte sich sein Gesichtsausdruck verändert. Er hatte die Augen nachdenklich zusammengekniffen und den Kopf schief gelegt.

»Was?«

Er blinzelte, als hätte er einen Augenblick lang vergessen, wo er war. »Du erinnerst mich an jemanden.« Er sprach so leise, dass ich ihn kaum verstand. Dann trank er seine verbliebenen beiden Schnäpse direkt nacheinander aus und warf mit einer Geste in Richtung Wirt ein weiteres Kupferstück auf die Theke.

Der Lärm der Schankstube trat in den Hintergrund und durch den Whiskey in meinen Adern schien sich mein Herzschlag zu verlangsamen. Alles dehnte sich aus. Das Licht schien weicher.

Als Zola sich erhob, klang seine Stimme noch tiefer. »Pass auf dich auf, Schürferin.«

Im nächsten Augenblick standen drei weitere Gläser Roggenwhiskey vor mir, und ich warf einen Blick über die Schulter. Zola war weg, sein Barhocker neben mir leer. Am Tag unseres ersten Zusammentreffens in Dern hatte er Crane als seinen Schiffskoch bezeichnet, aber Zolas Schiff, die *Luna*, war viel größer als die *Marigold*. Er beschäftigte deutlich mehr Seeleute. Hatte er dem Mann nahegestanden, den West und die anderen vor meinen Augen umgebracht hatten, oder war Crane für ihn jemand gewesen, den er kaum kannte und einfach auf eine ruchlose Mission geschickt hatte? Und was hatte der Mann wohl sonst noch im Auftrag von Zola getan?

Ich trank den nächsten Whiskey und rieb mir mit den Handballen durch das Gesicht. Jene Nacht auf der *Lark*, die Jahre auf Jeval, die Tage auf der *Marigold* – sie alle stürmten im Kerzenlicht des Wirtshauses wie eine kreischende Meute auf mich ein. Am liebsten hätte ich die Augen zugemacht und sie erst wieder geöffnet, wenn sich der Winter über das Enge Meer gesenkt hatte.

Ich setzte das zweite Glas ab, legte den Unterarm auf die Theke und schob den Ärmel meiner Jacke hoch. Die Narbe, die Saint auf meiner Haut hinterlassen hatte, sah aus wie wild verschlungene Flussarme. Glatte Wülste zogen sich bis zu meinem Handgelenk hinab, und ich fuhr sie mit dem Finger nach.

Dort am Ende lag die *Lark*, tief unten am Meeresgrund.

»Fable?«

Ich zog hastig den Ärmel nach unten und drückte den Arm schützend vor den Bauch. Als ich aufsah, stand Willa neben mir.

Ihre Umrisse schienen zu schwanken und zu zerfließen, und ich hatte auf einmal das Gefühl, vom Hocker zu fallen. Ich klammerte mich am Rand des Tresens fest, um nicht umzukippen.

»Was machst du hier?« Jetzt saß sie neben mir und beugte sich vor, um mein Gesicht zu begutachten.

Ich nahm das letzte Glas, leerte es in einem Zug und knallte es auf die Theke.

»Wie viele davon hast du schon getrunken?«

Ich schloss die Augen und versuchte, die aufsteigende Übelkeit zurückzudrängen. »Was geht dich das an?«

»Okay«, sagte sie und stand auf. »Komm mit!«

Sie griff nach meiner Hand, aber ich riss mich los und wäre dabei fast umgefallen. Willa fing mich ab und setzte mich wieder aufrecht hin, und dann stand ich plötzlich. Lief zwischen den Menschen hindurch, quer durch den Schankraum, der sich um uns drehte. Als ich gegen eine Wand stolperte, beugte Willa die Knie und warf mich über die Schulter.

»Halt!«, lallte ich mit nach unten baumelnden Armen. Aber Willa ignorierte mich. Sie trug mich die dunkle Treppe hinauf, und als ich einen Schlüssel klirren hörte, riss ich die Augen auf. Einen Augenblick später lag ich in einem Bett.

»So dumm«, murmelte Willa.

»Was?«, krächzte ich.

»Ich hab dir doch gesagt, dass ich mich nicht entscheiden kann, ob ich dich mag oder für dumm halte.«

Ihre Worte verschmolzen zu einem einzigen lauten Dröhnen in meinem Kopf. Ein Metalleimer erschien neben dem Bett, und dann rollte Willa mich auf die Seite und zog mir den Mund auf.

»Was soll …«

Als sie mir einen Finger in den Rachen schob, trat ich nach ihr, um mich zu befreien. Aber da übergab ich mich schon. Willa hielt mir den Eimer direkt vor das Gesicht und klopfte mir mit der flachen Hand auf den Rücken.

»Was soll das?«, hustete ich und stieß sie weg.

»Bedank dich morgen bei mir, wenn dir nur halb so viel Gift durch die Adern fließt.« Sie lachte und stand auf.

»Wie hast du mich gefunden?«

»Ich folge dir schon seit Stunden und hab mir gedacht, dass es klüger ist, der Sache ein Ende zu setzen, bevor du bewusstlos vom Hocker fällst.«

»Du bist mir *gefolgt?*« Ich schob sie erneut weg.

»Glaub mir, ich hätte mir auch eine schönere Abendbeschäftigung vorstellen können.« Sie starrte mich ungehalten an.

»Warum bist du dann hier?«

»Befehl von oben.« Sie schaute auf mich hinab und wartete, bis mein Hirn die Worte zu einer Bedeutung zusammengesetzt hatte. Als es so weit war, begriff ich, dass sie von West sprach. Er erfüllte weiter seinen Auftrag – mich am Leben zu halten. »Wie ist es mit Saint gelaufen?«

Ich drehte mich auf den Rücken und schaute hinauf zu den Deckenbalken, in der Hoffnung, dass der Raum dann aufhören würde, sich zu drehen. »Genau, wie du gesagt hast«, murmelte ich.

»Ah.« Willa verschränkte die Arme und lehnte sich an die Wand. »Und du glaubst, du wärst das einzige Mädchen rund um das Enge Meer, dessen Träume nicht in Erfüllung gegangen sind?«

»Halt die Klappe«, stöhnte ich.

»Gibt es etwas, das du *wirklich* willst?« Sie kam zum Bett und stellte sich vor mir auf. »Dann nimm es dir, Fable!«

»Wie meinst du das?«

»Du willst auf einem Handelsschiff zur See fahren.«

Nicht auf irgendeinem Schiff. Auf einem Schiff meines Vaters.

Aber das konnte ich ihr nicht erzählen, ohne mein Versprechen Saint gegenüber zu brechen.

»Du weißt, dass die *Marigold* einen Schürfer braucht«, sagte Willa in neutralem Tonfall.

»Und?«

Sie seufzte. »*Und?*«

Ich blinzelte und dachte kurz nach. Aber alles war so verschwommen. So konturlos.

»Wenn du etwas wirklich willst, *nimm* es dir«, wiederholte Willa lauter. »Warum muss ich das jemandem, der auf Jeval gelebt hat, überhaupt erklären?«

»West würde mich nie in seine Mannschaft aufnehmen.«

»Ich hab dir doch schon gesagt, dass er dazu neigt, sich für andere Leute verantwortlich zu fühlen.«

Sie hatte recht. Bei allen anderen Kapitänen im Hafen hätte ich keine Chance. Niemand würde eine unbekannte Schürferin von Jeval anheuern, es sei denn, ich zeigte ihnen meine Fähigkeiten im Umgang mit Edelsteinen. Das Risiko konnte ich nicht eingehen. Steinkundige waren schon so oft zum Spielball konkurrierender Händler und der Edelsteingilde geworden, dass ich mich damit nur noch mehr in Lebensgefahr brächte.

Aber wenn ich die *Lark* ausfindig machen wollte, brauchte ich ein Schiff. »Er hat dir aufgetragen, mich zu verfolgen?«

Willas Gesichtszüge hatten ihre übliche Härte verloren, als sie sich neben mich auf das Bett setzte, und ich fragte mich, ob sie sich vielleicht auch ein paar Gläser Roggenwhiskey gegönnt hatte. »Überzeug ihn davon, dich anzuheuern.«

Ich war mir immer noch nicht sicher, welches Ziel die *Marigold* eigentlich verfolgte, aber es konnte nicht schlimmer sein als die krummen Geschäfte, die Saint betrieb. Oder vielleicht doch? Ich war nur wenige Tage mit West und seiner Mannschaft unterwegs gewesen, doch in der Zeit waren wir vor mehr als einem Feind geflohen. Wenn ich mich ihnen anschloss, musste ich genau wissen, worauf ich mich einließ.

»Was ist mit dem Kaufmann in Sowan passiert?« Mit der Frage wagte ich mich auf dünnes Eis.

Willa starrte aus dem Fenster, und ihre Stimme klang hohl, als sie antwortete: »West hat einem guten Mann etwas Schlimmes angetan, weil es nicht anders ging. Und jetzt muss er damit leben.«

Kapitel 25

Mir tat alles weh.

Das Licht, das in das Zimmer fiel, stach mir wie ein Messer in den Kopf. Ich öffnete schwerfällig ein Auge und kämpfte dagegen an, mich erneut übergeben zu müssen. Der Eimer neben dem Bett, in den ich im Laufe der Nacht mehrmals meinen Mageninhalt entleert hatte, war verschwunden. Das Fenster war einen Spaltbreit geöffnet, um die frische Seeluft hereinzulassen, und ich setzte mich vorsichtig auf. Das Zimmer hatte aufgehört, sich zu drehen.

Auf einem Hocker in der Ecke stand eine Schüssel mit Wasser, und ich wusch mir das Gesicht und spülte mir so gut es ging den Mund aus, bevor ich mir das Haar zu einem neuen Zopf flocht. Im Morgenlicht schimmerten die roten Strähnen fast violett. Mein Gürtel lag auf dem Boden neben dem Bett, und ich nahm den Geldbeutel, warf ihn in die Luft und fing ihn wieder auf. Wenn Willa die Wahrheit sagte und West sie angewiesen hatte, mir zu folgen, konnte ich ihn vielleicht wirklich überreden, mich in seine Mannschaft aufzunehmen.

In der Schankstube war bereits einiges los. Ich hörte Stimmengewirr und das Klirren von Teetassen, als ich bedächtig und mit pochendem Kopf einen Fuß vor den anderen setzte. Am Fuß der Treppe angekommen sah ich Willa, die mir mit einem breiten Grinsen im Gesicht von einer Bank in der Ecke aus zuwinkte. Sie musste sich auf die Lippe beißen, um nicht laut loszulachen.

Paj, Auster und Hamish machten sich gerade über Brotteller und Butterschalen her und begrüßten mich mit vollen Mündern.

»Du siehst aus, als wärst du in ein Whiskeyfass gefallen.« Auster riss ein Stück Brot aus dem Laib und hielt es mir hin. Ich schüttelte den Kopf und suchte mir einen Platz neben Paj. Aber Auster schob mir das Brot trotzdem hin. »Vertrau mir, du brauchst etwas im Magen.«

Willa goss mir eine Tasse dampfenden schwarzen Tee ein. Als am Tisch hinter uns ein Teller schepperte, zuckte ich zusammen. Mein Kopf schien zu explodieren. Ich stützte das Gesicht in die Hände und versuchte, flach weiterzuatmen.

Auster gab zwei Stücke Zucker in den Tee. Er hatte sich das Haar hochgebunden und das Gesicht saubergeschrubbt. »Also, was ist aus deinem Plan geworden, für Saint zu arbeiten?«

»Hat nicht geklappt«, murmelte ich.

Er lachte. »Das hätte ich dir auch vorher sagen können.«

»Ich *habe* es dir vorher gesagt«, schob Willa nach.

Und sie hatte recht gehabt. Obwohl ich seine Tochter war, blieb Saint eben Saint.

»Was hast du jetzt vor?« Paj sah mich über den Rand seiner Tasse hinweg an.

Ich zupfte nervös am Ende des Verbands, der um meine Hand gewickelt war. Die Mannschaft, die hier vor mir saß, war besser als die meisten, auch wenn sie nur aus wenigen Personen bestand und offenbar in großen Schwierigkeiten steckte. Nicht ein einziges Mal hatte mir jemand eine Klinge an die Kehle gedrückt, wenn man mal von dem Abend absah, an dem ich an Bord gekommen war. Sie hielten zusammen und waren geschickte Händler, wenngleich sie dabei große Risiken eingingen. Im Bauch der *Marigold* hing eine leere Hängematte – und wohin sollte ich sonst?

Ich warf Willa einen Blick zu und holte tief Luft. »Wo ist West?«

»Noch oben.« Sie deutete zur Treppe.

Ich trank vorsichtig einen kleinen Schluck Tee. Wenn ich sie fragte, ob sie mich in ihre Mannschaft aufnehmen würden, ohne dass West dabei war, standen meine Chancen vielleicht besser. Doch gleichzeitig würde ich West gegen mich aufbringen, falls er es herausfand. Es war besser, abzuwarten.

»Ich glaube eher, dass er schon weg ist.« Hamish zog sein ledergebundenes Kassenbuch aus der Jacke und legte es auf den Tisch. »So … Willa und Auster, ihr kümmert euch um neue Vorräte. Es reicht, wenn ihr das Getreidefass auffüllt. Es gibt schmale Kost.«

»Was?« Auster sah entsetzt aus.

Hamish seufzte. »Wir müssen bis Sowan so sparsam wie möglich haushalten, wenn wir die Verluste ausgleichen und die Reparaturen bezahlen wollen.«

Auster schüttelte den Kopf. »Ich hasse Haferbrei.«

»Tja, du wirst aber nichts anderes kriegen, bis wir das nächste Mal in Ceros anlegen. Vielleicht noch länger.« Hamish warf ihm einen Blick zu. »Paj, wir müssen das kaputte Tauwerk ersetzen, aber geh nicht wieder zu diesem Halsabschneider in Waterside. Er ist zu teuer, und jetzt nach dem Sturm verlangt er wahrscheinlich noch mehr, weil so viele Schiffe Schäden haben.«

»Und der Rumpf?« Willa stützte sich auf die Ellbogen. »Wir müssen so schnell wie möglich wieder auslaufen.«

»Die Handwerker, die sich darum kümmern, haben die Nacht durchgearbeitet, daher sollten sie mit den wichtigsten Arbeiten heute Morgen fertig sein. Paj, wir gehen am besten zuerst zum Hafen und schauen, wie weit sie sind. West ist bestimmt schon dort, und dann kann ich dir genaue Zahlen zum Tauwerk geben.«

»Alles klar.« Paj nahm eine weitere Scheibe Brot und verteilte mit der Rückseite seines Löffels eine große Menge Marmelade darauf.

Hamish machte sich noch ein paar Notizen, bevor er das Buch zuschlug und aufstand. Die anderen taten es ihm nach. Nur ich blieb sitzen und schaute zu ihnen hoch. Sie zogen sich ihre Jacken an, setzten Mützen auf und tranken den letzten Schluck Tee. Auster stopfte sich das verbliebene Brot vom Tisch in die Taschen und Paj schnappte sich die Reste vom verlassenen Nachbartisch.

»Komm, Schürferin.« Willa deutete mit dem Kinn Richtung Tür.

Ich zögerte, um zu schauen, ob die anderen Einwände erhoben, aber niemand sagte etwas. Alle vier standen im kühlen Morgenlicht, das durch das Fenster hereinfiel, und warteten. Ich unterdrückte ein Lächeln, trank hastig meinen Tee aus und folgte ihnen nach draußen.

»Er wird niemals einwilligen«, sagte ich so leise, dass nur Willa es hören konnte.

»Dann musst du eben so überzeugende Argumente vorbringen, dass er überstimmt wird.«

Sie hatte recht. Ich war nicht auf Wests Einverständnis angewiesen. Mir reichte die Mehrheit der Stimmen. Wenn die Mannschaft mich aufnehmen wollte, konnte er nichts dagegen tun. Dann müsste er sich fügen.

Willa zwinkerte mir zu, bevor sie ihre Schritte beschleunigte und ein Stück vorlief.

Auf den Brücken über uns war bereits viel los. Wir suchten uns einen Weg durch das Labyrinth darunter, passierten schmale Gassen und enge Kurven, bis wir irgendwann das Kopfsteinpflaster von Waterside erreicht hatten. Der Wind traf uns wie eine Mauer, als wir ins Freie hinaustraten. Hinter einer endlosen Reihe von Schiffen, die an den Anlegestellen schaukelten, erstreckte sich das Meer. Barfüßige Kinder umschwärmten uns mit ausgestreckten Händen, die Gesichter mit Dreck und Ruß beschmiert.

Waterside-Streuner. Wie West.

Ich konnte mir nicht vorstellen, wie er mit seinem sonnengebleichten Haar und der goldenen Haut an Straßenecken um Essen gebettelt und den Abfall hinter den Häusern durchwühlt hatte. Ich wollte es nicht.

Paj zog das Brot aus seinen Taschen und riss es in Stücke, die er an die Kinder verteilte, aber Auster hielt seines hoch in die Luft. Einen Augenblick später tauchte ein Schwarm Meeresvögel auf und schnappte es ihm im Gehen aus der Hand.

Plötzlich gab Willa einen erstickten Laut von sich und stoppte so abrupt, dass ich in sie hineinlief. Auf meiner Haut breitete sich ein Kribbeln aus, und ich ließ den Blick über den Hafen schweifen, um zu sehen, was sie so erschreckt hatte. Paj griff blind nach Austers Hand, und auch Hamish blieb stehen. Sie alle hatten den Blick auf einen Punkt in der Ferne gerichtet.

»Nein.« Willa brachte kaum ein Flüstern über die Lippen.

Ich trat neben sie, und das Kribbeln verwandelte sich in ein loderndes Feuer, als ich es endlich sah.

Die *Marigold*.

Ihre Masten ragten in den blauen Himmel, die Segel waren gesetzt – und aufgeschlitzt. Übrig waren nur noch weiße Fetzen, die im Wind flatterten.

Paj und Auster rannten los und ihre Schritte hallten von den feuchten Steinen wider. Hamish presste sich die Faust gegen den Mund.

»Was… wer…?«, stammelte ich.

Aber Willa ließ den Blick über die Reihe der Schiffe schweifen, die um uns herum vertäut waren, bis sie das Wappen fand, nach dem sie gesucht hatte. Die *Luna*.

»Zola…«, knurrte sie.

Wir liefen Auster und Paj hinterher und drängten uns durch die Menge der Schaulustigen, die sich bereits um das Schiff versammelt hatte. Die beiden Männer, die Hamish dafür bezahlt hatte, Wache zu halten, lagen in einer klebrigen Lache ihres eigenen Blutes auf dem Kai, den leeren Blick gen Himmel gerichtet.

»West!«, rief Willa und kletterte die Strickleiter hoch, so schnell sie ihre Füße trugen. Ich folgte ihr so hastig, dass ich mir die Hände am Seil verbrannte. Auster und Paj standen bereits auf dem Deck.

»Er ist nicht hier«, sagte Paj, ohne den Blick von den zerstörten Segeln losreißen zu können.

Seine Miene sagte das Gleiche wie die Gesichter derer, die unten am Kai standen. Das war das Ende. Die Kosten für einen kompletten Satz neuer Segel würden ein gewaltiges Loch in die Kasse reißen, und die Zeit, die für die Anfertigung nötig war, würde die Weiterfahrt enorm verzögern. Das hätte Einbußen zur Folge, die noch höher waren als die Verluste durch den Sturm. Für einen wohlhabenden Händler mit einer ganzen Flotte an Schiffen wäre das ein schwerer Schlag gewesen. Für eine Mannschaft wie die der *Marigold* bedeutete es den Untergang.

Hamishs Wangen färbten sich tiefrot, als er sein Buch hervorholte und mit zittrigen Händen durch die Seiten blätterte. Es ließ sich nicht schönrechnen, wegdiskutieren oder kleinreden: Zola hatte der *Marigold* den Todesstoß versetzt, schnell und präzise.

Willa ging zur Reling, das Gesicht wutverzerrt. Drei Anlegestellen weiter stand Zola auf dem Deck der *Luna* und sah zu uns herüber.

»Ich bringe ihn um. Ich breche ihm mit bloßen Händen die Knochen und schlitze ihn bei lebendigem Leib auf«, flüsterte sie, während ihr die Tränen über die Wangen liefen.

»Er hat es mir gesagt«, erinnerte ich mich plötzlich. Vor meinem inneren Auge tauchte verschwommen Zolas Gestalt an der Theke auf.

»Was?« Hamish und die anderen kamen zu uns herüber.

»Er hat gestern Abend zu mir gesagt, dass die *Marigold* nicht mehr lange weitersegeln würde.«

Willa, die ganz bleich geworden war, knirschte mit den Zähnen.

Aber das war nicht alles gewesen, was er gesagt hatte.

Glaub mal nicht, dass die Marigold *noch lange über die Meere segeln wird. Genauso wenig wie ihr Kapitän.*

Plötzlich wirkte der Wind eiskalt und schien von allen Seiten über das Deck zu fegen. Ich schlang die Arme um meinen Oberkörper.

Genauso wenig wie ihr Kapitän …

Die anderen schienen alle gleichzeitig zu demselben Schluss zu kommen wie ich, und von einem Augenblick auf den anderen wurden alle kreideweiß.

Willa riss die Augen auf, und jetzt lag Panik in ihrem Blick. »Wo zum Teufel steckt West?«

Kapitel 26

Wer hat etwas davon mitbekommen?« Paj packte den Hafenmeister bei den Jackenaufschlägen und drückte ihn inmitten der Zuschauermenge gegen einen Poller.

Überall waren laute Rufe zu hören, und sämtliche Blicke richteten sich auf die *Marigold*.

»Wer?«, brüllte Paj.

Der Mann riss sich los und richtete sich den Hemdkragen. »Ich hab dir doch gesagt, dass die Segel schon so waren, als die Sonne aufging. Niemand hat etwas gesehen.«

Wenn doch, würden die Zeugen den Mund halten. Unter den Händlern des Engen Meeres galt ein Ehrenkodex, den niemand jemals brach. Wer etwas beobachtete, behielt es für sich. Keiner wollte in fremde Angelegenheiten hineingezogen werden, und genau darauf setzte Zola. Sollte jemand beim Handelsrat melden, dass er die Segel eines anderen Schiffes zerstört hatte, könnte ihn das die Lizenz kosten. Doch das würde nicht passieren.

Der Hafenmeister deutete aufgebracht in Richtung der beiden Leichen auf dem Boden. »Besser, ihr findet euren Kapitän schnell. Euer Geld ist mir nicht so wichtig, dass ich solche Sauereien hinnehme.« Er drehte sich um und stapfte davon, und damit löste sich auch die Menschenmenge auf.

»Gehen wir.« Willa schob sich zwischen uns hindurch und wir folgten ihr im Gänsemarsch Richtung Waterside. Auster und Paj schauten unterwegs in sämtliche Türeingänge und Fenster.

Mein Herz pochte laut in meiner Brust, als ich überlegte, ob ich West am Abend zuvor im Schankraum gesehen hatte. Vielleicht war er dort gewesen – vielleicht aber auch nicht. Ich erinnerte mich nur an Willa. An Zola. An den Mann in der Gasse, dem ich mein Messer an die Kehle gedrückt hatte.

Paj öffnete die Tür zum Gasthaus und wir marschierten direkt die Holztreppe hinauf in den dunklen Flur. Willa klopfte gar nicht erst an die Zimmertür, sondern rammte die Schulter dagegen, bis das Schloss nachgab und die Tür aufflog.

Das Zimmer war sauber, die graue Wolldecke glatt auf dem Bett ausgebreitet. Mir drehte sich der Magen um.

West hatte nicht hier geschlafen.

»Wer hat ihn zuletzt gesehen?« Willas Stimme zitterte. Sie zeigte Schwäche, und das war ungewohnt bei ihr. Bei ihnen allen. Sie hatten Angst. »*Denkt nach.* Wer hat ihn zuletzt gesehen?«

»Ich hab ihn gestern Abend gesehen. Beim Essen.« Auster fuhr sich mit der Hand durch das dunkle, zerzauste Haar und überlegte. »Ich weiß nicht mehr, ob er danach hochgegangen ist.«

»Ist er nicht.« Hamish nickte in Richtung des kleinen Tisches in der Ecke, wo eine unbenutzte Kerze stand. Vermutlich hatte West das Zimmer nie betreten.

Willa lief vor dem Fenster auf und ab und trommelte dabei auf den Knöpfen ihrer Jacke herum.

»Hamish, geh zu Saint. Finde heraus, ob er etwas gehört hat. Vielleicht ist West gestern in Pinch gewesen. Paj und Auster, ihr überprüft sämtliche Gasthäuser der Stadt. Fable und ich sprechen erst mit dem Wirt und nehmen uns dann den Höker vor.«

Die drei Männer liefen die Treppe hinab, und sobald sie außer Sichtweite waren, atmete Willa aus. In ihren Augen standen Tränen.

»Was denkst du gerade?« Ich studierte ihren Gesichtsausdruck. Der Zorn, der ihre Züge im Hafen verzerrt hatte, war verschwunden. Jetzt zeigte ihre Miene nur noch Angst.

»Ich denke daran, dass ich zur Not die ganze Stadt niederbrennen werde, bis ich ihn gefunden habe.«

Sie preschte an mir vorbei, und ich folgte ihr nach unten, direkt an die Theke, wo der Wirt gerade saubere grüne Gläser zu ordentlichen Reihen aufstapelte. Willa griff nach einer Flasche Roggenwhiskey, die vor ihm stand, doch er hob nur den Blick und schaute sie von oben herab an.

»Was willst du, Willa?«

Die Verletzlichkeit, die sie im oberen Stockwerk gezeigt hatte, war mit einem Schlag verflogen, ersetzt durch die harte, kalte Maske der Händlerin. »Hast du West gestern Abend gesehen?« Sie zog den Korken aus der Flasche und trank einen großen Schluck.

Der Wirt lehnte sich auf den Tresen und ließ den Blick zwischen uns hin- und herwandern. »Nein, warum?«

»Irgendwelche Gespräche über ihn mitbekommen?« Willas Stimme strahlte eine unheimliche Ruhe aus, ihr Blick war vollkommen ausdruckslos.

»Klatsch und Tratsch gehören nicht zu meinem Geschäft.« Er griff nach dem nächsten Glas und wandte sich ab.

»Heute schon.« Willa packte die Flasche am Hals und drehte sie um. Der Whiskey breitete sich auf dem Tresen aus, rann auf die Hocker und bildete eine Pfütze zu unseren Füßen.

»Was zum …?« Der Wirt streckte den Arm aus, aber Willa hatte bereits die nächste Flasche in der Hand und ließ sie auf den Holzboden fallen, wo sie zerbarst. Ich wusste, was Willa vorhatte, bevor sie es in die Tat umsetzte. Sie marschierte an der Theke vorbei zu der Stelle an der Wand, wo drei Kerzen in einer Glaslampe brannten. Diese Lampe nahm sie jetzt vom Nagel und hielt sie ausgestreckt vor sich.

»Willa!« Der Wirt hob abwehrend die Hände und schaute mit weit aufgerissenen Augen auf die Kerzen.

Unter Willas Hand befand sich die Whiskeypfütze. Wir wussten alle, was passieren würde, wenn sie die Lampe fallen ließ. Das Gasthaus würde brennen wie Zunder, und das Feuer würde so schnell auf alle angrenzenden Gebäude überspringen, dass niemand etwas dagegen unternehmen könnte. In einer Stadt wie dieser bedeutete ein solcher Brand den sicheren Tod für uns alle.

Sie hatte es wirklich so gemeint, als sie sagte, sie würde die Stadt niederbrennen.

»Hast du gestern Abend irgendwelche Gespräche über West mitbekommen?«, wiederholte sie langsam, während das Wachs der Kerzen in das Glas der Lampe tropfte.

»Schon möglich …« Er trat einen Schritt näher an sie heran und seine Hände zitterten. »Vielleicht hat ein Zahlmeister von einem der Handelsschiffe ihn erwähnt.«

»Wer?«

»Das weiß ich nicht. Ich schwöre es dir. Er hat nur gefragt, ob die Mannschaft der *Marigold* hier übernachtet.«

»Und was hast du gesagt?« Sie legte den Kopf schief.

»Ich habe Ja gesagt. Sonst nichts. Das war es schon.« Er schluckte schwer. »Ich schwöre, das ist alles, was ich weiß.«

»Ich dachte, Klatsch und Tratsch gehören nicht zu deinem Geschäft.« Willa starrte in die weißgelbe Flamme. »Wenn ich West bis Sonnenuntergang nicht gefunden habe, komme ich zurück. Und bevor ich dein Gasthaus in Brand stecke, binde ich dich am Tresen fest.«

Er nickte hektisch und an seinem Haaransatz glitzerten Schweißperlen. Durch die Narbe, die die glühende Klinge in Willas schönem Gesicht hinterlassen hatte, wirkte sie absolut furchteinflößend. Jetzt öffnete sie das Glas der Lampe, blies die Kerzen aus und ließ die Lampe fallen. Die Scherben verteilten sich auf dem Dielenboden.

»Komm mit.« Sie öffnete die Tür, sodass helles Tageslicht in den Raum fiel, und wir traten auf die Straße hinaus.

Ich folgte ihr zurück in Richtung Wasser. Wir nahmen denselben Weg wie am Morgen, aber dieses Mal waren wir deutlich schneller unterwegs. Unsere Stiefel schmatzten im Schlamm und wir drängten uns rücksichtslos zwischen Menschen und Gebäuden hindurch, bis der kühle Geruch des Meeres den Gestank der Stadt vertrieb. Willa führte mich jedoch nicht zum Hafen, sondern in das dichte Labyrinth der schiefen, halb verfallenen Hütten von Waterside.

»Ich dachte, wir wollten zum Höker«, sagte ich und versuchte, mit ihr Schritt zu halten.

Willa antwortete nicht, sondern bog, ohne zu zögern, immer wieder nach links oder rechts ab. Sie wusste genau, wohin sie lief.

Schließlich blieb sie vor einem Hauseingang ohne Tür stehen, schob ihr Messer wieder in den Gürtel und holte tief Luft. Dann drehte sie sich zu mir um. »Kann ich dir vertrauen?«

»Ja«, sagte ich und war selbst überrascht, wie schnell ich geantwortet hatte. Ich hatte gar nicht nachdenken müssen.

»Das hier bleibt unter uns.« Sie sah mir kurz in die Augen, bevor sie hineinging. »Du erzählst *niemandem* etwas davon.«

Im Inneren der Hütte trat das Elend der Stadt noch deutlicher zutage. In dem dunklen, engen Raum gab es kaum Möbel und die Wände waren kahl. Die stickige Luft erschwerte das Atmen. Neben dem Fenster, wo eine Schüssel und eine kleine Feuertonne eine Art Küche bildeten, stand ein einzelner Holzstuhl.

»Mama?«

Ich erstarrte mitten im Schritt.

»Hmm?«, antwortete eine hohe Stimme.

Meine Augen gewöhnten sich langsam an die Dunkelheit und ich konnte in einer Ecke die schmale Gestalt einer besenstieldürren Frau ausmachen. Um ihre knochigen Schultern war ein violettes Tuch geschlungen und ihre dünnen Lippen waren mehr schlecht als recht rot angemalt.

Willa hockte sich neben sie und griff nach ihrer Hand, und die Frau drückte zu. »Willa.« Sie lächelte und blinzelte bedächtig.

Gestalten wie sie hatte ich in Waterside schon zu Hunderten gesehen. Arme, hungrige Frauen, die ihren Körper an die Seeleute verkauften, deren Schiffe für eine Nacht im Hafen lagen, und einen dicken Bauch davontrugen. Deshalb gab es in Waterside so viele Kinder.

»Mama, war West hier? Gestern Abend?« Willas Stimme klang sanft.

Ich schaute mich in der Hütte um, ob es irgendwelche Hinweise auf seine Anwesenheit gab, und entdeckte in einer Ecke einen Korb Rüben neben einem Glas eingelegtem Fisch und einer ungeöffneten Dose Tee. Vielleicht fühlte sich West auch für Willas Mutter verantwortlich.

»M-hm.« Die Frau nickte, wirkte aber erschöpft.

»Wann? Wann war er hier?«

»Gestern Abend. Das habe ich doch gesagt.« Sie zog ihre Hand aus Willas, lehnte sich an die Wand und schloss die Augen.

Willa erhob sich und dachte nach. Ihr Blick wanderte durch den Raum.

»Warum sollte er hierherkommen?«, flüsterte ich.

Sie lief rot an und wandte sich ab, um einen Quilt von einem Nagel in der Wand zu nehmen und die Frau damit zuzudecken.

»Er ist zu dünn, Willa. Er muss mehr essen«, murmelte diese.

»Ich weiß, Mama.«

»Sorg dafür, dass er mehr isst.«

»Mach ich, Mama«, wisperte Willa. »Du kannst jetzt ruhig schlafen.«

Sie lief an mir vorbei, doch mein Blick verweilte noch kurz auf der Frau, deren Gesichtszüge sich jetzt entspannten. Die Pritsche, auf der sie lag, war alt und fiel fast auseinander, und bis auf die Nahrungsmittel befand sich kaum etwas in der Hütte.

Ich folgte Willa nach draußen, doch sie stand reglos auf der Straße und starrte ins Leere.

Ich wartete, bis sie sich zu mir umdrehte. »Warum war er hier?«

Willa verlagerte das Gewicht und schob die Hände in die Taschen. »Er kümmert sich um sie.«

»Weshalb?«

»Weil es sonst niemand tut.«

In dem Augenblick begriff ich. Willas Gesichtsausdruck verriet es mir. »Ist er … ist West dein Bruder?«

Willa hielt den Atem an. Sie blinzelte nicht.

Lass dir niemals und unter keinen Umständen anmerken, wer oder was dir wichtig ist.

»Wissen die anderen Bescheid?«, fragte ich leise.

Sie senkte den Blick. Die Geschwister hatten es sogar vor dem Rest der Mannschaft geheim gehalten.

»Wenn du es auch nur einer Menschenseele sagst, bringe ich dich um«, sagte Willa, auf einmal zutiefst verzweifelt. »Ungern, aber ich würde es tun.«

Ich nickte schlicht. Mit solchen Geheimnissen kannte ich mich aus. Diese Art von Informationen konnte einen alles kosten.

Willa hielt inne und schaute über meine Schulter hinweg. Ich drehte mich um und entdeckte einen kleinen, barfüßigen Jungen in viel zu weiter Männerkleidung, der ein Stück weit von uns entfernt stand. Er rang nervös die Hände, als sein Blick auf den von Willa traf.

Als hätte ein wortloser Austausch stattgefunden, rannte er auf einmal los, und Willa folgte ihm. Er führte uns im Zickzack durch die Gassen und verschwand immer wieder hinter neuen Kurven, bis er schließlich an einer Hütte anhielt, sich an der Kante des baufälligen Daches hochzog und dort oben hocken blieb wie ein Vogel. Seine Hand zeigte auf einen umgefallenen Kistenstapel, dann erhob er sich, sprang über eine Mauer und verschwand.

Das Licht malte einen hellen Fleck auf den feuchten Boden, und ich sog scharf die Luft ein, als Willa sich durch die Kisten wühlte und eine nach der anderen wegschleuderte. Plötzlich hielt sie abrupt inne und ging in die Knie. Im Sonnenlicht war eine Hand zu sehen.

West.

Kapitel 27

Ich zog die Decken vom Bett, während Auster und Paj, dicht gefolgt vom Arzt, West die Treppe des Gasthauses hinauftrugen. Als sie ihn hinlegten, fiel das Kerzenlicht auf sein Gesicht. Es war übel zugerichtet, blutig und geschwollen, aber es ließ sich schwer sagen, wie schlimm es wirklich war.

Der Arzt stellte seine Tasche auf dem Boden ab und krempelte die Hemdsärmel hoch, bevor er sich an die Arbeit machte.

»Wasser, Stofftücher …«, murmelte er. »Am besten auch ein bisschen Whiskey.«

Paj nickte und verließ das Zimmer.

»Was ist passiert?« Willa beugte sich über West und berührte vorsichtig die Platzwunde über seiner Braue.

Er zuckte zusammen, als der Arzt mit den Fingerspitzen über seine Rippen fuhr. »Zola«, antwortete er. Mehr würden wir wohl nicht aus ihm herausbekommen. »Wir hätten das Schiff nicht verlassen dürfen. Nicht nach dem, was in Dern passiert ist.«

Willas Blick huschte zu mir herüber. West hatte die *Marigold* bisher mit keiner Silbe erwähnt, doch offenbar wusste er, was mit den Segeln passiert war.

Paj brachte die geforderten Utensilien. West griff nach der kleinen Flasche Roggenwhiskey, bevor Auster auch nur den Korken herausziehen konnte, öffnete sie und trank sie in einem Zug leer. Dann lehnte er sich mit einem leisen Schmerzenslaut zurück und seine Brust hob und senkte sich rasch.

Plötzlich schaute er hoch und sah mich an, als hätte er mich gerade erst bemerkt. »Was machst *du* hier?«

Ich versuchte zu lächeln, doch es gelang mir nicht richtig. »Dich vom Boden irgendwelcher Gassen klauben.« Ich mochte es nicht, ihn blutüberströmt daliegen zu sehen. Der Anblick sorgte dafür, dass sich irgendetwas in mir zusammenzog.

Bevor mich mein Gesichtsausdruck verraten konnte, floh ich in den Flur, um von dort aus zuzuschauen, wie der Arzt West bei Kerzenlicht bis in die Nacht hinein versorgte.

Schon bald war der Boden übersät von gebrauchten Verbänden und schlammigen Fußabdrücken, und West stöhnte jedes Mal, wenn die Hände des Arztes ihn berührten, gequält auf und stieß Flüche aus. Als der Mann sich erneut vorbeugte, stieß West ihn so entschieden weg, dass er fast von seinem Hocker gefallen wäre.

Auster, der neben mir stand, lachte auf und wischte die Blutspritzer weg, die auf der Tätowierung der ineinander verwundenen Schlangen auf seinem Arm gelandet waren. Doch sein Lachen klang hohl. Seit wir West die Treppe hinaufgetragen hatten, war ihm die Mannschaft kaum von der Seite gewichen, und aus allen Gesichtern sprach stumme Sorge.

West setzte sich auf, schwang die Beine über die Bettkante und beugte sich vor, sodass der Arzt die Wunde auf seiner Schulter nähen konnte. Im warmen Lichtschein schimmerte die Haut seines Rückens und seiner Arme noch goldener als sonst, doch sie war von schwarzen und blauen Blutergüssen überzogen, die aussahen wie Tintenkleckse auf einem Tuch.

Ich trat ganz nah an Willa heran. »Wie alt wart ihr, als Saint euch angeheuert hat?«, flüsterte ich.

Sie atmete tief aus und schaute auf ihre Stiefel hinab, als müsse sie erst überlegen, ob sie die Frage beantworten wollte. »Er hat uns nicht angeheuert.«

»Wie seid ihr dann auf der *Marigold* gelandet?«

»Wegen dem blöden Idioten da.« Sie deutete mit dem Kinn auf West. »Er ist mit neun von einem Händler an Bord genommen worden und kam ein Jahr später zurück, um mich nachzuholen. Hat mich mitten in der Nacht auf das Schiff geschmuggelt und am nächsten Morgen, als wir schon auf hoher See waren, so getan, als sei ich eine blinde Passagierin, die er gerade entdeckt hatte.« Sie lächelte traurig. »Er hat den Kapitän davon überzeugt, mich dazubehalten, weil ich klein war und die Masten schneller hochklettern konnte als alle anderen.«

Das hatte Willa also damit gemeint, als sie sagte, dass sie sich dieses Leben nicht ausgesucht habe. West hatte die Wahl für sie getroffen. »Und der Kapitän hat zugestimmt?«

Sie zuckte mit den Schultern. »Er hat mich nicht über Bord geworfen, sondern nur gesagt, entweder würde ich lernen zu überleben oder ich gehöre nicht auf See.«

»Wünschst du dir manchmal, West hätte dich nicht auf das Schiff geholt?«, flüsterte ich.

»Jeden Tag«, antwortete sie sofort. »Aber er wollte mich nicht allein in Waterside zurücklassen. Und jetzt will ich ihn nicht auf der *Marigold* alleinlassen.«

Das war der Fluch aller Anwohner des Engen Meeres, die jemanden liebten. Durch den Spalt zwischen Tür und Türrahmen sah ich, wie West die Augen zukniff, als der Arzt den Faden abschnitt, mit dem er gerade eine Wunde genäht hatte.

»Wo wir gerade dabei sind: Was ist das mit dir und Saint?« Willa war ganz nahe an mich herangerückt und hatte die Stimme gesenkt.

Ich richtete mich kerzengerade auf. »Was meinst du?«

»Na ja, warum bist du quer über das Enge Meer gereist, um für diesen einen Mann zu arbeiten? Du hast doch wohl nicht ernsthaft geglaubt, dass er dich anheuert, oder?«

Ich starrte sie mit zusammengebissenen Zähnen an. »Ich …«

Der Arzt kam aus dem Zimmer, die Tasche an die Brust gedrückt, und stapfte leise murrend die Treppe hinab. Auf seinem ehemals weißen Hemd prangten frische Blutflecke. West lag im Bett, eine Hand in die Seite gedrückt, und leerte gerade eine zweite Flasche Whiskey.

»Los, rein hier!« Seine raue Stimme hallte bis in den Flur.

Die Mannschaftsmitglieder traten in das kleine Zimmer, den Blick auf ihren Kapitän gerichtet. Das Blut war jetzt abgewaschen, doch er hatte überall Nähte und die Blutergüsse wurden immer dunkler. Ein oder zwei Tage länger im Labyrinth von Waterside und er hätte dort womöglich seinen letzten Atemzug getan.

»Spuckt es aus.« Mit dem Fingerknöchel berührte er seinen geschwollenen Mundwinkel.

Hamish atmete einmal tief durch und sagte dann: »Die Segel sind nicht zu retten. Wenn wir sie flicken, reißen sie beim ersten Sturm auf See wieder auf. Und durch den Frachtverlust haben wir nicht genug Geld, um das Schiff instand zu setzen.«

Wests Blick schweifte ab, während er nachdachte. »Was, wenn wir uns bis Sowan etwas leihen?«

Hamish schüttelte den Kopf. »So viel Geld gibt uns niemand.«

»Lass sehen.« West streckte die Hand aus und Hamish reichte ihm das Buch.

Wir sahen schweigend zu, wie West darin blätterte und mit den Fingern über die Spalten fuhr. Mit einem Seufzen schlug er es zu. »Ich gehe zu Saint.«

»Nein.« Willa hatte entsetzt die Arme fallen gelassen. »Du stehst doch jetzt schon in seiner Schuld.«

»Dann wird sie eben größer.«

»*Nein*, West«, wiederholte Willa.

»Willst du etwa wieder auf irgendeinem beliebigen Schiff arbeiten müssen, dessen Mannschaft bereit ist, dich aufzunehmen?«, fuhr er sie an.

Sie verengte die Augen zu Schlitzen. »Nein. Aber das würde immerhin bedeuten, dass du ihm das Schiff zurückgeben könntest. Dann wärt ihr quitt.«

»Und wir würden die *Marigold* verlieren?« Er starrte sie ungläubig an.

»Das ist besser, als noch den letzten Rest an Seele zu verkaufen, der dir geblieben ist. Saint wird dich nie wieder aus seinen Fängen lassen.«

West sah die anderen an. »Was meint ihr?«

Hamish war der Erste, der sich äußerte. »Ich finde, Willa hat recht. Du aber auch. Saint ist unser einziger Ausweg.«

Auster und Paj nickten zustimmend und wichen Willas bohrendem Blick aus.

West stöhnte, als er sich erhob, die Hand wieder auf die dunkelblauen Verfärbungen auf seinen Rippen gelegt.

Willa griff nach seinem Arm, um ihn zu stützen. »Wo willst du hin?«

»Nach Pinch. Wir leihen uns Geld von Saint und finden einen anderen Ausweg aus dieser Misere.«

»Ich, äh … ich glaube nicht, dass du nach Pinch gehen musst, um mit Saint zu sprechen«, sagte Auster, der mit weit aufgerissenen Augen aus dem Fenster sah.

Ich trat neben ihn und schaute über seine Schulter auf die Straße hinab. Im Dämmerlicht war eine Gestalt in einem leuchtend blauen Mantel zu sehen, vor der die Leute auseinanderstrebten, als teile sie das Wasser.

Saint.

»Schaff sie hier raus.« West fuhr sich mit der Hand durch das wirre Haar und strich es hinter die Ohren.

Willa griff nach meinem Arm und schob mich Richtung Tür.

»Halt!« Ich wehrte mich, doch Paj packte meinen anderen Arm und zog mich in den Flur hinaus.

»Willst du das Ganze noch schlimmer machen?« Willa spuckte mir die Worte geradezu vor die Füße. Sie öffnete die Tür zum Zimmer nebenan und stieß mich hinein.

»Geht das überhaupt?« Ich riss mich von ihr los, doch Paj schlug die Tür hinter uns zu, sodass wir im Dunkeln saßen.

Willa zündete die Kerze auf dem Tisch an, und ich hörte, wie das Stimmengewirr im Schankraum verstummte und kurz darauf schwere Schritte auf der Treppe ertönten.

»Raus!« Saints Stimme dröhnte durch den Flur, und dann knallte eine Tür ins Schloss.

Willa und ich drückten die Ohren an die dünne Bretterwand zwischen unserem Zimmer und dem von West, und ein unangenehmes Schweigen machte sich breit, in dem ich mein Herz laut pochen hörte.

»Ist das deine Vorstellung davon, was es heißt, Kapitän zu sein?« Saints Stimme war ruhig, aber kalt.

Ich schlich mich lautlos an der Wand entlang, bis ich einen Spalt gefunden hatte, durch den ein Lichtstrahl fiel. Als ich West entdeckte, musste ich ein Lächeln unterdrücken. Er stand aufrecht und mit erhobenem Kinn vor dem Fenster, trotz der Schmerzen, die ihm das bereiten musste, und sah Saint ungerührt in die Augen.

»Wir haben eine Abmachung getroffen, als ich dir die *Marigold* gegeben habe.«

»Du hast mir die *Marigold* nicht gegeben«, fiel West ihm ins Wort.

»Was?«

»Du hast mir die *Marigold* nicht *gegeben*«, wiederholte West.

Saint starrte ihn an. »Ich habe dir eine Chance gegeben – die Chance, Kapitän einer eigenen Mannschaft zu sein und ein eigenes Geschäft aufzubauen. Stattdessen liegt mein Schiff mit aufgeschlitzten Segeln im Hafen und deine Mannschaft zieht dich halb tot aus einer Gasse in Waterside.«

»Zola …«

»Ich bin nicht hier, um über Zola zu reden. Hier geht es um *dich.*« Saint wurde lauter. »Wenn du ein Problem mit einem anderen Händler hast, schaff es aus der Welt.«

»Ja, Sir.«

»Also fahr wieder raus und setz alles daran, die Zahlen in Ordnung zu bringen.«

West senkte den Blick. »Das geht nicht.«

Saint hielt inne. »Was?«

»Ich habe nicht genug Geld für neue Segel. Nicht nach dem Sturm.«

Saints Augen verengten sich zu Schlitzen und er blähte die Nasenflügel. »Soll das heißen, dass du auf dem Trockenen sitzt?«

West beschränkte sich auf ein Nicken.

»Und jetzt willst du, dass ich dir neue Segel beschaffe?«

»Du kannst es zu den bisherigen Schulden dazurechnen.«

»Nein«, flüsterte Willa neben mir.

Eine Sekunde später sagte auch Saint: »Nein.«

West sah auf, offenbar überrascht von der Antwort.

»Du kannst deine Probleme nicht vor meiner Tür abladen, und genauso wenig bekommst du mein Geld, um sie zu beheben. Wenn du nicht in der Lage bist, die Sache selbst in Ordnung zu bringen, bist du nicht der Richtige für den Kapitänsposten.«

West biss zornentbrannt die Kiefer zusammen, beherrschte sich aber.

»Ich habe Geschäfte zu erledigen.« Der Saum von Saints Mantel fegte in einem Bogen über den Boden, als er sich umdrehte, doch dann blieb er, schon eine Hand auf dem Türriegel, noch einmal stehen. »Sollte ich herausfinden, dass auch nur eine Menschenseele etwas über die Fracht weiß, die du von Jeval mit hierhergebracht hast, kannst du deine Mannschaft in Einzelteilen in der ganzen Stadt zusammensuchen.«

West umklammerte seinen Gürtel so fest, dass seine Knöchel hervortraten. »Darum geht es hier? Um *sie*?«

In meiner Brust schienen Flammen zu lodern, und mir fiel auf, dass ich die Luft angehalten hatte.

»Du willst mich also bestrafen.« West trat einen Schritt auf Saint zu.

»Nenn es, wie du willst. Deine Aufgabe besteht darin, meine Anweisungen zu befolgen. Du tust keinen Schritt ohne meine Erlaubnis. Wenn dir diese Bedingungen nicht zusagen, gibt es im Hafen hundert Männer, die sofort deinen Platz einnehmen würden.«

»Wenn ich sie nicht von Jeval mitgenommen hätte, würde sie jetzt mit abgenagten Knochen an einem Felsen unter Wasser hängen.«

»Fable kann auf sich selbst aufpassen.« Saints Stimme klang jetzt tiefer.

Willa drehte sich mit großen Augen zu mir um.

»Warum bin ich dann zwei Jahre lang unter großen Verlusten alle vierzehn Tage zu der Insel gefahren? Wir wissen genau, wer dafür herhalten müsste, wenn ihr etwas passiert wäre. Ich habe unser beider Leben gerettet, als ich sie hergebracht habe.«

Mein Vater knirschte mit den Zähnen, und sein Zorn schien den ganzen Raum zu füllen. »Ich will dich nicht mehr sehen, bis du die Sache geregelt hast. Ansonsten ist es nicht mehr Zola, der hinter dir her ist. Sondern ich. Und von mir kannst du keine Gnade erwarten.«

Das erneute Knallen der Tür ließ die Wände beben, dann waren Saints Schritte auf der Treppe zu hören. Ich ging zum Fenster und sah, wie er auf die Straße hinaustrat. Er schloss sorgfältig die obersten Knöpfe seines Mantels, bevor er, ohne sich noch einmal umzudrehen, in der Dunkelheit verschwand.

Willa verschränkte die Arme und musterte mich von oben bis unten. »Gibt es da vielleicht etwas, das du uns erzählen willst?«

»Ja«, seufzte ich. »Wir müssen reden.«

Kapitel 28

West stand am Fenster, als wir ins Zimmer kamen, den Blick auf die Straße gerichtet.

»West …« Willa streckte die Hand nach ihm aus, aber er wich ihr aus.

»Er leiht uns kein Geld. Wir könnten den Topf nehmen.«

Alle verstummten und starrten ihn an.

»Das geht nicht«, sagte Auster. »Wir waren uns einig, den Topf nie anzurühren.«

»Wir haben es geschworen«, murmelte Paj hinter ihm.

Ein nervöses Schweigen senkte sich über den Raum, und zum ersten Mal nahm ich einen dünnen Riss wahr, der durch die Mannschaft verlief. »Was ist der Topf?«, fragte ich.

»Das Geld, das wir durch Geschäfte abseits des offiziellen Handels eingenommen haben. Für … hinterher.« Zu meiner Überraschung war es Hamish, der mir antwortete. Vielleicht, weil es keine Rolle mehr spielte.

»Hinterher?«

Er nahm die Brille ab und ließ sie zwischen Daumen und Zeigefinger baumeln. »Nachdem wir uns von Saint freigekauft haben.«

»Natürlich nur, wenn wir alle zustimmen«, nahm West den Faden wieder auf. »Im Topf ist genug, um Segel zu kaufen und unsere Verluste durch den Sturm auszugleichen. Wir könnten wieder auslaufen und uns das Geld zurückholen.« Er versuchte, überzeugt zu klingen. »Ich kann morgen ein Schiff leihen und damit zur Koralleninsel fahren.«

Natürlich. Die Koralleninsel diente als Versteck.

Jede Mannschaft hatte solche Orte. Es wäre dumm gewesen, alles, was man besaß, an einer Stelle aufzubewahren, solange Schiffe untergehen und Städte überfallen werden konnten, während man auf See war. Eine Besatzung, die nicht von allen guten Geistern verlassen war, teilte ihre Habe auf mehr als ein Versteck auf.

»Wir haben das Geld zwei Jahre lang angespart«, sagte Willa.

West zuckte mit den Schultern. »Uns bleibt keine Wahl.«

Aber das stimmte nicht. Und wenn ich sie dazu bringen wollte, mich aufzunehmen, war dies meine Chance. Ich griff in den Ausschnitt meiner Jacke und berührte mit den Fingerspitzen den Seedrachen. Mein Magen schnürte sich zusammen, als ich zum Sprechen ansetzte.

»Es gibt noch eine andere Möglichkeit«, erklärte ich und schaute West direkt in die Augen.

Erneut wurde es still im Raum, und ich lief tiefrot an, als plötzlich sämtliche Blicke auf mich gerichtet waren. Jetzt gab es kein Zurück mehr.

»Wie bitte?« Hamish wirkte skeptisch.

»Ich weiß einen anderen Ausweg«, sagte ich und straffte die Schultern. »Wenn ihr wollt.«

Hamish setzte die Brille auf. »Wie meinst du das?«

»Wenn ihr mich als Schürferin anheuert, besorge ich euch neue Segel«, stieß ich hervor, ohne Luft zu holen.

»Nein.« Wests Antwort fiel wie ein Stein von seinen Lippen.

Aber Willa war neugierig geworden. »Und wie genau willst du das anstellen?«

»Ist das wichtig? Ich kann euch zu Segeln verhelfen. Nehmt mich als Schürferin an Bord und ich beschaffe euch genügend Kupfer, um euch auf einen Schlag von Saint freizukaufen.«

Auster drückte sich von der Wand ab. »Wovon redest du da?«

»Das ist mein Angebot.« Ich hielt den Blick weiter fest auf West gerichtet.

»Nein«, sagte er erneut, dieses Mal mit einem Anflug von Zorn in der Stimme.

Willas Blick wanderte von mir zu ihm. »Warum nicht? Wenn sie doch Zugang …«

»Niemand ist besser für diese Mannschaft geeignet als ich. Ich bin eine erfahrene Schürferin«, fügte ich hinzu.

»Nein!«

Ich zuckte zusammen und wich einen Schritt zurück. Die anderen sahen sich verwirrt an.

Willa starrte West an. »Wir haben keine Schürferin. Sie bietet an, uns das Geld für die Segel vorzustrecken und unsere Schulden bei Saint zu begleichen. Und du sagst *Nein?*«

»So ist es. Wir heuern sie nicht an.«

»Warum nicht?« Willa blieb hartnäckig.

Ich gab West eine letzte Chance, doch erneut breitete sich Schweigen im Raum aus. Das Geheimnis brannte mir in der Kehle wie der Roggenwhiskey, den ich nur einen Abend zuvor in mich hineingekippt hatte. Ich hatte es noch nie laut ausgesprochen und sogar geschworen, es niemals zu tun. Aber Saint hatte sein Versprechen mir gegenüber gebrochen. Er hatte mir zwar die *Lark* überlassen, mir aber trotzdem verweigert, was mir zustand. Was er mir schuldig war.

Jetzt würde ich mein Versprechen ihm gegenüber brechen.

»Tu es nicht«, flüsterte West, der meine Gedanken gelesen hatte.

»Saint ist mein Vater.«

Die Anspannung im Raum nahm spürbar zu, und mir lief ein Schauer über den Rücken. Jetzt konnte ich es nicht mehr zurücknehmen.

»Was zum …?«, keuchte Willa.

»Deshalb hat die *Marigold* alle zwei Wochen in Jeval angelegt. Deshalb habt ihr mein und nur mein Pyrum gekauft. Saint wollte, dass jemand nach seiner Tochter sah, die er auf der anderen Seite des Engen Meeres ausgesetzt hatte. *Ich* weiß allerdings erst seit Dern, dass ihr in seinem Auftrag segelt.«

Ich konnte auf ihren Gesichtern ablesen, dass sie mir glaubten. Die Geschichte war zu verrückt, um nicht wahr zu sein.

»Ich war Teil der Bedingungen, unter denen Saint West die *Marigold* überlassen hat. Und du hattest recht«, ich schaute zu Willa hinüber, »ihr habt eure Seele an einen Mann verkauft, der selbst keine besitzt. Er wird niemals zulassen, dass ihr die *Marigold* freikauft. Er wird immer einen Grund finden, warum ihr weiterhin in seiner Schuld steht. So ist er.«

»Wenn Saint dein Vater ist, dann …« Willa führte den Satz nicht zu Ende.

»Isolde war meine Mutter. Deshalb kenne ich mich so gut mit Edelsteinen aus.«

»Du bist eine Steinkundige.«

Ich nickte.

»Du kommst nicht als Schürferin auf die *Marigold*.« West klang sachlich, aber er sah aus, als koste es ihn seine letzte Kraft, diese Worte auszusprechen. »Saint würde es niemals zulassen. Und selbst wenn, würde er uns allen an die Gurgel gehen, falls dir je etwas zustößt. Dich anzuheuern wäre lebensbedrohlich.«

Doch Auster, der neben ihm stand, wirkte amüsiert. »Was hättest du denn davon?«

Ich verlagerte das Gewicht von einem Fuß auf den anderen und schluckte meine Scham herunter. »Ich habe niemanden sonst. Saint will mich nicht.«

Alle starrten mich an.

»Wenn ihr mich in die Mannschaft aufnehmt, sorge ich dafür, dass die *Marigold* wieder seetauglich wird und fülle den Rumpf mit genug Münzen, um damit alle eure Schulden zu begleichen. So lautet mein Angebot.«

»Wie willst du das machen?«, fragte Hamish und mied dabei Wests Blick.

»Ich habe etwas. Etwas, von dem sonst niemand weiß. Es wartet unter Wasser darauf, dass ich komme und es hole.«

»Was ist es?«, fragte Paj. Er hatte bis jetzt geschwiegen.

»Das sage ich euch erst, wenn ihr meine Bedingungen akzeptiert habt.«

Paj seufzte. »Es gibt kein Riff, das uns aus der Patsche helfen könnte, Fable.«

»Ich rede nicht von einem Riff. Und das Geld wird mehr als ausreichen, um euch von Saint freizukaufen.«

Willas Lippen verzogen sich zu einem Lächeln, und ihre Augen blitzten.

»Lasst uns allein.« West drehte sich wieder zum Fenster. Als die Mannschaft sich nicht vom Fleck rührte, wurde er laut: »Lasst uns allein!«

Die anderen verließen ohne ein weiteres Wort das Zimmer. Ich schloss die Tür, lehnte mich mit dem Rücken dagegen und betrachtete ihn. Die Naht schlängelte sich über seine Schulter und lief nach einer kurzen Unterbrechung unter dem Schulterblatt weiter. Und trotzdem sah er unheimlich gut aus.

»Wie habt ihr es gemacht?«, fragte ich leise.

Er schaute auf die Straße hinaus. Das Licht erhellte nur die eine Hälfte seines Gesichts. »Wie haben wir *was* gemacht?«

»Du hast mir auf Jeval das Pyrum abgekauft, es in Dern verkauft und den Gewinn an Saint weitergegeben?«

Er schüttelte den Kopf. »Ich habe ihm den Gewinn nicht gegeben. Er wollte ihn nicht.«

»Also hast du das Geld behalten?«

»Es ist im Topf. Jedes einzelne Kupferstück. Daher stammten auch die Münzen, die ich dir zugesteckt habe, als wir in Ceros angekommen sind.«

Deshalb hatten wir auf dem Weg nach Dern an der Koralleninsel haltgemacht. »Ich war die ganze Zeit fest davon überzeugt, unabhängig zu sein. Ich dachte, ich hätte gelernt, mich allein durchzuschlagen«, flüsterte ich.

»Das hast du auch.«

»Nein, das stimmt nicht. Ohne dich wäre ich auf der Insel verhungert.« Meine Worte schienen ihm unangenehm zu sein. Er senkte den Blick und schaute auf den Boden zwischen uns. »Du hättest Saint gegenüber vortäuschen können, dass du in Jeval warst. Er wäre dir nie auf die Schliche gekommen.«

»Das würde ich niemals tun.«

»Aber du hast kein Problem damit, Geschäfte hinter seinem Rücken zu machen und den Gewinn einzustreichen?«

»Das ist etwas anderes«, sagte er nur.

»Bitte sag nicht, dass du den Mann, der dich im Klammergriff hält, auch noch bewunderst.«

»Du würdest es nie verstehen«, murmelte er.

»Bist du dir da sicher?«

Darüber musste er kurz nachdenken, bevor er antwortete: »Als ich neun Jahre alt war, hat mich ein Händler in Waterside auf der Straße aufgegriffen und auf sein Schiff geholt. Er hat mir alles über das Segeln und Handeln beigebracht, was ich heute weiß, aber er war ein schlechter Mensch. Saint hat mich freigekauft und in seine Mannschaft aufgenommen. Er ist ein verdammter Bastard, aber ich habe es ihm zu verdanken, dass ich heute nicht am Kai Seepocken von Schiffsrümpfen kratze oder auf dem Meeresgrund verrotte.«

Ich wollte mir lieber nicht vorstellen, was West damit meinte, dass der Händler ein »schlechter Mensch« gewesen sei. Die Art und Weise, wie er mitten im Satz geschluckt hatte, verriet, dass er sich für das Geschehene schämte, was auch immer es war.

»Daher wusste er, dass er dir vertrauen kann«, sagte ich. »Darin ist er wirklich gut – er sorgt dafür, dass die Leute *gerade* tief genug in seiner Schuld stehen.«

»Er ist klug.«

Ich schüttelte den Kopf. »Wie kannst du ihn noch verteidigen nach dem, was eben passiert ist? Er hat dich eiskalt fallengelassen.«

»Weil er recht hatte. Ich bin selbst für meine Mannschaft und mein Schiff verantwortlich. Und er hat uns nicht fallengelassen; er hat sich nur geweigert, uns noch mehr Geld zu geben.«

Ich starrte ihn sprachlos an. West verteidigte Saint wirklich.

»Du hast recht – ich bewundere ihn. Die Händler in der Namenlosen See gehen davon aus, irgendwann auch den Handel am Engen Meer zu beherrschen. Saint zeigt ihnen, dass wir auf eigenen Füßen stehen können.«

Ich hätte es niemals zugegeben, aber ein Teil von mir war stolz auf Saint, auch wenn der Rest von mir ihn hasste. Und in diesem Augenblick begriff ich, dass West womöglich der einzige Mensch auf der Welt war, der verstand, wie diese beiden Gefühle zusammenpassten.

»Wie lange braucht ihr noch, bis ihr euch freikaufen könnt?«

Er gab keine Antwort.

»Wie lange noch?«

West legte die Hand erneut auf seine Rippen, als hätte er Schmerzen. Es war ein Wunder, dass er noch stehen konnte. »Sechzehn Jahre.«

Ich trat einen Schritt auf ihn zu und wartete, bis er mir in die Augen schaute, bevor ich sagte: »Sechzehn Jahre oder eine Nacht?«

»Was?«

»Du kannst dich sechzehn Jahre lang damit abmühen, deine Schulden bei Saint abzuarbeiten. Oder du besorgst dir das Geld über Nacht. Zusammen mit mir. Keine Schattenschiff-Aktivitäten mehr. Kein Berichterstatten oder Spionieren, und auch keine Aufträge mehr wie der in Sowan.«

West erstarrte, und ich sah, dass die Worte ihn getroffen hatten. Er wollte nicht, dass ich über die Ereignisse in Sowan Bescheid wusste.

»Ich kann dich nicht anheuern, Fable«, wiederholte er und strich sich das Haar aus der Stirn.

»Du glaubst, dass ich mich nicht behaupten kann.«

»Du hast vier Jahre lang auf Jeval gelebt. Natürlich kannst du dich behaupten.«

»Was spricht dann dagegen? Saint?«

Er starrte auf seine Stiefelspitzen, und seine Kiefermuskulatur zuckte. »Saint ist der einzige Händler des Engen Meeres, der Geschäfte in der Namenlosen See betreibt, seit Zola dort verbannt wurde. Außer ihm haben die Händler in Bastian keinerlei Konkurrenz. Das ist eine Position, für die sich sämtliche Händler des Engen Meeres die Hand abhacken würden. Und wenn irgendjemand herausfindet, wer du bist, wird er sofort versuchen, daraus einen Vorteil zu schlagen.«

Da war etwas dran. Doch bevor ich ein Gegenargument finden konnte, sprach West schon weiter.

»Dazu kommt, dass ich dir nicht vertraue.«

»Was?«

»Du hast versucht, meine Mannschaft gegen mich aufzubringen.«

Mir fiel die Kinnlade herunter. »Ich …«

»Du hast die einzigen Menschen manipuliert, in deren Hände ich mein Leben legen würde. Ich bin auf sie angewiesen.«

»Du wolltest mir nicht einmal zuhören. Ich wusste, wenn sie erfahren, wer ich bin, könnte ich euch zumindest meinen Vorschlag unterbreiten.«

»So läuft das einfach nicht in einer Mannschaft.«

Ich atmete tief durch. »Dann bring mir bei, wie es läuft.«

West schob die Hände in die Taschen und schwieg einen Augenblick lang. »Wenn du dich irgendwann zwischen uns und Saint entscheiden müsstest, würdest du ihn wählen.«

Ich lachte. »Warum sollte ich? Er hat sich noch nie für mich entschieden.«

»Du willst nur deshalb auf die *Marigold*, weil Saint dich abgewiesen hat«, setzte er erneut an.

»Und du bist nur Kapitän der *Marigold*, weil Saint dir sein Schattenschiff überlassen hat. Es ist doch egal, warum wir hier sind, West. Wir sind hier. Ich brauche jemanden, in dessen Hände *ich* mein Leben legen kann.«

Er presste die Lippen zu einer dünnen Linie zusammen.

»Du vertraust mir vielleicht nicht, aber ich vertraue dir.« Ich sprach jetzt ganz leise.

»Du hast keinen Grund, mir zu vertrauen.«

Ich verschränkte die Arme und wandte den Blick ab. »Du bist zurückgekommen.«

»Wovon redest du?«

»Ich habe jede Nacht oben auf den Klippen von Jeval gesessen und mir ausgemalt, wie es wäre, die Segel meines Vaters am Horizont zu sehen. Immer in der Hoffnung, dass er doch noch wiederkommt.« Ich zögerte kurz. »Das hat er aber nicht getan – du schon.«

West schaute hoch und unsere Blicke trafen sich.

»Ich will als Schürferin auf der *Marigold* mitfahren. Ich will dich aus Saints Klammergriff befreien.«

West lehnte sich an die Wand und kratzte sich die Bartstoppeln am Kinn. »Ich hätte dich niemals an Bord der *Marigold* lassen sollen.«

»Was hat das mit dem zu tun, was auf Jeval passiert ist?«

»Alles.«

»Du hast doch eben noch zu Saint gesagt, dass du mich mitgenommen hast, um deinen eigenen Kopf zu retten.«

»Ich habe dich mitgenommen, weil ich dich nicht auf Jeval zurücklassen wollte«, sagte er leise. »Ich *konnte* es einfach nicht.« Das war das erste Mal, dass er etwas sagte, an dem das schwere Gewicht der Wahrheit hing.

Ich versuchte, seine Miene zu deuten, die Schatten, die über sein Gesicht wanderten, doch ich erkannte nur Bruchstücke. Er offenbarte immer nur einzelne Teile, nie das Ganze.

Nach einem langen Augenblick des Schweigens trat er einen Schritt auf mich zu. »Ich werde dafür stimmen, dich als Schürferin in die Mannschaft aufzunehmen.« Die Wärme, die er ausstrahlte, schien mich einzuhüllen. »Wenn du eine Sache begreifst.«

»Und zwar?«

Sein Blick wanderte über mein Gesicht. »Ich kann nicht noch jemanden an mich heranlassen, Fable.«

Die Bedeutung seiner Worte füllte den engen Raum zwischen

uns, und ich hatte das Gefühl, als würde das Zimmer zusammenschrumpfen. Denn ich wusste, warum er das sagte. Das verriet mir sein Blick, der manchmal für den Bruchteil einer Sekunde auf meinen Lippen verweilte, wenn er mich ansah. Die Tatsache, dass seine Stimme jedes Mal ein kleines bisschen tiefer klang, wenn er meinen Namen aussprach. West ging ein ganz besonderes Risiko ein, wenn er für mich stimmte, und in diesem Moment zeigte er mir das ganz offen.

»Versprich mir, dass du das verstanden hast.« Er streckte mir die Hand hin und wartete.

Das hier war mehr als ein Geständnis. Es war ein Abkommen.

Also sah ich ihm in die Augen, erwiderte den Handschlag und sagte mit fester Stimme: »Verstanden.«

Kapitel 29

Auf der *Marigold* brannte eine einzelne Laterne, als ich im Dunkeln den Kai entlanglief.

Die leeren Schiffe trieben wie schlafende Riesen im Hafenbecken, während die Besatzungen in der Stadt ihr Körpergewicht in Whiskey tranken und nur die bezahlten Wachen zurückgelassen hatten. Selbst Waterside wirkte verlassen, die kleinen Gesichter, die normalerweise die Gassen säumten, waren verschwunden. Ceros wirkte nachts viel kleiner als tagsüber, was den Effekt hatte, dass ich mich wiederum weniger klein fühlte.

Als ich die Pier mit der *Marigold* erreichte, hielt ich an der Stelle, wo am Morgen die beiden Leichen gelegen hatten, unwillkürlich inne. Die Blutlachen waren weggeputzt worden, doch so ganz hatten sich die roten Flecken nicht aus dem Holz entfernen lassen. Ich sah die Körper noch vor mir, zusammengesackt in der Sonne, und fragte mich, wer die beiden gewesen waren. Wahrscheinlich arme Schlucker, die sich mit Nachtwachen etwas dazuverdienten.

Sie waren Opfer einer Fehde zwischen anderen geworden – ein jämmerlicher Tod.

Die Strickleiter war ausgerollt, als hätte sie nur auf mich gewartet, und ich wandte den Blick nach oben, als ich mit den bandagierten Händen nach den Sprossen griff. Ich hatte geglaubt, nie wieder auf die *Marigold* zurückzukehren, doch jetzt sollte sie mein Zuhause werden. Die Mannschaft würde meine Familie sein. Und so, wie sich der Wind vor einem unvorhersehbaren Sturm plötzlich dreht, spürte ich in diesem Augenblick, dass große Veränderungen bevorstanden.

Ich stemmte mich über die Reling und sah, dass die anderen sich bereits auf dem Deck versammelt hatten und in einem Kreis vor dem Steuerrad standen. Die nackten Masten ragten wie Skelette über uns auf, die Spitzen im Dunkeln unsichtbar. Die aufgeschlitzten Segel waren zusammengerollt und im Schiff verstaut.

West starrte auf die Deckplanken, als ich mich neben Willa stellte, und seine Körperhaltung verriet, wie angespannt er war. Er hatte in meinen Vorschlag eingewilligt, doch das hieß nicht, dass er mit der Situation zufrieden war. Und das verletzte mich mehr, als ich zugeben wollte.

»Bist du dir ganz sicher, Schürferin?« Willa hatte sich zu mir herübergelehnt, sodass sich unsere Arme berührten.

Ich schaute zu West, und einen kurzen Moment lang trafen sich unsere Blicke. »Ja.«

Ich war mir sicher. Und das lag nicht nur daran, dass ich sonst nirgendwo hinkonnte, sondern auch daran, dass ich schon in der ersten Nacht in der leeren Hängematte unter Deck das Gefühl gehabt hatte, einen Platz gefunden zu haben. Hierher zu passen. Selbst wenn West mich lieber nicht in der Mannschaft gehabt hätte, würde ich mit den anderen zurechtkommen. Ich konnte ihnen vertrauen. Und das war genug. Es war mehr als genug.

Auster zog sich die Wollmütze vom Kopf, sodass ihm das Haar auf die Schultern fiel, und hielt sie mit der Öffnung nach oben in die Mitte des Kreises.

Bei dem Anblick bildete sich ein Kloß in meiner Kehle.

Willa holte eine einzelne Münze aus ihrem Beutel. »Ich bin dafür, dass wir diese nichtsnutzige Schürferin von Jeval in die Mannschaft der *Marigold* aufnehmen.« Sie schnipste das Kupferstück durch die Luft, und es blitzte kurz im Licht der Laterne auf, bevor es in Austers Mütze landete. »Auch wenn sie Unglück bringt.«

»Geht in Ordnung.« Paj hielt jetzt ebenfalls eine Münze zwischen den Fingern und warf sie Willas hinterher.

Auster folgte seinem Beispiel und zwinkerte mir dabei zu. »Sehe ich auch so.«

Hamish zog eine Münze aus seiner Westentasche und sah mich prüfend an. Die Zweifel standen ihm deutlich ins Gesicht geschrieben. »Was hat Saints Tochter auf Jeval verloren?«

Ich verlagerte das Gewicht und schob die Hände in die Jackentaschen. »Was?«

»Wenn wir dir vertrauen sollen, will ich die ganze Geschichte hören. Wie bist du auf Jeval gelandet?«

»Das müssen wir nicht wissen.« West warf Hamish einen warnenden Blick zu.

»Ich schon.«

»Er hat mich dort ausgesetzt«, sagte ich, und meine Kehle schnürte sich zu. »In der Nacht nach dem Untergang der *Lark*.«

Niemand sagte etwas. Alle schauten zu Boden. Auch wenn ich ihre persönlichen Geschichten nicht kannte, konnte ich mir nicht vorstellen, dass sie viel besser verlaufen waren als meine. Ich war nicht so dumm, in Selbstmitleid zu verfallen. Das Enge Meer glich einer Messerklinge. Man konnte hier nicht überleben, ohne sich zu schneiden. Und ich war keine von denen, die sich für ihre Vergangenheit schämten. Sie war vorbei.

Hamish nickte mir zu, bevor er seine Münze in die Mütze warf. Jetzt waren alle Blicke auf West gerichtet. Er stand schweigend da, während hinter ihm in der Dunkelheit die Vögel kreischten, und ich fragte mich, ob er seine Meinung vielleicht geändert hatte und sich von der Mannschaft überstimmen lassen würde.

Als er schließlich die Hand hob, schimmerte etwas Kupferfarbenes zwischen seinen Fingern. Er ließ die Münze ohne ein Wort in die Mütze fallen.

Sein Schweigen sprach Bände. Er hatte zugestimmt. Er würde mein Geld annehmen, um die *Marigold* zu retten. Aber das war auch alles.

»Hol den Whiskey, Willa.« Auster drückte mir die Mütze in die Hand, und ich sah hinein.

Es war Tradition, dass alle Besatzungsmitglieder dem jüngsten Zuwachs ein Kupferstück schenkten, als Zeichen des guten Willens. Ich hatte dieses Ritual bei der Mannschaft meines Vaters häufig beobachten können. Doch seit meiner Ankunft auf Jeval hatte mir niemand etwas geschenkt. Kein einziges Mal. Ich gab mir gar keine Mühe, meine Tränen zurückzuhalten. Sie liefen mir in einem stetigen Strom über das Gesicht, als ich die Mütze jetzt an mich drückte.

Wie ein erschöpfter Vogel, der über das raueste aller Meere flog, hatte ich endlich einen Platz zum Landen gefunden.

Willa zog den Korken aus einer der tintenblauen Flaschen aus dem Wirtshaus und goss die Gläser so voll, dass der Whiskey auf die Planken tropfte. Paj verteilte sie. Dann hoben wir sie alle gleichzeitig an die Lippen und tranken sie in einem Zug leer, und die Mannschaft brach in lauten Jubel aus. Ich lachte und musste husten, weil mir der Whiskey in der Kehle brannte.

»Wie viel?«, fragte ich und drehte das leere Glas zwischen den Fingern.

»Wie viel was?« Willa goss sich nach.

»Wie viel kosten neue Segel?«

Die Frage schien Hamish zu überraschen, aber er zog sofort sein Buch aus der Weste. Dann nahm er die Laterne vom Mast und stellte sie zwischen uns auf das Deck, bevor er die letzte markierte Seite aufschlug. Wir hockten uns im Kreis um ihn herum, die Gesichter vom schwachen Licht der Lampe erhellt. Über das Papier zogen sich lauter Zeilen in Hamishs Handschrift und auf der rechten Seite waren Zahlen zu Summen addiert.

»Selbst wenn wir die Handwerker für die Reparaturen bezahlt haben und die Verluste durch den Sturm ausgeglichen sind, brauchen wir noch mindestens achthundert Kupferstücke für die Segel.«

»Achthundert?« Paj klang skeptisch.

»Weniger brauchen wir den Segelmachern gar nicht anbieten, da bin ich mir ziemlich sicher. Niemand will es sich mit Zola verscherzen.«

»Er hat recht«, sagte West.

Das war ein Schlag in die Magengrube, den auch der Whiskey nicht abmildern konnte. Ich hatte gewusst, dass die Segel teuer sein würden, aber mit so viel hatte ich nicht gerechnet. Ich hoffte, dass mein Plan trotzdem aufging.

»Kannst du das Geld besorgen oder nicht?« In Hamishs Brillengläsern spiegelte sich das Licht, als er aufschaute.

»Ja, kann ich.«

Willa drückte den Korken zurück in die Flasche und stellte sie zwischen uns. »Du hast uns nie verraten, wie.«

»Spielt das eine Rolle?«

»Eigentlich nicht.« Sie zuckte mit den Schultern. »Aber ich würde es trotzdem gern wissen.«

»Saint wird für die Segel bezahlen.«

Wests Kopf zuckte hoch, und Paj räusperte sich. »Saint?«

»Genau.«

»Und wie willst du ihn dazu kriegen?« Willa war sichtlich amüsiert.

»Ich habe etwas, das er zurückhaben will. Etwas, für das er garantiert alles geben würde.«

Niemand fragte nach, was es war, aber ich konnte an ihren Gesichtern ablesen, dass der Gedanke sie nervös machte. Saint war wegen der Sache mit Zola ohnehin schon wütend auf sie. Sollte er herausfinden, dass ich ihn durch eine List dazu gebracht hatte, für die Reparatur der *Marigold* zu bezahlen, würde er unsere Köpfe rollen sehen wollen.

»Du spielst mit dem Feuer, Fable«, sagte Willa, aber das teuflische Lächeln auf ihren Lippen reichte bis zu ihren Augen hinauf und ließ sie funkeln.

Ich sah, dass West das Gleiche dachte, doch er war kein bisschen belustigt. Er starrte in sein leeres Glas, das im Licht der Laterne grün aufleuchtete. Die Platzwunde auf seiner Stirn wurde von seinem Haar verdeckt, doch die linke Hälfte seines Gesichts war weiterhin geschwollen und sein Auge blutunterlaufen.

Die Mannschaft war bereits in Schwierigkeiten gewesen, als ich das Schiff betreten hatte, aber jetzt fragte ich mich, ob ich womöglich den Sturm brachte, der ihren Untergang besiegelte.

Kapitel 30

Ich hatte mein Versprechen gebrochen, aber das änderte nichts daran, dass ich mich an Saints Regeln hielt.

In der Ferne wurde es langsam hell, als ich zwischen zwei Gebäuden stand und die Brücke beobachtete. Wenn ich recht hatte, würden dort oben auf den Holzbrettern jeden Augenblick Saints Schritte ertönen, auf dem Weg zu *Griff's*. In meiner Kindheit hatte er, wenn wir an Land waren, jeden Morgen vor Sonnenaufgang das Gasthaus aufgesucht, um dort Tee zu trinken.

Natürlich war es möglich, dass Saint seine Gewohnheiten in den letzten Jahren verändert hatte. Doch wenn er immer noch der gleiche skrupellose Händler war, der allen die Beine wegtrat, um vor ihnen ins Ziel zu kommen, war er vielleicht auch weiterhin der Mann, der frühmorgens ins *Griff's* ging, um Tee zu trinken.

Das entfernte Geräusch schwerer Stiefel ließ mich zu der einzigen Brücke hinaufschauen, die aus Pinch hinausführte. Obwohl die Straßen zu dieser Tageszeit leer waren, stapfte Saint ungern durch den Schlamm.

Vor dem dunklen Himmel bewegte sich eine schemenhafte Gestalt, und die Art und Weise, wie ihr Mantel im Wind wehte, verriet mir, dass es sich tatsächlich um Saint handelte. Ich erhob mich von der Kiste, auf der ich gesessen hatte, und trat auf die Straße hinaus, um ihm zu folgen. Er nahm den gleichen Weg nach Waterside wie früher, und ich lief ihm hinterher, die Hände tief in die Taschen geschoben. Ich konnte sehen, wie sein Umriss über die Gebäude unter der Brücke glitt. Auch das war typisch für ihn – er warf seinen Schatten auf alles, was in seine Nähe kam.

Als er die Leiter in der Nähe des Hafens hinunterkletterte, drückte ich mich mit angehaltenem Atem gegen die Wand des nächstgelegenen Gebäudes. Im Licht der Dämmerung hatte sein Mantel die gleiche Farbe wie die Blauen Korallenschlangen, die man auf den Klippen im Osten von Jeval fand. Er kam genau in dem Augenblick unten an, in dem die Straßenlaternen aufflackerten. In ein paar Minuten würde sich die Straße mit Hafenarbeitern und Bäckern füllen und die Stadt zum Leben erwachen.

Ich wartete, bis er um die Ecke verschwunden war, bevor ich mich mit leisen Schritten an seine Fersen heftete. Das Schild von *Griff's* ragte auf die Gasse hinaus, die Aufschrift durch den starken Wind vom Meer verwittert. Aber ich kannte das Gasthaus. Die Steinwände wurden von dicken Balken gestützt, und das Dach war so schief, dass sich nicht einmal Vögel darauf halten konnten.

Saint verschwand durch die Tür, und ich beobachtete ihn durch ein Fenster. Abgesehen von Griff, der hinter dem Tresen stand und sich gerade eine Schürze umband, war der Raum leer. Der Wirt schaute nicht einmal auf, als Saint an einem der Tische Platz nahm.

Aus dem Hinterzimmer kam eine Frau, die ein Tablett mit Tee

brachte und es vorsichtig vor Saint absetzte. Sie stellte die Kanne in die Ecke des Tisches, während er einen Stapel aufgerollter Dokumente aus seinem Mantel zog. Die Teetasse wirkte winzig in seiner Hand, als er einen Schluck daraus nahm, den Blick unablässig auf die Seiten vor ihm gerichtet.

Ich legte eine Hand auf den Türriegel, sammelte mich kurz und trat dann ein.

Griff sah auf, und auch die Frau erschien wieder im Türrahmen. Beide wirkten irritiert. Doch am stärksten spürte ich Saints Blick auf mir. Er schaute von der Teetasse auf und zog fragend die dichten Augenbrauen über den leuchtend blauen Augen hoch.

»Morgen!« Ich nickte der Frau zu. »Ein Kännchen Tee, bitte.«

Sie suchte Griffs Blick, als müsse sie seine Erlaubnis einholen, und er nickte, auch wenn er mir gegenüber eindeutig misstrauisch war. Als ich mich auf den Stuhl Saint gegenüber setzte und die gefalteten Hände auf den Tisch legte, wurden seine Augen ganz groß.

»Was machst du hier?« Saints Blick kehrte zu den Unterlagen vor ihm zurück, doch die Art und Weise, wie er auf seinem Stuhl herumrutschte, zeigte mir, dass ich ihn überrascht hatte.

»Abrechnungen?« Ich beugte mich vor und tat so, als interessierte ich mich für die Zahlen.

»Ja. Gestern Nacht sind zwei Schiffe eingelaufen.« Er griff wieder nach der Tasse, die einen feuchten Ring auf der Ecke des Papiers hinterlassen hatte. »Was willst du?«

»Ich möchte mit meinem Vater Tee trinken«, sagte ich lächelnd, die Stimme zu einem Flüstern gesenkt.

Trotzdem spannte Saint sofort jeden Muskel an, und seine Hand umklammerte die Tasse so fest, dass ich schon glaubte, sie würde zwischen seinen Fingern zerspringen. Er suchte meinen Blick, während die Frau eine zweite Kanne Tee zwischen uns stellte und den Tisch so umräumte, dass alles Platz fand.

»Milch, meine Liebe?«, fragte sie.

»Ja, bitte.«

»Und auch Zucker?«

»Gern.« Ich sah zu Saint hinüber. »Zucker hatte ich schon seit Jahren nicht mehr.«

Er setzte seine Tasse ein wenig zu hart ab, sodass der Tee herausschwappte, während ich mir ebenfalls etwas eingoss. Die Frau kehrte mit einem kleinen Kännchen Milch und einigen Zuckerstücken auf einem Leinentuch zurück. Saint ignorierte mich, als ich beides in meinen Tee rührte.

»Hat der Sturm vor ein paar Tagen deinen Schiffen sehr zugesetzt?«

»Jeder hat ein paar Schäden erlitten«, brummte er.

»Auch Zola?«

Er ließ die Dokumente fallen. »Was weißt du über Zola?«

»Nicht viel, außer dass er Ärger mit der Edelsteinhändlerin von der Namenlosen See hat.« Ich beobachtete ihn. »Und mit der *Marigold*. Ich habe gehört, dass jemand ihre Segel aufgeschlitzt hat.«

»Je weniger du über seine Geschäfte weißt, desto besser.«

Ich griff nach seiner Teekanne und goss ihm nach. »Hast du auch ein Problem mit ihm?«

»Deine Mutter hatte ein Problem mit ihm«, sagte er, und ich erstarrte. »Daher ja. Ich auch.«

»Er kannte sie?« Ich vermied es bewusst, ihren Namen auszusprechen. Es war besser, ihn nicht in Rage zu versetzen.

»Sie hat für ihn geschürft, bevor sie zu uns kam.«

Ich starrte ihn an, überrumpelt von seiner Offenheit. Für gewöhnlich sprach Saint in Rätseln, doch jetzt gab er mir Informationen, um die ich noch nicht einmal gebeten hatte. Es war nur logisch, dass Isolde auf anderen Schiffen gearbeitet hatte, bevor sie zu Saints Mannschaft stieß, aber sie hatte nie über die Zeit zwischen ihrem Weggang aus Bastian und ihrer Aufnahme in die Besatzung der *Lark* gesprochen.

»Was ist zwischen ihnen vorgefallen?«

Saint beugte sich vor. »Egal.«

Ich biss mir auf die Lippe und widerstand dem Drang, ihn bei seinem eleganten Mantel zu packen und laut zu schreien.

Du bist nicht für diese Welt gemacht, Fable.

Er hielt mich für unfähig, für mich selbst zu sorgen. Er hatte mir die *Lark* überlassen, glaubte aber nicht, dass ich meinen eigenen Weg gehen könnte. Nicht wirklich.

Ich sog die Atmosphäre ein, die ihn immer zu umgeben schien. Das stolze, abgebrühte Auftreten, das er stets vor sich hertrug. Dann schluckte ich den Schmerz in meiner Brust herunter und verdrängte den kleinen, gebrochenen Teil in mir, der sich nichts sehnlicher wünschte, als dass er die Hand ausstreckte und nach meiner griff. Dass er den Blick von den Unterlagen hob und mich anschaute. Mich *wirklich* anschaute.

»Wann erzählst du mir endlich, warum du hier bist?«

Ich nippte an meinem Tee, dessen süße Bitterkeit auf meiner Zunge kribbelte. »Ich brauche Geld.«

»Wie viel?« Er klang völlig desinteressiert.

»Achthundert Kupferstücke.«

Damit hatte ich seine Aufmerksamkeit. Grinsend lehnte er sich im Stuhl zurück. »Du willst, dass ich dir …?«

»Natürlich nicht«, unterbrach ich ihn. »Das würde gegen eine deiner Regeln verstoßen. Nichts ist umsonst.« Ich leierte den Satz herunter, wie ich es als Kind getan hatte. »Ich möchte dir einen Handel vorschlagen.«

Das weckte seine Neugierde. »Einen Handel?«

»Genau.«

»Und warum brauchst du achthundert Kupferstücke?«

»Du hast mir geraten, meinen eigenen Weg zu gehen. Und das tue ich.«

Er nickte langsam. »Und was könntest du besitzen, für das ich dir so viel Geld geben würde?«

Bevor ich es mir anders überlegen konnte, griff ich in die Tasche und zog die Kette hervor. Selbst Saint schaffte es nicht, den Schreck zu verbergen, der ihn durchzuckte, als ich den Seedrachen auf den Tisch legte. Er wirkte wie erstarrt und hatte die Augen weit aufgerissen.

»Wo hast du die her?«, krächzte er.

Ich wusste, dass es falsch war. Dass es zutiefst unmoralisch war, meine Mutter so zu benutzen. Ihren wertvollsten Besitz als Handelsware einzusetzen, war ungeheuerlich. Doch die Kette hatte nach mir gerufen, als ich in Saints Arbeitszimmer vor dem Spiegel gestanden hatte, so als hätte Isolde gewusst, dass ich sie brauchen würde. Für genau diesen Augenblick.

Saint nahm die Kette vorsichtig in die Hand, und der Seedrache aus Irismuschel-Perlmutt pendelte zwischen seinen Fingern hin und her.

»Deshalb bist du zur *Lark* zurückgekehrt«, sagte ich. »Um die Kette zu bergen.«

Er antwortete nicht. Er hatte den Anhänger eigens für meine Mutter anfertigen lassen, bei einem Juwelier in Bastian, der Unikate herstellte. Das grüne Perlmutt war selten, in der Farbe kam es nur in der Namenlosen See vor. Meine Mutter hatte die Kette niemals abgelegt.

»Also?« Ich schaute Saint an. In meinen Augen brannten Tränen.

Er schloss die Hand um die Kette und ließ sie dann in die Brusttasche seines Mantels gleiten. Dann räusperte er sich. »Achthundert Kupferstücke. Einverstanden.«

Ich streckte ihm die Hand hin, um die Abmachung zu besiegeln, und er schlug ein. Als ich aufstand, mied er meinen Blick, und so langsam drang zu mir durch, was ich gerade getan hatte. Ich wusste, was ihm wichtig war, und hatte es gegen ihn verwendet. Ich war der Beweis geworden, warum seine Regeln nötig waren.

Hastig drehte ich ihm den Rücken zu, bevor mir die erste Träne über das Gesicht rollte.

»Und, Fable?«

Ich erstarrte, einen Fuß bereits auf der Schwelle.

Als Saint sich jetzt auf dem Stuhl zurücklehnte und zu mir hochschaute, waren seine Züge wieder kühl und undurchdringlich. »Solltest du noch ein einziges Mal versuchen, mir mithilfe deiner Mutter Geld aus den Rippen zu leiern, vergesse ich, dass du je existiert hast.«

Kapitel 31

Ich spürte, wie sie sich von mir entfernte, als ich aus Griffs Wirtshaus trat und die Kette zurückließ. Isoldes Anwesenheit hatte mich wie ein Geist begleitet, seit ich den Seedrachen aus Saints Haus mitgenommen hatte.

Paj band mir zwei volle Geldbeutel an die Hüften und verknotete die Lederriemen mit meinem Gürtel. »Sobald wir einmal losgelaufen sind, bleibst du nicht stehen.«

Ich nickte und zog den Gürtel fest, damit das Gewicht ihn nicht lockerte.

»Nicht stehen bleiben!«, wiederholte er und wartete, bis ich ihm in die Augen sah.

»Ich hab's verstanden.«

Hinter ihm in der Gasse stand Willa, tief im Schatten verborgen, und ließ die Straße nicht aus den Augen. Saints Zahlmeister war mitten in der Nacht mit dem Kupfer aufgetaucht, begleitet von zwei Männern, die in jeder Hand ein Messer trugen. Die drei hatten schweigend und mit zu Schlitzen verengten Augen zugesehen, wie ich den Erhalt des Geldes in meinem Zimmer im Gasthaus per Unterschrift quittierte. Wer für meinen Vater arbeitete, wusste, wann er besser keine Fragen stellte.

Hamish hatte uns dringend geraten, erst mit dem Segelmacher zu sprechen, ohne so viel Kupfer durch die Gegend zu tragen, aber West war der Ansicht, dass wir größere Chancen auf einen Geschäftsabschluss hätten, wenn unser Gegenüber das Geld mit eigenen Augen sah.

Nichts ist so überzeugend wie der Glanz von Kupfer, hatte er gesagt.

»Wir bringen euch bis zur Tür und warten draußen.« Auster überprüfte noch einmal, ob die Börsen richtig saßen.

»Ihr kommt nicht mit uns?« Ich schaute von ihm zu Paj und wieder zurück. Der Gedanke gefiel mir gar nicht – es war sehr viel Geld, und ohne die beiden hätte ich nur Willa und ihren Dolch an meiner Seite, falls irgendjemand in der Werkstatt des Segelmachers versuchen würde, es mir abzunehmen.

»Tinny hat gewisse Vorbehalte gegen uns.« Paj grinste und lehnte sich neben Auster an die Wand.

»Warum?«

»Er macht keine Geschäfte mit Salzblütern.«

Ich riss die Augen auf und starrte die beiden an. »Ihr habt behauptet, ihr kämt aus Waterside.« Mein Blick blieb an Paj hängen.

Er hatte sich leicht versteift. Vielleicht war es ihm unangenehm, dass Auster mir etwas über sie erzählte, das der Wahrheit entsprach.

Aber Auster war das egal. »Wir stammen aus Bastian.«

In dieser prachtvollen, wohlhabenden Stadt an der Küste der Namenlosen See war auch meine Mutter zur Welt gekommen. Man traf nur selten Menschen, die sich gegen Bastian und für ein

Leben auf dem Engen Meer entschieden. Für gewöhnlich waren sie vor etwas davongelaufen.

Auch bei Paj und Auster musste eine Geschichte dahinterstecken. Und mir war durchaus bewusst, was Auster mit seiner Aussage bezweckte. Er hatte mich ein kleines bisschen ins Vertrauen gezogen, um zu schauen, wie ich damit umging.

»Wir müssen los«, sagte Willa und warf einen Blick über die Schulter.

Ich knöpfte mir die Jacke zu, und Auster und Paj bezogen links und rechts von mir Position.

Willa zückte den Dolch. »Bereit?«

Ich nickte.

Sie trat auf die Straße hinaus und ich folgte ihr, im Gleichschritt mit Auster und Paj, die dicht genug neben mir liefen, um sich jederzeit schützend vor mich stellen zu können.

Die Werkstatt des Segelmachers befand sich auf einer der zwölf Piers, die im Osten von Ceros ins Meer hineinragten. Die der Stadt zugewandte Seite des Gebäudes bestand aus einer einzigen Fensterfront. Die roten Backsteinmauern waren mit grünem Moos bewachsen und der Mörtel bröckelte etwas. Ich schob die Hände in die Taschen und hielt die schweren Beutel fest, damit sie beim Laufen nicht klirrten.

Mir entging nicht, dass jeder, der an uns vorbeiging, auf Willas Narbe starrte, doch sie hielt den Kopf hocherhoben, als würde sie es gar nicht bemerken. Ich hatte noch nicht einmal erlebt, dass sie versuchte, die Narbe zu verbergen, und fragte mich, ob sie ihr vielleicht sogar nützte. So konnte jeder am Engen Meer sehen, dass sie mit der Brutalität der Welt vertraut war. Es war nicht ungewöhnlich, dass Frauen auf Schiffen arbeiteten, aber sie waren eindeutig in der Unterzahl. Und je sanftmütiger sie wirkten, desto schneller wurden sie ausgenutzt.

Mittlerweile dürften sich die Neuigkeiten über West und die *Marigold* unter den Händlern herumgesprochen haben. Die Fehde mit Zola war zu etwas Größerem herangewachsen – einem Krieg –, und vermutlich ahnte jeder, der die Sache verfolgte, dass der Mannschaft der *Marigold* die Mittel ausgingen. Doch niemand wusste von dem Mädchen aus Jeval, das Saint genügend Geld abgeknöpft hatte, um das Schiff zu retten.

Wir hatten die Stufen zur Pier erreicht, und Auster suchte sich einen Beobachtungsposten neben dem Gebäude und zog eine Pfeife aus der Tasche. Paj gesellte sich zu ihm und schob die Hände unter seine Weste. Beide verfolgten aus dem Augenwinkel, wie Willa das große Metalltor aufzog und wir die lichtdurchflutete Segelmacherwerkstatt betraten.

Auf dem Boden stapelte sich ein Irrgarten aus Tuchrollen in allen Größen und Stärken, die nur den Blick auf eine Treppe vor uns freigaben. An den Wänden neben der Eingangstür lagerten fertige Aufträge, die, in braunes Papier gepackt und handschriftlich mit dem Namen der entsprechenden Schiffe versehen, darauf warteten, in die Kaufmannshalle abtransportiert zu werden.

Hinter einem Vorhang tauchte der kahle Kopf eines Mannes auf, der uns nicht aus den Augen ließ, als wir die Treppe zum ersten Stock erklommen. Oben befand sich ein großer, offener Raum, wo das Segeltuch ausgebreitet, zugeschnitten und per Hand genäht wurde. Die Fenster ließen aus allen Richtungen Licht ein, und der wallende weiße Stoff bedeckte jeden Zentimeter des Bodens. Überall hockten Gesellen mit hölzernen Werkzeugkisten. Über ihnen an der Decke hingen Schnüre mit glänzenden Ösen, wie Ketten aus Silber.

»Tinny!«, rief Willa, und hinter einem Stapel Kisten auf der gegenüberliegenden Seite der Werkstatt erschien ein Mann.

Er riss die Augen auf und stieß einen leisen Fluch aus, der seinen Schnurrbart tanzen ließ. »Oh, nein! Auf gar keinen Fall, Willa!«

Die Gesellen beeilten sich, das Tuch zur Seite zu ziehen und einen Weg freizuräumen, damit Willa nicht auf die halb fertigen Segel trat, als sie nun auf Tinny zumarschierte.

»Nicht in tausend Jahren!« Er schüttelte den Kopf und trieb das spitze Ende einer Ahle in die Ecke des Segels, das er in der Hand hielt. Dann drehte er sie, um das Loch zu vergrößern, und ein Lichtstrahl fing sich in dem Edelstein an seinem Finger. Der rostfarbene Karneol saß auf einem breiten silbernen Ring, auf dem das Siegel von Ceros prangte, was ihn als offizielles Mitglied der Segelmachergilde auswies. Alle, die hier in der Werkstatt arbeiteten, waren ihm unterstellt und schufteten sich über Jahre ab, in der Hoffnung, irgendwann selbst einen solchen Ring zu erhalten. »Ihr werdet in Ceros keinen Segelmacher finden, der bereit wäre, die *Marigold* auszustatten, also fragt erst gar nicht.«

»War Zola hier?« Willa stützte sich mit einer Hand an einem Fensterrahmen ab.

»Er war überall.«

Willa warf mir unauffällig einen Blick zu. Hamish und West hatten recht gehabt.

Tinny holte eine Öse aus seiner Schürze und setzte sie in das Loch ein. »Niemand kann Ärger mit der Mannschaft der *Luna* gebrauchen, verstanden? Zolas Einfluss mag geschrumpft sein, aber er schreckt vor nichts zurück. Es tut mir leid, was mit der *Marigold* passiert ist.« Er schaute hoch und sein Blick glitt über Willas Gesicht. »Und mir tut leid, was dir und West widerfahren ist. Ich weiß nicht, was ihr angestellt habt, um den Zorn eines Meeresdämonen wie Zola auf euch zu ziehen, aber ich bin nicht so dringend auf den Auftrag angewiesen, dass ich es mir mit ihm verscherzen würde.«

Einer der Gesellen hinter uns ließ sich kein Wort des Gesprächs entgehen, während er seine Nadel durch den Stoff führte, und sein Blick wanderte zu den Stellen, wo sich meine Jacke über den Kupfersäcken ausbeulte.

»Wir waren immer fair zu dir, Tinny«, sagte Willa. »Wir haben dich immer gut bezahlt.«

»Ich weiß. Aber wie schon gesagt …« Er seufzte. »In Sowan stehen eure Chancen besser. Es sei denn, Zola ist vor euch da.«

Willa starrte ihn wütend an, aber er ließ sich nicht erweichen. »Und wie sollen wir bitte ohne Segel nach Sowan kommen?«

»Bitte, ich sollte nicht einmal mit euch *reden*.« Er ließ den Blick durch die Halle schweifen. »Die Leute tratschen.«

»Wir haben Kupfer. Eine ganze Menge sogar.« Willa hatte die Stimme gesenkt. »Wir sind bereit, das Doppelte des normalen Preises zu zahlen.«

Tinnys Hände verharrten über dem Stoff, und er sah zu ihr hoch.

»Zeig es ihm«, sagte sie zu mir.

Ich stellte mich hinter den Kistenstapel und knöpfte meine Jacke so weit auf, dass die beiden prall gefüllten Beutel zum Vorschein kamen.

Ich bemerkte ein Zucken rund um Tinnys Mund, und ihm war anzusehen, dass seine Gedanken rasten. Er verlagerte das Gewicht und schaute aus dem Fenster. Die Versuchung war groß, doch ich verstand, schon bevor er den Mund öffnete, dass er das Risiko nicht eingehen würde, unabhängig von der Summe, die wir zu zahlen bereit waren. »Tut mir leid, Willa.« Er wandte sich ab und stach die Ahle in die nächste Ecke.

»Verfluchter Verräter«, murmelte Willa auf dem Weg zum Ausgang. Die Gesellen versuchten wieder, das Segeltuch rechtzeitig zur Seite zu ziehen, aber Willa nahm keine Rücksicht, und ihre Stiefeltritte dröhnten wie ein Herzschlag durch die Halle.

»Irgendjemand in dieser Stadt muss doch gewillt sein, achthundert Kupferstücke zu verdienen«, sagte ich und folgte ihr die Treppe hinab.

»Wenn es jemand gemacht hätte, dann Tinny.«

Paj stieß sich von der Wand ab, als wir durch die Tür kamen. »Das ging schnell.«

»Er macht es nicht«, knurrte Willa und starrte auf das bunte Treiben in den Straßen, die Hände in die Hüften gestemmt.

Auster nahm einen tiefen Zug aus seiner Pfeife und ließ den Rauch durch die Nasenlöcher entweichen. Um seine Lippen spielte ein verschlagenes Grinsen.

Paj warf ihm einen durchdringenden Blick zu. »Denk nicht einmal daran.«

Auster sagte nichts, sondern schaukelte nur vor und zurück.

»Was ist los?« Ich musterte ihn.

»Wir könnten da jemanden kennen, der den Auftrag übernehmen würde«, sagte er und mied Pajs Blick.

Ich schaute von Paj zu Auster und wieder zurück. »Wen denn?«

»Wir gehen nicht zu Leo.« Paj starrte Auster wütend an.

»Wer ist Leo?« Willa wurde langsam ungeduldig.

»Ein Bekannter aus alten Zeiten. Er würde es machen«, antwortete Auster.

Aber Paj sah nicht so aus, als würde er nachgeben.

»Niemand würde je davon erfahren. In gewisser Weise ist es sogar sicherer.« Auster zuckte mit den Schultern.

»Woher willst du das wissen?« Willa schaute von einem zum anderen.

»Weil dieser Segelmacher offiziell gar nicht existiert.«

»Hättest du das nicht vielleicht erwähnen können, bevor wir hier reinspaziert sind und Gerüchte darüber losgetreten haben, dass die Mannschaft der *Marigold* bei Tinny Segel kaufen will?« Willas Stimme wurde lauter.

Paj seufzte. »Es ist eher ein allerletztes Mittel.«

»Klingt passend«, meinte ich und drehte mich um. »Dann los!«

Kapitel 32

Wir saßen am Fenster des überfüllten Teehauses und warteten.

Nord-Fyg war der einzige Stadtteil von Ceros, in dem das Kopfsteinpflaster trocken war und die Kinder nicht barfuß draußen herumliefen. Viele der Bewohner stammten aus Bastian und waren nach Ceros entsandt worden, um ihre Gilde oder die Interessen ihrer Arbeitgeber jenseits der Namenlosen See zu vertreten. Sie pflegten einen anderen Lebensstandard, als in den Städten am Engen Meer üblich war. Hier, wo die mit Bronzeornamenten verzierten Steinfassaden der Häuser im Sonnenlicht leuchteten, war vom Gestank der Stadt nichts zu bemerken.

Ich war noch nie in Nord-Fyg gewesen, weil mein Vater sich weigerte, die Gebiete westlich von Waterside auch nur zu betreten. Wenn er sich mit Würdenträgern oder Gildemeistern traf, um Geschäfte zu besprechen, bestellte er sie ins Herz der Stadt, wo er zu Hause war und seine Regeln galten.

Auf dem Weg zum Teehaus hatten wir sämtliche Blicke auf uns

gezogen, und ich fragte mich, wann irgendeiner dieser Menschen wohl zum letzten Mal im Hafen gewesen war. Unseresgleichen war in Nord-Fyg nicht unbedingt willkommen, aber unser Kupfer nahm man natürlich trotzdem. Wir hatten einen Aufschlag bezahlt, um den Tisch am Fenster zu bekommen, von wo aus wir die rote Tür auf der gegenüberliegenden Straßenseite beobachten konnten.

»Was zum Teufel ist das?« Auster nahm eines der Gebäckstücke von der Etagere vor uns und begutachtete es von allen Seiten. Der feine Blätterteig war mit einem pudrigen Pulver bestreut, das die Farbe von Blut hatte.

Eine Frau mit einem silbernen Handwagen hielt neben dem Tisch und brachte den Tee. Sie stellte zwei handbemalte Kannen vor uns und hielt dabei den Blick gesenkt, als wären wir gar nicht da. Ich erkannte, dass der Grund dafür nicht Missbilligung war – sie hatte Angst vor uns. Und einen kurzen Augenblick lang gefiel mir der Gedanke.

Ich drehte die Teekanne zu mir um und betrachtete den Goldrand und das verschlungene Muster aus dunkelroten Blumen. Allein die dazugehörige Tasse war mehr wert als mein ganzer Werkzeuggürtel.

»Kommt er noch, oder was?«, schnaubte Willa ungeduldig und goss sich eine Tasse dampfenden schwarzen Tee ein.

»Er kommt«, versicherte Paj, den Blick weiterhin fest auf die rote Tür gerichtet.

»Woher genau kennen zwei aus Bastian stammende Seemänner einen wohlhabenden Schneider in Nord-Fyg?« Willa hob die Tasse zum Mund und ließ Auster dabei nicht aus den Augen.

»Er ist ein Salzblüter.« Auster wechselte einen Blick mit Paj, bevor er weitersprach. »Und Paj hat ihm einmal einen Gefallen getan.«

»Was für einen Gefallen?«, hakte ich nach.

»Die Art von Gefallen, die zurückgezahlt werden muss«, sagte Paj schnell, bevor Auster zu einer Erklärung ansetzen konnte.

Sie hatten in meiner Gegenwart schon mehr preisgegeben, als ich erwartet hätte. Ich würde sie nicht weiter drängen.

Willa nahm ein Gebäckstück von der Etagere, biss hinein und fragte mit vollem Mund: »Was, wenn er sich weigert?«

Auster grinste. »Wird er nicht. Er würde es für hundert Kupferstücke machen, wenn das unser Preis wäre.«

»Woher weißt du das?«

»Weil er seit Jahren keine Segel mehr genäht hat. Er wird sich die Finger danach lecken.«

Ich lehnte mich zurück. »Und warum bieten wir ihm dann nicht hundert statt achthundert Kupferstücke an?«

»Wir zahlen ihm hundert für die Segel. Und siebenhundert für sein Schweigen«, sagte Auster.

Willa lachte. »Salzblüter halten wohl nicht unbedingt zusammen, oder?«

»Da ist er.« Paj stand auf und beugte sich vor zum Fenster, als ein Mann mit einem weißen Schnurrbart und einem gesprenkelten Tuch um den Hals auf der anderen Straßenseite auftauchte, den Arm voller Pakete. Er wühlte in seinen Taschen, bis er den Schlüssel gefunden hatte, und öffnete die Tür.

Ich trank noch schnell den letzten Schluck Tee, während die anderen schon aufstanden. Auster hielt mir die Tür auf, und ich trat neben Paj ins Sonnenlicht hinaus.

Er schaute prüfend nach links und rechts, bevor er mir zunickte und wir im Gleichschritt die Straße überquerten. Für Seeleute war es schlicht unmöglich, sich unbemerkt durch Nord-Fyg zu bewegen. Unsere wettergegerbte Haut, unser sonnengebleichtes Haar und unsere abgetragene Kleidung verrieten uns sofort. Aus einem Fenster im Nachbarhaus beugte sich eine Frau und beäugte uns mit gerunzelter Stirn. Und auch die Passanten starrten uns an, als wir vor der Schneiderei stehen blieben.

Paj schob den Riegel zur Seite. Die Tür schwang auf und wir traten ein. Drinnen befand sich ein kleines Atelier, dessen Wände in einem sehr hellen Lavendelton gestrichen waren. In den Regalen lagen Stoffballen in allen Farben.

»Einen Augenblick«, erklang eine Stimme von hinten.

Paj ließ sich in einen Sessel in der Ecke neben dem Fenster fallen, wo ein dreiteiliger Spiegel das Licht einfing. Daneben stand ein kleiner Tisch mit einem Tablett, auf dem sich mehrere Kristallkaraffen mit bernsteinfarbenen Flüssigkeiten befanden. Paj griff nach einer von ihnen, zog den Korken heraus und goss sich ein kleines, geschliffenes Glas voll, um es anschließend an die Lippen zu heben und einen Schluck zu trinken.

Ich streckte die Hand nach dem ausgefransten Ende einer Rolle weißer Seide aus, die mit kleinen gelben Blumen bedruckt war, und zog meine Finger schnell weg, als ich bemerkte, wie schmutzig meine Haut neben dem Stoff aussah.

Jetzt waren Schritte zu hören, und Auster stützte sich mit beiden Ellbogen auf den Tresen und wartete. Der Mann kam um die Ecke, stutzte kurz beim Anblick von Willa und riss die Augen auf, als er Paj entdeckte. Das Tuch um seinen Hals war zu einer ordentlichen Schleife gebunden und sein weißer Schnurrbart an beiden Enden mit Wachs nach oben gebogen.

»Was hast du hier zu suchen?« An jedem Wortende trat sein schwerer Dialekt zutage.

»Ich dachte, du würdest dich freuen, mich zu sehen, Leo.« Paj lächelte.

Der Mann schnaubte. »Meine Kunden werden sich gar nicht freuen, wenn sie hören, dass eine Horde Straßenkinder in meinen Laden eingefallen ist.«

»Vielleicht erinnerst du dich ja noch daran, dass es ein solches Straßenkind war, das dir damals in Bastian den Hintern gerettet hat. Ohne mich hättest du diesen schicken Laden doch gar nicht«, erwiderte Paj und leerte den Rest des Glases mit einem Schluck.

Leo ging zum Fenster, zog die spitzenbesetzten Vorhänge zu und holte eine Pfeife und eine kleine, runde Dose aus seiner Schürze. Wir sahen schweigend zu, wie er den Kopf mit zerstoßenem Wollkraut füllte, es anzündete und an der Pfeife zog, bis ihm weißer Rauch über die Lippen quoll.

»Ist es nicht gefährlich, den zu tragen?« Auster deutete auf den Ring an Leos Mittelfinger. Es war ein Kaufmannsring mit einem Karneol darauf. Ich sah mich verwirrt um. Wenn Leo Segelmacher war, warum betrieb er dann eine Schneiderei?

»Machst du dir etwa Sorgen um mich? Wie rührend.« Leo spreizte die Finger und betrachtete den Stein. Als ich genauer hinschaute, entdeckte ich das Siegel von Bastian, das in das Silber eingraviert war. Also war er tatsächlich Segelmacher, hatte aber keinen Ring von der Gilde in Ceros erhalten.

»Wir brauchen einen Satz Segel«, erklärte Auster unumwunden.

Leos Schnurrbartenden zuckten. »Ich darf keine Segel herstellen. Das wisst ihr genau.«

»Das heißt nicht, dass du es nicht tun würdest.«

Er kniff die Augen zusammen. »Warum geht ihr nicht zu einer der Werkstätten auf der anderen Seite der Stadt?«

Paj füllte sein Glas auf. »Da waren wir schon. Dort macht es keiner.«

»Dann steckt ihr also in Schwierigkeiten.« Leo lachte leise in sich hinein.

»Was kümmert dich das? Nähst du uns Segel oder nicht?«

»Das kommt darauf an, was ihr bereit seid, dafür zu bezahlen, dass ich meinen Hals riskiere.«

»Achthundert Kupferstücke«, erklärte ich ganz nüchtern.

Willa sah mich vorwurfsvoll an.

Aber wir waren nicht in der Position, um lange zu verhandeln. Wir waren verzweifelt, und es war sinnlos, das zu verbergen. »Wir haben keine Zeit zum Feilschen. Wir brauchen Segel, und wir brauchen sie schnell.«

Leo sah uns nachdenklich an. »Was für ein Schiff?«

»Eine zweimastige Lorcha«, antwortete Auster. »Du würdest nicht lange dafür brauchen.«

»Es geht nicht zufällig um die Lorcha, deren Segel vor zwei Tagen aufgeschlitzt wurden, oder?« In Leos Augen war ein Funkeln aufgetaucht.

Willa starrte ihn an. »Wie schnell kannst du fertig sein?«

Ich sah, wie er überlegte. Wenn man ihn dabei erwischte, wie er sich ohne Ring der Gilde von Ceros als Segelmacher betätigte, war er so gut wie tot. Und da er seine Schneiderei in Nord-Fyg betrieb, litt er keinen Mangel. Wenn er zusagte, dann, weil ihn der Auftrag reizte. Nicht weil er unser Geld wollte.

»Zwei Tage.« Er lächelte, die Pfeife zwischen den weißen Zähnen.

»Und wie willst du das in zwei Tagen schaffen?« Paj legte den Kopf schief. Durch das Licht, das von draußen hereinfiel, lag sein Gesicht im Schatten, was seine Haut noch dunkler wirken ließ.

Leo zuckte mit den Schultern. »Ich habe meine Leute.«

»Dann wissen die hoffentlich, wie man den Mund hält.« Ich löste beide Lederbeutel von meinen Hüften und warf sie ihm zu. »Hier sind zweihundert. Die nächsten zwei bekommst du, wenn die Segel fertig sind, und die letzten vier, wenn sie hängen.«

»Einverstanden.«

Willa trat einen Schritt näher an ihn heran. »Du weißt, was wir mit dir machen, solltest du deinen Teil der Abmachung nicht einhalten.«

Sein Lächeln geriet ins Wanken. »Ich habe doch gesagt, dass ich es mache.«

Paj stand auf und stellte sein leeres Glas ab. »Damit sind wir dann wohl quitt.«

Leo nickte und hielt uns die Tür auf. »Das wurde auch Zeit.«

Wir traten hintereinander auf die Straße hinaus. Mein Gürtel fühlte sich ohne die Säcke merkwürdig leicht an. Paj und Willa liefen voran, und Auster und ich folgten ihnen.

»Was hat Paj für ihn getan?«, fragte ich so leise, dass nur er es hören konnte.

Er schaute kurz nach vorn, um sich zu vergewissern, dass Paj nichts von unserem Gespräch mitbekam, und antwortete dann: »Paj hat auf einem Schiff aus Bastian gearbeitet, bevor wir zum Engen Meer kamen. Ihre übliche Route führte über Ceros, und er hat Leo in den Frachtraum geschmuggelt, als er verschwinden musste.«

»Aus Bastian?«

Auster nickte.

»Also war er in Bastian Segelmacher?«

»Nicht nur irgendeiner. Er hat für Holland gearbeitet.«

Ich hielt mitten im Schritt inne und starrte ihn an. Holland war die Händlerin, die es laut Willa auch auf Zola abgesehen hatte. Die Händlerin, die den Edelsteinhandel in der Namenlosen See beherrschte.

»Er hat es sich mit Holland verscherzt, und da blieb ihm nur eine Wahl: Entweder er machte sich aus dem Staub oder er sah dem Tod ins Auge, den Holland für ihn vorgesehen hatte«, sagte Auster. »Er hat Paj sechzig Kupferstücke dafür gegeben, dass er ihn auf das Schiff nach Ceros schmuggelte. Das war mehr Geld, als wir je zuvor gesehen hatten, also hat Paj es gemacht. Doch als Leo an das Enge Meer kam, wollte kein Händler oder Kaufmann etwas mit ihm zu tun haben, also hat er seine Schneiderei aufgemacht.«

Das hatte Auster also gemeint, als er sagte, Leo würde offiziell nicht existieren. Er hatte einen verzweifelten Jungen aufgespürt, der ihn im Bauch eines Frachtschiffes versteckte, und war geflohen. In Ceros hielten ihn alle Leute für einen Schneider.

»Du und Paj, ihr kennt euch schon lange, oder?«, sagte ich und schaute dabei nach vorn.

Auster verstand, wie ich das meinte. Meine Frage bezog sich nicht darauf, wann sie sich zum ersten Mal gesehen hatten, sondern darauf, seit wann sie sich liebten.

Ein schiefes Lächeln erschien auf seinen Lippen und er schaute mir kurz in die Augen, bevor er nickte. Doch seine Hand wanderte unbewusst zu seinem Ärmel und zog ihn über die Tätowierung auf seiner Haut. Ein Schatten glitt über sein Gesicht.

Zwei verschlungene Schlangen, die einander in den Schwanz bissen. Das war ein Bild mit Bedeutung, ein Symbol der Unendlichkeit. Doch soweit ich wusste, trug Paj es nicht auf seiner Haut.

»Weiß die Mannschaft über euch Bescheid?«

»Ja, aber nur sie.«

Und jetzt auch ich. »Das ist eine ziemlich lange Zeit, um etwas geheim zu halten.«

Er zuckte mit den Schultern. »Du weißt doch, wie es läuft. Es ist gefährlich, wenn es bekannt wird.«

Der Gedanke machte mich erst glücklich und dann traurig – man konnte in dieser Welt Liebe finden, so wie Saint und Isolde. Auch wenn man sie geheim halten musste, um den geliebten Menschen zu schützen. In den einsamen Stunden auf Jeval hatte ich häufig gedacht, dass Liebe nur in Märchen und Erzählungen vorkam. Und dass meine Mutter sich ihr nur deshalb mit Leib und Seele verschrieben hatte, weil sie anders war als der Rest von uns.

Sie war ein mystisches Wesen. Wie aus einer fremden Welt. Isolde schien über eine Verbindung zum Meer zu verfügen, die anderen versagt blieb, als gehöre sie eigentlich in das Reich unter Wasser statt zu uns.

Doch im nächsten Atemzug dachte ich an West.

Ich hatte nicht mehr mit ihm gesprochen, seit wir uns die Hand gegeben und damit die Bedingungen für meine Aufnahme in die Mannschaft besiegelt hatten. Ich würde als Schürferin auf der *Marigold* mitfahren, aber Abstand zu ihm halten müssen.

West hatte gesagt, dass Saint ihm eine wirkliche Chance im Leben geboten hatte. Deshalb handelte er genau wie Saint mit Schulden, betrieb Geschäfte unter der Hand, frisierte Zahlen und warf in Kisten gesperrte Männer über Bord. Man musste über eine dunkle Seite verfügen, um ein solches Leben führen zu können. Das hatte Saint schon immer gesagt, aber so richtig verstanden hatte ich es erst auf Jeval. Dort hatte ich viele schlechte Dinge getan, um zu überleben, doch ich bereute keines davon. Es war nicht anders gegangen. Vielleicht war ich meinem Vater doch ähnlicher, als ich zugeben wollte.

Und obwohl West mehrmals wiederholt hatte, dass er keine Gefallen gewährte und keine Risiken einging, hatte er doch beides getan. Immer wieder.

Für mich.

Kapitel 33

Die nächsten zwei Tage fühlten sich an wie zwanzig.

Wir bemühten uns, keine Aufmerksamkeit zu erregen, tranken zu viel Whiskey und schliefen lange, während Leo rund um die Uhr an den Segeln für die *Marigold* arbeitete. Doch ich spürte Zolas Blick im Nacken, sobald wir im Hafen waren. Er war nicht dumm, und die Besatzung der *Luna* ließ uns noch immer keine Ruhe. Sie tauchte in jedem Wirtshaus auf, in dem wir tranken, und folgte uns auf Schritt und Tritt über alle Brücken und durch sämtliche Gassen.

Zola wartete ab, was wir als Nächstes tun würden.

Doch niemand konnte ahnen, was wir vorhatten. Noch zwei weitere Tage, und wir würden mit der *Marigold* in der Sturmfalle ankern, um den Schatz zu heben, mit dem wir Wests Schulden bei Saint begleichen konnten. Dann hätte die Mannschaft endlich das Recht, das jetzige Wappen vom Boden der Kapitänskajüte abzukratzen, und die *Marigold* wäre für immer frei.

West verschanzte sich in eben dieser Kajüte und weigerte sich, das Schiff zu verlassen, solange sein Körper noch heilen musste. Die Verletzungen, die ihm Zolas Mannschaft zugefügt hatte, bedeckten fast jeden Zentimeter seines Körpers. Die Blutergüsse verfärbten sich langsam gelb und die Haut unter den Nähten wuchs zusammen, aber es würde Wochen dauern, bis er wieder ganz bei Kräften wäre.

Leo saß ganz oben an der Spitze des Mastes, und der gestreifte Seidenschal, den er um den Hals trug, flatterte im Wind. Willa hockte neben ihm, das aufgerollte Segel im Arm. Die beiden hatten sich an die Arbeit gemacht, sobald die Sonne untergegangen und der Nebel aufgezogen war, und Leos Hände glitten so schnell über die Leinen, dass man ihren Bewegungen kaum folgen konnte. Als wir ihm mitgeteilt hatten, dass er die Segel im Stockdunkeln anbringen musste, damit niemand etwas davon mitbekam, wirkte er geradezu erfreut über die zusätzliche Herausforderung. Bei Sonnenaufgang würden wir den Hafen schon verlassen haben und uns auf dem Weg zur Sturmfalle befinden.

Die anderen warteten bereits auf mich, als ich die Kapitänskajüte betrat, die Karte, die Saint mir mitgegeben hatte, unter dem Arm. West stand hinter dem Schreibtisch, und mir entging nicht, dass er meinen Blick mied.

»Fast fertig«, sagte ich und machte die Tür hinter mir zu.

West schaute zu Hamish hinüber. »Was noch?«

Hamish schob sich mit der Fingerspitze die Brille hoch und antwortete: »Ich habe alle ausstehenden Schulden eingetrieben. Es hat ein oder zwei gebrochene Nasen gebraucht, aber jetzt habe ich sämtliches Geld zusammen, und es sollte reichen, bis wir in Dern sind.«

»Wie sieht es mit der Fracht aus?«

»Auster und ich haben alles gelöscht und verkauft, was wir nicht brauchen. Dabei mussten wir Verluste hinnehmen, aber wenn wir mit den Kaufleuten zusammenkommen, sind wir jetzt in der Lage, ihnen ihr Geld zu geben. Sie können nicht wissen, was wir im Sturm verloren haben und was wir hier in Ceros verscherbelt haben.«

Wir hatten einen ganzen Tag gebraucht, um alles aus dem Frachtraum hinauszuschaffen. Die *Marigold* musste leichter sein als je zuvor, wenn wir es durch die Sturmfalle schaffen wollten, ohne auf Grund zu laufen.

»Jetzt müssen wir nur noch die Route festlegen«, sagte Paj und schaute auf die Karte in meinen Händen.

Ich zögerte. Einen Augenblick lang hatte ich das Gefühl, vom Gewicht der Ereignisse niedergedrückt zu werden. Die *Lark* war mein einziger Besitz in der Welt. Sie West zu überlassen, hieß, mein Leben in seine Hände zu legen. Bei dem Gedanken schlug mein Magen einen Purzelbaum und mein Herz begann zu rasen.

Paj streckte die Hand aus und ich reichte ihm die Karte. Er nahm sie und rollte sie auf dem Schreibtisch aus, über den anderen, die bereits dort lagen. »Na, dann zeig uns mal den Weg.«

Ich fuhr mit dem Finger über die Schrift an den Seitenrändern des Pergaments und ließ ihn über die Küstenlinie gleiten, um das vertraute Material zu spüren. Dann bewegte ich ihn fort von der Küste, an Jeval vorbei bis zu den schmalen, gebogenen Landstreifen, die mitten im Meer mehrere ineinanderliegende Kreise bildeten.

»Die Sturmfalle.« West hatte sich gegenüber von mir über den Schreibtisch gebeugt und sprach mit gesenkter Stimme.

Paj fuhr sich mit der Handfläche über das Gesicht und seufzte. »Da liegt dein Schatz? In der Sturmfalle?«

Ich nickte.

»Das soll wohl ein Witz sein«, murmelte Hamish. »Was bitte ist denn da?«

»Juwelen. Edelmetalle. Geld. Alles«, antwortete ich.

»Ein Schiffswrack.« West hielt den Blick fest auf die Karte geheftet.

»Und wie sollen wir dort hinkommen?« Auster schaute mich an. »Es hat einen Grund, dass niemand in die Sturmfalle fährt. Man kommt nicht mehr lebend heraus.«

»Außer man kennt den richtigen Weg«, sagte ich.

Jetzt hob West den Blick. »*Du* kennst den Weg durch die Sturmfalle?« Er hatte beide Hände auf die Tischplatte gestützt.

Ohne den Blick von ihm abzuwenden, knöpfte ich meine Jacke auf und ließ sie von den Schultern zu Boden gleiten. Dann krempelte ich den Ärmel meines Hemdes hoch. Im Licht der Laterne wirkte die große Narbe noch wulstiger. Ich legte den Arm auf den Tisch und richtete ihn passend zur Karte aus.

Paj hielt sich die Faust vor den Mund. »Willst du etwa sagen …?«

Hamish schüttelte ungläubig den Kopf.

Ich zeigte auf den Punkt am rechten oberen Ende der Narbe, direkt über meinem Handgelenk. »Da liegt sie.«

»Wer? Du hast uns immer noch nicht gesagt, um welches Schiff es geht«, sagte Auster.

Ich schluckte schwer. »Die *Lark*.«

Alle wichen einen Schritt zurück, und mit einem Schlag war es still in der Kajüte.

Ich legte einen Finger auf den Mittelpunkt der Klippen und einen auf das Meer über Jeval und wiederholte dabei die Worte, die ich Clove nach dem Unwetter hatte sagen hören. »Der Sturm, der die *Lark* zum Sinken gebracht hat, kam von Norden.« Ich fuhr mit dem Finger Richtung Klippen. »Er hat sie in die Sturmfalle hineingedrückt, dann aber gedreht.« Mein Finger glitt wieder auf das Meer hinaus. »Dann kam der Wind von Westen. Er blies die *Lark* hierhin, bevor sie sank. Da ist sie jetzt.« Ich starrte auf das kleine Atoll inmitten der Klippen.

Hamish warf West über den Rand seiner Brille hinweg einen Blick zu. »Wenn wir das machen, war es das. Das wird Saint uns nie verzeihen.«

»Er würde uns jagen.« Paj wirkte besorgt.

»Wird er nicht.« Ich hielt inne. »Die *Lark* gehört mir.«

»Sie gehört dir? Wie das denn?«

»Er hat sie mir geschenkt.«

»Er hat sie dir *geschenkt*«, wiederholte Auster.

»Sie ist mein Erbe.«

Alle starrten mich an. Alle bis auf West.

»Das Wasser ist an der Stelle nur zwölf bis fünfzehn Meter tief.«

West schwieg und studierte weiter die Karte.

»Ich kann uns hindurchführen«, sagte ich. »Ich weiß, dass ich es kann.«

»Gut«, entschied er schließlich. Die anderen lächelten erleichtert. »Wir bergen die Fracht der *Lark* und verkaufen möglichst viel davon in Dern, um unsere Kasse zu füllen. Damit fahren wir dann nach Ceros und kaufen Saint die *Marigold* ab.«

»Wenn die Meeresdämonen uns nicht vorher erwischen«, flüsterte Auster, dessen Grinsen immer breiter wurde.

Sie fuhren schon seit mehr als zwei Jahren auf diesem Schiff zur See, aber es war niemals ihres gewesen. Und das würde es auch nie werden, wenn es nach Saint ging. Er hatte West die *Marigold* nur überlassen, weil er davon ausging, dass der Kapitän seine Schulden niemals würde zurückzahlen können. Für ihn war es undenkbar, dass er sein Schattenschiff verlieren könnte.

»Am besten machen wir uns aus dem Staub, bevor sich die ganze verdammte Stadt Gedanken darüber macht, was wir wohl vorhaben.« Paj ging zur Tür und Auster folgte ihm.

»Ein Drittel«, sagte West, den Blick immer noch auf die Karte gerichtet, als sich die Tür geschlossen hatte.

»In Ordnung. Ein Drittel für die Bücher der *Marigold* und der Rest…«, sagte Hamish.

»Nein«, fiel West ihm ins Wort, »sie bekommt ein Drittel.«

Hamish nickte.

»Warum?« Wenn ich ein Drittel des geborgenen Schatzes bekam, blieb nach Abzug dessen, was für die *Marigold* vorbehalten war, nur noch ein Drittel für die Mannschaft übrig. Das war nicht fair.

»Als wir unsere Vereinbarung getroffen haben, hast du nicht erwähnt, dass es um dein Erbe geht«, sagte er.

»Du hast nicht gefragt. Es ist meins und ich kann damit machen, was ich will.«

»Das musst du wirklich nicht tun«, meinte Hamish.

»Doch, muss ich.«

West atmete tief durch. »So eine Chance wie diese bekommst du vielleicht nie wieder, Fable.«

»Ich weiß. Deshalb werde ich sie auch nicht ungenutzt verstreichen lassen.« Ich hoffte, dass er verstand, was ich unausgesprochen ließ. Dass ich, obwohl ich das Gegenteil gesagt hatte, in seiner Schuld stand und sie ihm am liebsten zehnfach zurückzahlen wollte. »Zwei Drittel für die Bücher der *Marigold*, und den Rest teilen wir zwischen uns auf. Zu gleichen Teilen.« Ich rollte die Karte auf und schob sie wieder unter meine Jacke.

West sah zu mir und wieder weg, und sein Kiefer zuckte, als müsse er seinen ganzen Mut zusammennehmen, um etwas zu sagen. Doch als er gerade zum Sprechen ansetzte, ertönten eilige Schritte auf dem Deck und näherten sich der Kajüte.

»West!« Willa erschien in der Tür, die Augen weit aufgerissen. »Wir haben ein Problem.«

Kapitel 34

Wir standen alle sechs nebeneinander an der Reling, doch das einzige Geräusch, das zu hören war, war das Klirren von Ösen, die über Taue gezogen wurden.

In einiger Entfernung bewegten sich Fackeln unter dem eisernen Torbogen, der den Eingang zum Hafen unterhalb von Ceros bildete. Die kühle Brise hatte den Nebel vertrieben und damit den Blick auf die *Marigold* freigegeben.

Willa seufzte. »Das kann nichts Gutes bedeuten.«

Ich schaute zum Fockmast hinauf, wo Leo gerade das letzte der neuen Segel anbrachte. Er erstarrte, als sein Blick auf die Prozession fiel.

»Was ist das?«, rief er.

Zolas Mannschaft war unterwegs, um ihr Werk zu vollenden. Die Fackeln hatten den Kai jetzt fast erreicht, und ich konnte vage die Umrisse der Männer ausmachen, die sie trugen. Mir wurde speiübel, als ich begriff, was sie vorhatten.

Sie wollten die *Marigold* in Brand setzen.

»Klar zum Ablegen!«, rief West, und seine Stimme hallte über das Deck, als er auf die Steuerbordseite lief. Dort machte sich Auster bereits an der Ankerkette zu schaffen.

»Wenn du nicht von Bord bist, wenn wir ablegen, fährst du mit«, rief ich zu Leo hinauf, der die Augen aufriss. Er zog mit zitternden Händen ein Werkzeug aus seinem Gürtel und machte sich schnell wieder daran, die Ecke des letzten Segels zu befestigen.

Das scharfe Klacken der Winde verkündete, dass Auster und West den Anker hochzogen. Also begann ich, die Trossen zu lösen, ließ das Geschehen im Hafen dabei aber nicht aus den Augen. Zola hatte geglaubt, dass die zerstörten Segel West in den Ruin treiben würden, doch damit hatte er danebengelegen. Jetzt blieb ihm nur noch eine Möglichkeit, wenn er der *Marigold* und ihrer Mannschaft den Rest geben wollte: Er musste das Schiff versenken.

Leo kam eilig den Fockmast hinunter und landete so hart auf dem Deck, dass seine Beine unter ihm nachgaben und er mit einem Schmerzenslaut auf die Planken stürzte. Als er wieder aufstand, hielt er sich den Arm.

»Alles fertig?« Ich schaute nach oben. Das strahlend weiße Segeltuch war sauber zusammengerollt und die Metallösen glänzten.

»So fertig, wie es sein kann.« Er humpelte zur Reling.

»Hey!«

Er drehte sich noch einmal um, die Werkzeugtasche über die Schulter geschlungen.

»Willst du dein Geld oder nicht?«

Er fluchte und kam zurückgerannt. Ich griff nach dem kleinen Sack, der oben auf der Treppe stand. Leo riss ihn mir aus der Hand, hastete zur Strickleiter und verschwand hinter der Reling.

Willa löste die Riemen um die Segel am Fockmast, und der Wind, der von Süden kam, frischte auf. Wir würden ihn brauchen, wenn wir es aus dem Hafen hinaus schaffen wollten, bevor die Fackeln unser Deck trafen.

Sobald Willa fertig war, kletterte ich den Mast hinauf, schlang mir die Leinen um die Hände und sprang nach unten. Die Segel öffneten sich in einer einzigen, glatten Bewegung, und ich landete auf beiden Füßen und schaute hinauf zu dem leuchtenden, perfekt geformten Stoff vor dem schwarzen Himmel. Die Segel waren wunderschön, mit lackierten Latten, die schräg nach oben verliefen und sie wie zwei ausgestreckte Flügel aussehen ließen, bereit zum Abheben.

Hamish nahm mir die Leinen aus der Hand und ich schwang mich über die Reling und kletterte auf den Kai hinab. Da der Anker gelichtet und die Segel gesetzt waren, zog die *Marigold* bereits Richtung Meer. Ich löste die erste Festmacherleine und ließ sie gegen den Rumpf klatschen, damit Paj sie einholen konnte.

Hinter mir ertönten laute Rufe, und ich wandte mich der zweiten Leine zu, aber sie war zu fest verknotet. Ich schob meine Finger zwischen das Seil und zerrte mit aller Kraft an der Schlinge. »Komm schon!«, schrie ich.

Der Knoten lockerte sich und ich fiel so heftig auf den Hintern, dass sich meine Lungenflügel wie Fäuste zusammenballten. Zolas Mannschaft hatte unsere Pier erreicht und rannte direkt auf mich zu. Ich krabbelte zum Poller, um die Leine zu lösen, und Paj zog sie an Bord, aber das Schiff war schon zu weit weg. Ich kam nicht mehr an die Strickleiter heran.

»Fable!«, rief Willa, als ich auf die Kante des Kais zulief, mit den Armen Schwung holte und durch die Luft sprang, um die Sprossen doch noch zu erwischen.

Ich bekam sie gerade noch zu fassen und schlug mit der Leiter zusammen gegen den Rumpf, die Füße im Wasser. Doch über mir flog bereits die erste Fackel durch die Luft.

»Schnell, komm hoch!« West war über der Reling aufgetaucht und streckte mir die Hand entgegen.

Ich zog mich die schwankende Leiter hinauf, doch als ich gerade die Hälfte geschafft hatte, spürte ich plötzlich einen Ruck, der mich fast abgeworfen hätte. Unter mir, an der letzten Sprosse, hing ein Mann. Er reckte sich aus dem Wasser empor und packte meinen Stiefel, um mich nach unten zu ziehen. Ich trat zu, bis meine Ferse seinen Kiefer traf und er laut aufstöhnte, doch jetzt befand er sich bereits auf der Leiter. Ich hing mit ausgestreckten Ellbogen zwischen den Sprossen und versuchte grunzend, seinem Gewicht standzuhalten, während ich mit den Fingern nach meinem Gürtel tastete, doch es half nichts. Ich kam nicht an mein Messer heran, und wenn ich den Arm langmachte, würde ich ins Wasser fallen.

Plötzlich tauchte über mir ein Schatten auf, und ein Körper fiel durch die Luft und landete mit einem lauten Platschen im Wasser unter mir. Als ich nach unten schaute, brach West gerade durch die schwarze Oberfläche. Er schwamm auf das Schiff zu, während der Mann begann, an meinem Hemd zu zerren.

West packte die Leiter und kletterte sie auf der entgegengesetzten Seite hoch, mit dem Rücken zur Schiffswand, und als er auf meiner Höhe angelangt war, griff er um meine Hüfte herum und zog mein Messer aus dem Gürtel. Dann hob er den Arm und rammte es mit Schwung zwischen die Rippen des Mannes. Der schrie auf und versuchte mich zu packen, bevor er abrutschte, aber West trat ihm gegen die Brust und schickte ihn damit in die Tiefe.

Die Leiter schwang hin und her, und ich drückte das Gesicht gegen die Stricke und schnappte mit zitternden Armen nach Luft.

»Alles in Ordnung?« West griff durch die Sprossen, strich mir die Haare aus dem Gesicht und schaute mich prüfend an.

Ich drehte mich um und sah den Hafen hinter uns entschwinden. Am Kai standen mindestens ein Dutzend Männer. Als Zola von den neuen Segeln gehört hatte, hatte er seine Bluthunde ausgesandt. Bis zum Morgen würde jeder Händler in Ceros wissen, dass wir es heil auf das Meer hinaus geschafft hatten. Für Zola kam das einer öffentlichen Demütigung gleich.

In der Ferne war die *Luna* zu sehen, sie lag völlig im Dunkeln an ihrer Pier. Doch Zola war dort und beobachtete uns. Dessen war ich mir sicher. Und von nun hatte er nicht mehr nur West zum Feind, sondern auch mich.

In diesem Augenblick bemerkte ich eine Bewegung in den tiefen Schatten von Waterside. Das intensive Blau des Mantels schien im Dunkeln fast zu leuchten.

Saint.

Er lehnte bewegungslos an einem Pfeiler, nur der Saum seines Mantels wehte im Wind. Sein Gesicht konnte ich nicht sehen, doch ich spürte, dass er mich anschaute. Und wenn er zusah, wusste er Bescheid. Sein Kupfer hatte für die Segel bezahlt, die sich jetzt über der *Marigold* blähten und uns auf das Meer hinaustrugen. Es spielte keine Rolle, wer ich war oder was zwischen uns passiert war. Zum ersten Mal in meinem Leben standen wir auf verschiedenen Seiten.

»Fable.« Wests Stimme riss mich aus meinen Gedanken, und ich blinzelte, als ich sein Gesicht direkt vor meinem sah. Er war immer noch tropfnass, und seine Hände klammerten sich unterhalb von meinen an die Strickleiter. Das Mondlicht fiel auf die blutige Klinge meines Messers zwischen seinen Fingern. »Alles in Ordnung?«, fragte er noch einmal.

Ich nickte und schaute ihm in die Augen. Die Gefasstheit, die aus seinem Blick sprach, wirkte beruhigend. Die Gelassenheit, die er unentwegt ausstrahlte. Seit unserer Abreise von Jeval hatten wir einen Sturm erlebt, der uns um ein Haar verschlungen hätte, bevor

Zola West halb totgeschlagen, die Segel der *Marigold* zerstört und das Schiff fast versenkt hatte, doch nichts davon schien West erschüttern zu können.

»Mir geht es gut«, antwortete ich.

Er nickte und schob mir das feuchte Messer wieder in den Gürtel. »Dann sieh zu, dass du auf das Schiff kommst.«

Kapitel 35

Das Sonnenlicht erzeugte einen leuchtenden Pfad auf dem Meer, wie eine Laterne, die uns den Weg nach Osten wies.

Auster und ich befanden uns am Bug und bauten die Krebsfallen zu Transportkisten um, in denen wir die Fracht der *Lark* an die Oberfläche befördern würden. Ich verknotete einen Faden und schaute über das ruhige Meer, während die Geräusche auf dem Schiff Erinnerungen an die Zeit vor Jeval in mir weckten. Mein Vater, der sich mit der Pfeife im Mund und einem Whiskeyglas in der Hand tief über die Karten beugte. Das Klatschen der Taue und die Sonnenstrahlen auf dem blitzsauberen Deck.

Mein Blick wanderte den Mast hinauf, wo meine Mutter zu finden gewesen wäre, in der Takelage hoch oben über unseren Köpfen. Sie hatte mir Geschichten über Tauchgänge zu fernen Riffen in den abgelegensten Winkeln der Namenlosen See erzählt, aber nie von ihrem Leben in Bastian oder der Zeit, in der sie für Zola gearbeitet hatte. Sie hatte nicht einmal darüber gesprochen, was sie ins Enge Meer verschlagen hatte. Seit ich Saint in Griffs Gasthaus gegenübergesessen hatte, ertappte ich mich immer wieder bei dem Gedanken, warum ich ihm nicht mehr Fragen über sie gestellt hatte.

Als Isolde mich zum ersten Mal mit zum Tauchen nahm, war ich sechs Jahre alt. Mein Vater wartete auf dem Achterdeck der *Lark*, als wir zurückkehrten, den Mund unter dem Schnurrbart zu einem raren Lächeln verzogen. Er hob mich über die Reling und nahm mich an der Hand mit in die Kapitänskajüte, wo er mir mein allerserstes Glas Roggenwhiskey eingoss. In jener Nacht schlief ich bei meiner Mutter in der Hängematte, eng an ihren warmen Körper geschmiegt, während der Wind um den Schiffsrumpf heulte.

Die Sturmfalle lag am Übergang zwischen dem Engen Meer und der Namenlosen See und wurde so häufig von Unwettern heimgesucht, dass sie einem Friedhof glich. Ich spürte, wie sich das Meer um uns herum langsam ausweitete, bis sich die *Marigold* geradezu winzig anfühlte. Nicht mehr lange, und wir wären am Ende des Engen Meeres angelangt, wo kein Land mehr in Reichweite war.

Paj tauchte mit seinen Instrumenten in der Hand auf dem Deck auf. Vorsichtig packte er den Oktanten aus und machte sich an die Arbeit. Auf einem Stapel Taue hatte er ein Notizbuch platziert, in das er verschiedene Werte eintrug. Ich beobachtete ihn dabei, wie er die beweglichen Arme des Geräts so verschob, dass das Licht genau im richtigen Winkel auf den Spiegel traf.

»Wie lange noch?«, fragte ich und stellte die Falle vor meinen Füßen ab.

»Wenn der Wind wieder auffrischt, sollten wir morgen früh da sein.«

Ich kniff die Augen zusammen und schaute zur Spitze des

Großmastes hinauf, wo Auster hinaufgeklettert war und jetzt von einem Schwarm Vögel umkreist wurde, während er einen Barsch nach dem anderen aus einem Eimer zog. »Was hat er eigentlich mit den Vögeln?«, fragte ich.

Paj schaute hinauf und ein zärtliches Lächeln glitt über sein Gesicht. Dann lachte er. »Er mag sie.«

»Sie ihn anscheinend auch«, sagte ich.

Paj arbeitete noch ein paar Minuten weiter, bevor er den Oktanten wieder in der Kiste verstaute. »Warst du wirklich auf der *Lark*, als sie untergegangen ist?«, fragte er unvermittelt und steckte das Notizbuch ein.

Ich nickte und schaute hinauf zu den rosa- und lilafarbenen Wolken. Die Sonne schien sich auszudehnen, je näher sie dem Horizont kam. Ich wusste nicht, was für Geschichten die anderen über jene Nacht gehört hatten, aber ich würde ihnen keine liefern. Ich hatte Angst, die Erinnerungen mit neuem Leben zu füllen, wenn ich darüber sprach. Die Fable, die heute auf dem Deck der *Marigold* stand, hatte die Fable, die in Cloves Armen von der *Lark* gesprungen war, bewusst hinter sich gelassen.

West trat auf das Deck hinaus und krempelte sich die Ärmel bis zu den Ellbogen hoch. Er und Willa hatten seit unserer Abfahrt in Ceros im Schiffsinneren gearbeitet und sich um die letzten Sturmschäden gekümmert, für die wir uns keine Handwerker mehr hatten leisten können. Er hatte seit unserer Abfahrt kein Wort mit mir gewechselt und noch nicht einmal in meine Richtung geschaut.

»Lass mal sehen«, sagte er jetzt und stellte sich neben Paj.

Paj gehorchte, holte das Notizbuch heraus und schlug die Seite mit den letzten Eintragungen auf. Wests Blick glitt langsam über die Zahlen. Dabei löste sich eine Strähne aus seinem Haar und fiel ihm ins Gesicht.

»Wir bringen den Anker aus, solange der Wind noch schwach ist. Die Zeit holen wir später wieder auf.«

Paj nickte.

»Was machen die Fallen?«, fragte West Auster, obwohl das offensichtlich meine Aufgabe war.

»Fertig«, antwortete er an meiner Stelle.

»Überprüft die Knoten noch einmal.« Auch jetzt schaute er mich nicht an. Ich presste die Kiefer aufeinander und lief um den Mast herum. »West …«

Doch er drehte sich auf dem Absatz um und marschierte in Richtung Brückendeck. Ich folgte ihm bis in die Kapitänskajüte, wo er den Kompass über die Karte schob und Pajs Ergebnisse mit seinen eigenen verglich, während er sich auf die Innenseite der Wange biss.

»Was ist los?« Ich war neben ihn getreten und studierte die Unterlagen.

»Nichts«, sagte er rasch und legte den Kompass weg.

Ich sah ihn unverwandt an und wartete ab.

Er überlegte einen Augenblick lang, bevor er auf die andere Seite des Schreibtisches kam und den Finger auf einen Punkt auf der Karte setzte. »Das hier.«

In der Mitte der Sturmfalle beschrieb der Kurs einen rechten Winkel, was für jedes Schiff, das größer war als ein Fischerboot, ein extrem schwieriges Manöver darstellte. Ohne haargenaue Präzision würden wir scheitern.

»Gibt es einen Weg drum herum?« West studierte die Form der Klippen.

»Ich glaube nicht«, antwortete ich. »Nicht, ohne auf Grund zu laufen.«

»Es muss also alles perfekt klappen«, murmelte er.

»Das wird es.«

Er stützte den Kopf in beide Hände, was die Muskeln unter der goldenen Haut seiner Arme hervortreten ließ. »Wir müssen in den nächsten Tagen in Dern einlaufen, wenn wir die Ware verkaufen wollen, ohne aufzufallen.«

Er hatte recht. Die Zeit drängte, aber wenn Pajs Berechnungen stimmten, könnten wir die Fracht aus der *Lark* noch vor dem Ende des nächsten Tages auf die *Marigold* holen.

»Das war sein Geheimnis, oder?« West saß jetzt in seinem Lehnstuhl und schaute zu mir hoch.

»Was?«

»Die Sturmfalle. So ist Saint zu dem Vermögen gekommen, mit dem er sein Geschäft aufgebaut hat, oder?«

»Ja«, stimmte ich zu. »Er hat Jahre damit zugebracht, die Sturmfalle zu kartieren, bevor er sich als Händler betätigte. Sein erstes Schiff hat er mit der Beute aus Wracks bezahlt.«

West schwieg, als stelle er sich die Szene bildlich vor. Als wäre er gedanklich in Saints Haut geschlüpft.

Die weißen Hühnergötter klirrten leise, als sie sich im Luftzug des offenen Fensters bewegten. »Glaubst du wirklich, dass sie Glück bringen?«, fragte ich.

Die Frage schien ihn zu amüsieren. »Bisher haben sie gewirkt.«

Sein Gesichtsausdruck änderte sich, ein Mundwinkel zog sich nach oben, und ich spürte, dass hinter seinen Worten eine Antwort verborgen war, die ich nicht verstand.

Ich nahm den weißen Stein vom Schreibtisch in die Hand. »Was ist das?«

»Der ist aus Waterside.«

»Oh.« Ich legte den Stein wieder hin, plötzlich peinlich berührt.

West warf mir einen schnellen Blick zu. »Saint hat ihn mir gegeben, als er mir die *Marigold* überließ. Um mich an meine Herkunft zu erinnern.«

Mit einem ungläubigen Grinsen lehnte ich mich an die Schreibtischkante. Saint hatte West zeigen wollen, wo sein Platz war. Und aus irgendeinem Grund hatte West den Stein behalten.

»Ich weiß, dass du weißt, dass Willa meine Schwester ist«, sagte er, und seine Stimme klang wieder härter. »Und ich weiß, dass du mit ihr bei unserer Mutter warst.«

Ich studierte seinen Gesichtsausdruck und suchte nach den üblichen Anzeichen von Verärgerung. Doch Wests Blick verriet weiterhin vor allem, wie viel er nicht sagte.

»Unabsichtlich. Ich wusste nicht, wohin wir …«

»Ist nicht wichtig.« West stützte die Ellbogen auf die Schreibtischplatte und kratzte sich am Kinn. Warum sagte er das? Es *war* wichtig. Seine Mutter zählte vermutlich zu den wenigen Dingen auf der Welt, die ihm wirklich wichtig waren.

»Wie habt ihr es so lange vor den anderen geheim gehalten?«

»Vielleicht wissen sie es, aber sie würden nie etwas sagen. Sie stellen keine Fragen. Und Willa und ich haben schon vor langer Zeit vereinbart, unsere Beziehung zu verschweigen.«

Ich nickte. Sobald er jemandem erzählte, dass Willa seine Schwester war, hatte diese Person eine gewisse Macht über ihn. Und über sie. Aus dem gleichen Grund wusste niemand außerhalb dieses Schiffes über Paj und Auster Bescheid.

»Willas Chancen standen auf einem Schiff deutlich besser, als wenn sie in Waterside geblieben wäre, also habe ich sie an Bord geholt.« Er klang, als müsse er sein Verhalten rechtfertigen. Als hätte er gewusst, dass sie einen hohen Preis dafür zahlen würde.

»Was ist mit eurem Vater?«, erkundigte ich mich mit leiser Stimme.

Doch damit war ich zu weit gegangen. Ich wusste nicht einmal, warum ich gefragt hatte, außer dass es mich wirklich interessierte. »In ein paar Stunden ist es dunkel.« Er stand auf, ging zu der Truhe an der Wand und öffnete sie.

»Was muss denn noch getan werden? Ich helfe dir.«

Als er mich über die Schulter hinweg anschaute, meinte ich, ein Lächeln über sein Gesicht huschen zu sehen. »Nicht nötig.« Er holte einen großen, flachen Schaber aus der Truhe und steckte ihn in seinen Gürtel.

Offenbar wollte er den Rumpf säubern. Seepocken, Muscheln, Algen und eine ganze Reihe anderer Geschöpfe saugten sich immer wieder von außen am Schiff fest und bildeten so eine Art fahrendes Riff. Doch in der Sturmfalle konnten wir es uns nicht leisten, irgendwo hängen zu bleiben. Wir brauchten einen glatten Rumpf, der über den Meeresgrund gleiten konnte.

Es war eine unangenehme, mühselige Aufgabe. Und West schien zu glauben, dass ich sie nicht übernehmen wollte oder konnte.

»Machst du dir Sorgen wegen des Tiefgangs?«, fragte ich. Wie tief das Schiff unter der Wasserlinie lag, war entscheidend, wenn wir durch die Klippen fuhren. Doch das Innere der *Marigold* war leer, und mit den neuen Segeln glitt sie elegant über die Wellen.

»Im Moment mache ich mir Sorgen wegen allem.« Der Deckel der Truhe fiel zu, und West zog sich das Hemd über den Kopf, auch wenn er vor Schmerzen zusammenzuckte, als er die Arme hob. Er warf das Hemd auf sein Bett und schob sich an mir vorbei auf das Deck.

Ich starrte nachdenklich auf die offene Tür, bevor ich ihm folgte. Als ich um die Ecke bog, war er schon auf die Reling geklettert und sprang in die Tiefe. Von unten drang ein Platschen herauf, und ich warf noch einmal einen Blick zurück in seine Kajüte, auf den weißen Stein, der auf der Ecke des Schreibtisches lag.

Dann ging ich auf das Brückendeck, öffnete die Tür zum Wandschrank und wühlte in den Fächern, bis ich einen weiteren Schaber und einen Hammer gefunden hatte.

Willa sah vom Achterdeck aus zu, wie ich meine Stiefel abstreifte, auf die Reling kletterte und tief einatmete. Dann sprang ich ab und brach mit ausgestreckten Armen durch die Wasseroberfläche, das Werkzeug fest umklammert. Um mich herum stiegen Blasen auf, und ich drehte mich unter Wasser, bis ich West entdeckt hatte. Er schwamm ganz in der Nähe des Hecks im endlosen Blau, das sich rund um uns herum erstreckte, und hatte sich schon an die Arbeit gemacht. Das Schiff zog lange Streifen Tang hinter sich her, und Wests Hände hielten kurz inne, als ich mich zu ihm gesellte.

Überall war das Zischen und Klacken der am Rumpf klebenden Muscheln zu hören, und ich drückte den Schaber in die dicke Schicht Seepocken und schlug mit dem Hammer auf den Griff. Die Pocken lösten sich in einer weißen Wolke und versanken in der Tiefe.

West sah mir einen Augenblick lang zu, bevor auch er sein Werkzeug wieder ansetzte. Er würde sich mir niemals so öffnen wie die anderen. Das hatte er mir in dem Gespräch über meine Aufnahme in die Mannschaft mehr als deutlich gemacht. Doch wenn ich wirklich dazugehören wollte, musste ich mir irgendwie auch sein Vertrauen erarbeiten.

Selbst wenn es bedeutete, eine weitere von Saints Regeln zu brechen.

Lass dir niemals und unter keinen Umständen anmerken, wer oder was dir wichtig ist.

Ich war ein Risiko eingegangen, als ich ins Wasser gesprungen war. Ich hatte meine Karten offen auf den Tisch gelegt und gezeigt, dass es mir nicht nur um die *Lark* oder die Arbeit auf einem Segelschiff ging. Mir lag etwas an West. Und mir war zunehmend egal, was er tun würde, wenn er es herausfand.

Kapitel 36

Die Sturmfalle ragte aus der ruhigen Wasseroberfläche wie die Rückenzacken schwimmender Drachen.

Paj stand am Bug, ein breites Grinsen im Gesicht, und die frühe Morgensonne spiegelte sich in seinen Augen wider. Seine Berechnungen hatten auf die Stunde genau gepasst – wir hatten die Klippen genau in dem Augenblick erspäht, in dem die Morgendämmerung anbrach. Das Labyrinth erstreckte sich kilometerweit vor uns, und das Wasser war so klar, dass der schimmernde Sand am Meeresgrund zu sehen war.

Willa, Auster und Hamish standen Schulter an Schulter an der Backbordreling, und auf Deck breitete sich Schweigen aus. Ich sah hinauf zu West, der ganz allein auf dem Achterdeck stand. Er hatte die Arme verschränkt und die Mütze tief ins Gesicht gezogen.

Seine Miene war undurchdringlich wie immer, seit wir Ceros verlassen hatten. Und noch immer fiel es mir schwer, hinter seine Maske zu blicken.

West sah große Veränderungen auf sich zukommen. In wenigen Stunden würde nichts mehr so sein wie zuvor. Für ihn, aber auch für die Mannschaft. Als er an jenem Tag durch den Sturm hinweg nach Jeval gefahren war, hatte er nicht ahnen können, wohin ihn die Reise führen würde. Ihm war nicht bewusst gewesen, was die Entscheidung, mich an Bord zu lassen, für Umbrüche nach sich ziehen würde.

Es gab so vieles in der Welt, das sich nicht vorhersagen ließ. Und trotzdem wussten wir alle genau, wie es ablief. West standen Entscheidungen bevor, von denen er nie gedacht hätte, dass sie sich ihm stellen würden. Und das reichte aus, um selbst den unbeirrbarsten Menschen des Engen Meeres in seinen Grundfesten zu erschüttern.

Paj trat ans Steuerrad und drehte es gegen den Wind, bis die *Marigold* sich querstellte und die Segel über uns zu flattern begannen. Als das Schiff an Geschwindigkeit verlor, bewegte Paj die Griffe des Rades erst in die eine und dann in die andere Richtung, um das Ruder so hin- und herklappen zu lassen, dass das Schiff innerhalb kürzester Zeit nur noch durch das Wasser schlich.

»Wo fahren wir rein?«, rief er West zu.

West musterte die Klippen vor uns, bevor er sich umdrehte und zu mir sah. Ich erklomm die Stufen zum Achterdeck und stellte mich an die Reling. Dort zog ich die Karte aus der Jacke, rollte sie aus und drückte West das eine Ende in die Hand, damit er es festhielt.

Sein Blick glitt über das Dokument, und kurz darauf zeigte er auf eine Stelle zwischen den Klippen links von uns. Dort ragten die spitzen Felsen unregelmäßig aus der Wasseroberfläche, bevor sie verschwanden und eine Art Öffnung bildeten.

»Sobald wir drin sind, führt kein Weg zurück. Nicht vor dem Atoll«, sagte er, fast wie zu sich selbst.

Ich schaute mir unseren Kurs noch einmal auf der Karte an und verstand, was er meinte. Auf dem Weg zur *Lark* würde es keine Stelle geben, die breit genug wäre, um zu wenden. Wenn wir auf Grund liefen, säßen wir fest, ohne Chance auf einen Ausweg.

»Hoch mit dir, Schürferin!«, rief Auster vom Hauptdeck zu mir hinauf. Willa stand neben ihm.

»Bist du bereit?«, erklang Wests tiefe Stimme neben mir, und ich schaute zu ihm hoch, direkt in seine Augen.

Plötzlich verspürte ich den intensiven Wunsch, ihn sagen zu hören, dass er an mich glaubte, dass er mir zutraute, mein Versprechen zu halten. Ihnen allen gegenüber. Ich war immer davon ausgegangen, dass er Bedenken hegte, was mich anging, aber das, was er jetzt gerade tat, bewies absolutes Vertrauen. Er legte das Schicksal der Mannschaft und der *Marigold* in meine Hände.

»Bereit«, flüsterte ich.

West rollte die Karte zusammen und folgte mir auf das Hauptdeck hinunter. Ich lief zum Großmast, legte die Hände auf die Maststufen und holte tief Luft, bevor ich den Aufstieg begann. Mein Herz pochte heftig, als ich in luftige Höhen hinaufkletterte.

West übernahm Pajs Position am Steuerrad und sah zu mir hinauf, während ich mich oben in die Takelage setzte und den Blick über die Sturmfalle schweifen ließ. Als ich das letzte Mal hier war, hatte der Sturm, der die *Lark* sinken ließ, das Wasser zum Brodeln gebracht. Jetzt funkelte es spiegelglatt unter einem klaren, blauen Himmel, ganz so, als lägen in seinen Tiefen nicht die Leichen zahlloser Schiffsbesatzungen. Das türkise Wasser war überall von zerklüfteten Felsen durchsetzt, und die engen Durchgänge zogen sich wie Adern unter der Oberfläche entlang. Es war ein Labyrinth – und außer mir kannte niemand den Weg hindurch.

Ich krempelte den Ärmel meines Hemdes bis über den Ellbogen hoch und streckte den Arm vor mir aus. Die Linien der Narbe entsprachen fast exakt den Klippen vor mir, und ich bewunderte Saints Fähigkeit, sie aus dem Gedächtnis nachzuzeichnen. Er war so häufig durch diese Gewässer gesegelt, dass er keine Karte benötigte, um den Weg in meine Haut zu ritzen.

Ich hob eine Hand. Meine Finger zitterten, als der warme Wind durch sie hindurchstrich und ich die Narbe mit der Öffnung zwischen den Felsen abglich. »Nach steuerbord!«

Ohne zu zögern veränderte West den Kurs. Hamish, Auster und Willa refften die Segel und banden den überschüssigen Stoff fest zusammen, sodass die *Marigold* langsam dahintrieb. Wir bewegten uns auf den Eingang zwischen den Klippen zu, und Paj beugte sich über die Reling und beobachtete, wie der Bug durch das flache Wasser schnitt.

Ich lehnte mich zur Seite und schätzte den Abstand zwischen Schiff und Felsen ab. »Gerade ausrichten!«

West steuerte das Schiff geradeaus in die Sturmfalle, und alle verstummten. Mir lief ein Schauer über den Rücken, wie das Kribbeln, das in der Luft liegt, bevor ein Blitz einschlägt. Die Sturmfalle hatte bereits unzählige Schiffe verschlungen. In der Ferne ragte mehr als ein Mast aus dem Wasser. Doch der Himmel war weiterhin klar und das Wasser breitete sich ruhig vor uns aus.

Ich schaute auf meine Narbe und zeichnete sie mit dem Finger nach, bis ich zur ersten Gabelung kam. »Fünf Grad backbord, West!«

Er drehte das Steuerrad nur ein kleines Stück, bis sich das Schiff Richtung Osten wandte, gerade genug, um in die nächste Ader zu gleiten, wo sich der Durchgang verengte.

»Vorsicht«, rief Paj vom Bug aus, den Blick nach unten gerichtet, denn das Wasser wurde immer flacher.

Wir schoben uns Zentimeter um Zentimeter vorwärts, zwischen scharfkantigen Vorsprüngen auf beiden Seiten hindurch, wo Vögel mit den Beinen im Wasser standen und sich ihr Frühstück aus den Korallen pflückten. Unter der Oberfläche zogen wolkenförmige Fischschwärme vorbei und stoben auseinander, als das Schiff kam. Vor der nächsten Gabelung wurde der Durchlass wieder breiter.

»Fünfzehn Grad steuerbord«, rief ich und versuchte, möglichst sicher zu klingen.

West drehte die Speichen des Steuerrades ein kleines Stück in die angegebene Richtung, und der Mast vibrierte unter meinen Händen, als der Kiel über den sandigen Grund schrappte. Willa, die an der Spitze des Fockmastes saß, warf mir einen kurzen Blick zu. Ich bemühte mich, meinen rasenden Herzschlag zu beruhigen, und ballte die Hände zu Fäusten, um das Zittern zu unterdrücken. Ein halb im Sand eingegrabener Stein, und wir hätten ein Leck. Doch West wirkte entspannt, seine Hände ruhten auf dem Steuerrad.

Ich schaute zurück auf das offene Meer. Wir waren bereits tief in die Sturmfalle vorgedrungen. Wenn jetzt ein Unwetter aufzöge, wären wir erledigt. Durch mein Blut rauschte die Angst, schlang ihre unsichtbaren Tentakel um mich und drückte mit jeder Abzweigung, die wir nahmen, fester zu.

»Da ist die Stelle«, sagte ich und beäugte die scharfe Kurve vor uns. Unsere Geschwindigkeit war gut, doch letztlich hing alles vom passenden Zeitpunkt und der Windrichtung ab. Wenn wir zu früh drehten, würden wir uns die Steuerbordseite aufreißen. Zu spät, und wir würden frontal gegen die scharfe Kante der Klippen fahren.

»Kurs halten …« Ich streckte eine Hand aus, um West zu bedeuten, dass er noch abwarten solle, und schaute nach oben auf das Segel über meinem Kopf, als sich der Wind plötzlich veränderte und wie aus dem Nichts eine Böe über das Wasser fegte. Sie füllte unsere Segel und versetzte uns einen Schub, sodass sich die *Marigold* drehte.

Zu schnell.

»Segel reffen!«, rief ich.

Hamish, Auster und Willa lösten die Leinen und das Schiff verlor an Fahrt. Aber es war zu spät. Die Felsen waren zu nah.

»Jetzt, West!«

Ich umklammerte den Mast mit beiden Armen, als West das Schiff querstellte. »Anker fallen lassen!«, rief er Paj zu, der bereits mit der Winde beschäftigt war.

Wenn wir verhindern wollten, gegen das Riff zu krachen, mussten wir so schnell wie möglich bremsen. Die anderen drei holten parallel die Segel ein und Paj löste den Anker, der daraufhin im Wasser versank.

Die *Marigold* neigte sich, und ihr Heck schwang herum, als sie sich Richtung Steuerbord drehte. Unter uns erklang ein Geräusch wie ein Donnergrollen, als der Rumpf auf Fels traf, und Paj rannte so schnell hinüber, dass er gegen die Reling prallte.

Ich kniff die Augen fest zu und spannte jeden einzelnen Muskel an. Das Herz schlug mir bis zum Hals.

»Alles in Ordnung!«, meldete Paj mit einem erleichterten Lachen.

Ich sandte einen Stoßseufzer zum Himmel hinauf, während mir heiße Tränen in die Augen stiegen.

Hamish sprang auf das Deck, um Paj beim Lichten des Ankers zu helfen, und West lehnte die Stirn gegen das Steuerrad und atmete tief durch.

Aber wir waren noch nicht da. Ich studierte meine Narbe und die Klippen vor uns, während die anderen die Segel wieder ausrefften. Mein Herz schien sich in meiner Brust auszudehnen, und in meiner Kehle bildete sich ein dicker Kloß, als wir zum Ende des nächsten Abschnitts kamen.

Die Öffnung zwischen den Klippen leitete uns zu einem felsigen Halbkreis – dem Atoll. Und dort, unter der glasklaren, leuchtend blauen Wasseroberfläche, zeichnete sich ein Schatten ab.

Die *Lark*.

Kapitel 37

Ich band mir das Haar oben auf dem Kopf zu einem Knoten zusammen, während Auster die umgebauten Fallen vor mir an der Reling aufstapelte.

Die *Lark* lag nur etwa zwölf Meter unter uns, und ich schätzte, dass ich fast den ganzen Tag brauchen würde, um das heraufzuholen, weswegen wir hier waren. Die Sonne stand bereits hoch am Himmel, und es war unmöglich, im Dunkeln aus der Sturmfalle herauszufinden. Also mussten wir schnell sein, wenn wir nicht die Nacht am Atoll verbringen wollten.

Paj überprüfte den großen Eisenhaken am Ende der Leine und warf ihn über Bord. Die Leine entrollte sich im Fallen, und als der Haken sich in den Meeresgrund bohrte, zog er sie straff.

Das vertraute Gewicht des Gürtels um meine Hüfte hatte eine beruhigende Wirkung. Das Einzige, was wir nicht berücksichtigt hatten, war, dass in den vergangenen vier Jahren irgendjemand anderes die *Lark* gefunden haben könnte.

Ich ging meine Werkzeuge durch und ließ die Finger zweimal über jedes einzelne von ihnen gleiten – Pickhacken, Meißel und Hammer. Ich würde sie nur brauchen, wenn sich etwas verklemmt hatte oder im Meeresgrund versunken war, doch ich hoffte, dass der Fall gar nicht erst einträte. Ich würde jede Minute Tageslicht brauchen, um die Schätze in die Körbe zu verfrachten und sie an die Oberfläche zu bringen.

Das Wasser war kristallklar, und der Großmast endete nur ein kleines Stück unter der Oberfläche. Mit einem Blinzeln vertrieb ich das Bild meiner Mutter, die an seiner Spitze saß und den Mond betrachtete. Der Gedanke an sie verursachte ein Ziehen tief in meinem Magen, und ich meinte, ihren Atem auf meiner Haut zu spüren. Schaudernd richtete ich den Blick wieder in die Tiefe. Irgendetwas an der Stille, die hier herrschte, vermittelte mir das Gefühl, Isolde sei noch dort unten.

West kam aus seiner Kajüte, als Auster gerade den letzten Korb über die Bordwand hob. Er ließ einen Gürtel neben mir auf die Planken fallen und zog sich das Hemd über den Kopf. Mein Blick glitt über das Wirrwarr der Nähte auf seiner Haut. Sie ergänzten die Sammlung von Narben, die seinen Körper ohnehin schon bedeckten.

»Was machst du da?« Ich schaute verständnislos zu dem Gürtel neben meinen nackten Füßen.

West streifte sich die Stiefel ab. »Zu zweit sind wir schneller.«

Ein Blick zu Willa und den anderen zeigte mir, dass der Anblick von West, der einen Schürfergürtel anlegte, sie nicht im Geringsten zu überraschen schien.

»Du hast mir nie erzählt, dass du schürfen kannst«, sagte ich verwirrt.

»Es gibt sehr viele Dinge, die ich dir nicht erzählt habe.« Er verzog den Mund zu einem schiefen Grinsen, das ein Grübchen zum Vorschein brachte.

Ich senkte den Blick und lief rot an. Auf einmal war mir ganz warm. Ich glaubte nicht, dass ich ihn schon einmal hatte lächeln sehen. Nicht ein einziges Mal. Und irgendwie gefiel mir nicht, was dieser Anblick in mir auslöste. Oder vielleicht doch? So genau wollte ich es gar nicht wissen.

West zog den Gürtel so routiniert fest, als hätte er es schon Hunderte Male getan. Ich hatte noch nie von einem Kapitän gehört, der auch schürfte. Aber die *Marigold* war kein gewöhnliches Schiff, und das galt auch für ihre Besatzung. Offensichtlich war die Liste ihrer Geheimnisse endlos.

Ich packte die Reling und kletterte hinauf. Einen Augenblick lang balancierte ich dort oben und genoss den warmen Wind. West stellte sich neben mich, und ich schaute in das Wasser unter uns, wo die Leinen im Nichts verschwanden.

»Hiermit beantrage ich eine Überprüfung meines Status als Unglücksbringerin«, rief ich Willa zu und grinste.

Sie lachte und lehnte sich an den Mast. »Wir stimmen darüber ab, Schürferin.«

Ich schaute zu West hinüber und fragte ihn mit einem stummen Blick, ob er bereit war. Für die *Lark*. Und für alles, was danach kam.

Auf seinem Gesicht erschien das gleiche Lächeln wie bereits zuvor an Deck, und im nächsten Augenblick ließen wir uns gemeinsam von der Reling ins Meer fallen. Ich sank in die Tiefe und musste gegen das Gewicht meiner Werkzeuge anschwimmen, um neben West wieder durch die Oberfläche zu brechen.

Er schüttelte sich das Haar aus dem Gesicht und schaute zu Willa und den anderen hinauf, die uns von der *Marigold* aus zuschauten.

Ich sog Luft in den Raum zwischen meinen Rippen und stieß sie wieder aus, um meine Lunge zu dehnen. Das Blut in meinen Armen und Beinen wurde wärmer, und ich führte die Atemtechnik fort, bis meine Lunge genügend Luft für den Tauchgang aufnehmen konnte.

West wartete ab, bis ich ihm zunickte, und legte dann den Kopf in den Nacken, um tief einzuatmen. Ich tat es ihm nach – ich füllte zuerst meinen Bauch, dann meine Brust und mit einem letzten zischenden Laut auch noch meine Kehle.

Er tauchte ab, und auch ich ließ mich in die Tiefe sinken. Als ich das Wrack sah, hielt ich kurz mit ausgestreckten Armen inne, um es in Augenschein zu nehmen. Der zerbrochene Rumpf war halb im hellen, weichen Sand versunken, und der Bug wies Richtung Himmel. Der Rest des Schiffes sah genauso aus, wie ich es in Erinnerung hatte.

Die *Lark*.

Der Ort, an dem die Geschichte meiner Mutter endete. Und der Ort, wo meine begonnen hatte.

West schaute erst nach unten und dann zu mir.

Ich zögerte einen Augenblick, bevor ich weiter hinabtauchte und mit schnellen Bewegungen auf das Heck zuschwamm. Der Wasserdruck nahm zu, und meine Ohren knackten, als wir in die Tiefe vorstießen. Das Riff, das sich rund um das Schiff erstreckte, wimmelte vor leuchtend bunten Fischen, die wild durcheinanderschwammen und in alle Richtungen davonschossen. Wir gerieten in einen Schwarm Falterfische, in deren schimmernden Schuppen sich die Sonnenstrahlen brachen und sie wie Sterne in der Dämmerung funkeln ließen. Ich hielt inne und streckte die Fingerspitzen nach ihnen aus, als sie an mir vorbeiglitten.

Mit einem Lächeln wandte ich mich zu West um. Er trieb im Wasser, eine goldene Gestalt vor dem endlosen Blau, und beobachtete mich, bevor er ebenfalls versuchte, die Fische zu berühren. Sie wirbelten um ihn herum wie kleine Flammen, um dann eilig davonzuschwimmen und uns allein zurückzulassen.

Wir tauchten weiter zum Wrack, auf dem jetzt Saints Wappen auszumachen war, auch wenn die weiße Farbe, mit der das dreieckige Segel aufgemalt worden war, fast vollständig abgeplatzt war. Die rollende Welle hingegen war noch deutlich auf dem Holz zu erkennen – sie leuchtete in dem satten Blau von Saints Mantel. Ich presste auf dem Weg vorbei kurz die Hand darauf.

Als wir das Deck erreichten, verspürte ich einen kalten Schauer. Das algenbewachsene Steuerrad wirkte unberührt, wie ein Geist. Mir kam es fast vor, als würde ich meinen Vater dort stehen sehen, mit seinen großen Händen auf den Speichen. Über uns ragte der abgebrochene Mast auf, und ein Stück darüber, rund um den dunklen Fleck der *Marigold*, fiel das Sonnenlicht auf die tanzende Meeresoberfläche.

Ich drückte mich ab und driftete zu den Stufen, die unter Deck führten. Ein Holzbalken hatte sich von der Decke über dem Eingang gelöst. Wir schwammen ins Dunkle hinein, an den Türen vorbei, die den langen Gang säumten. Unser Ziel lag ganz am Ende.

Dort angekommen, hatten wir bereits so viel Sand aufgewirbelt, dass das Wasser ganz trüb war. Ich versuchte, die Tür zu öffnen, doch sie war so stark aufgequollen, dass sie klemmte. West stützte sich mit dem Rücken gegen die Wand gegenüber und trat gegen das Holz, bis sie sich löste und aufschwang.

Sonnenstrahlen tanzten durch den Frachtraum, smaragdgrüne Lichtsäulen, die haufenweise umgefallene Kisten und Fässer beleuchteten. Ich schwamm darüber hinweg in die hintere Ecke. Die Kästen waren noch da, fest in der Wand verschraubt, und ich spürte sie wie einen Chor aus tausend Stimmen. Die Edelsteine sangen in einer Harmonie, die mich einhüllte wie ein Wirbelwind.

Ich wischte den Sand beiseite, um das Wappen meines Vaters freizulegen, das mit Perlmutt in das geteerte Holz eingelassen war.

Dann zog ich die kleinste Pickhacke aus meinem Gürtel und tastete im Dämmerlicht nach dem Schlüsselloch. Nach nur wenigen Versuchen ertönte ein Klicken, und ich konnte die Finger unter den Deckel schieben. Ich hob den Kopf und schaute zu West, bevor ich das Kästchen öffnete.

Plötzlich wünschte ich mir, ich könnte sprechen. Ich wünschte mir, etwas sagen zu können. Irgendetwas. Hier unten in der Tiefe, mit der *Marigold* hoch über unseren Köpfen, herrschte Stille. Hier gab es keinen Saint, keinen Zola und kein Jeval. Keine Geheimnisse, Lügen oder Halbwahrheiten. Hier unten waren wir nichts als zwei Sterbliche in einer auf dem Kopf stehenden Welt.

Der einzigen Welt, in die ich je hineingehört hatte.

Unsere Blicke trafen sich und ich blinzelte, in der Hoffnung, mir diesen Augenblick für immer einzuprägen. Genauso, wie er war: Wests sonnenhelles Haar, das sich im grünen Licht ausbreitete, und die absolute Ruhe der Unterwasserwelt. Ich lächelte ihm zu, bevor ich mich wieder dem Kästchen zuwandte und den Deckel anhob. Doch West streckte die Hand aus und drückte ihn zu.

Seine schwieligen Finger glitten über das Holz und flochten sich in meine. Dann zog er meine Hand vom Kästchen fort. Ich hielt ganz still, doch mein Herz begann zu rasen, als seine Berührung meinen Arm entlangkribbelte und sich wie Sonnenschein immer weiter auf meiner Haut ausbreitete.

In seinem Blick leuchteten Hunderte Geschichten.

Er kam langsam näher. Die Luft brannte heiß in meiner Lunge, als er die Hände hob und über mein Gesicht strich. Seine Fingerspitzen glitten hinauf in mein Haar, und er zog mich an sich. Bevor ich darüber nachdenken konnte, was er da tat, berührten sich unsere Lippen.

Ich verschwand. Ich war wie ausgelöscht.

Die Tage auf Jeval. Die Nächte im Bauch der *Lark*. All das verpuffte, und übrig blieben nur die gedämpften Geräusche der Tiefe. Nur West und ich.

Zwischen uns stiegen Blasen auf, als ich die Lippen öffnete, um die Wärme seines Mundes zu erkunden, und das Meer verstummte. Die Stille dehnte sich immer weiter aus. Ich küsste ihn erneut, hakte die Finger in seinen Gürtel und zog ihn näher an mich heran. Versuchte, ihn im kalten Wasser zu spüren. Als ich die Augen aufschlug, schaute ich direkt in die seinen. In ihrem Grün schimmerten goldene Funken, und die scharfen Kanten seines Gesichts wirkten auf einmal ganz weich.

Er schlang die Arme um mich und ich ließ mich von ihm umschließen, den Kopf in die Vertiefung unter seinem Kinn gebettet. Seine Umarmung war fest, so fest, als wolle er mich vor dem Zerfließen bewahren. Und genau das tat er. Dieser Kuss hatte etwas in mir aufreißen lassen, einen dunklen Nachthimmel samt Sternen, Mond und flammenden Kometen. An die Stelle dieser Dunkelheit war nun das gleißende Licht der Sonne getreten.

Denn eines hatte ich die ganze Zeit über tief in meinem Innersten verborgen, ganz weit unter all den Lehren meines Vaters: Insgeheim hatte ich mir schon tausendmal gewünscht, West zu berühren.

Kapitel 38

Wir verließen die Sturmfalle gerade noch rechtzeitig vor Sonnenuntergang, bei leichtem Wind und wolkenlosem Himmel.

Auster zupfte ein wenig Seetang von der Ecke des letzten Korbes und warf ihn über Bord, bevor er den Behälter öffnete. Darin befanden sich sorgfältig aufgestapelt die letzten der kleinen Kästchen.

Ich flocht mir das feuchte Haar zu einem Zopf und spürte für einen Augenblick Wests Blick auf mir, bevor er unter Deck verschwand. Sobald er weg war, drehte ich mich Richtung Wasser und legte die Fingerspitzen auf die Lippen. Sofort fing meine Haut wieder an zu kribbeln.

Seit wir zurück auf dem Schiff waren, hatte ich mich nicht getraut, in seine Richtung zu schauen, weil ich nicht wollte, dass die Erinnerung, die mir immer noch so lebhaft vor Augen stand, verblasste. Ich wollte den Moment genauso kristallklar im Gedächtnis behalten, wie ich die Silhouette meiner Mutter vor dem Nachthimmel oder das Whiskeyglas meines Vaters im Kerzenschein vor mir sah.

Ich wollte mir jedes Detail unseres Kusses in der Tiefe bewahren. Für immer.

Trotzdem würde ich mich an das halten, was wir vereinbart hatten, als es um meine Aufnahme in die Mannschaft ging. Ich würde das, was unter Wasser passiert war, nicht in die Welt hier oben tragen, wo es unter dem Gewicht des Lebens am Engen Meer zerquetscht werden könnte. Doch gleichzeitig würde ich es nicht vergessen. Niemals.

Auster stapelte die Kästchen auf meinen Armen, und ich folgte ihm die Treppe hinunter, wo West in der Tür zum Frachtraum auf uns wartete. Er trat zur Seite und drückte sich an die Wand, damit ich an ihm vorbeikam. Dabei hielt er den Blick auf einen Punkt über meinem Kopf gerichtet und achtete bewusst darauf, mich nicht zu berühren, als ich mich seitlich in den Raum schob.

Der Innenraum des Schiffes war ganz vom Leuchten und Summen der Edelsteine erfüllt, ihre einzelnen Melodien vermischten sich zu einem tiefen Dröhnen. Hamish saß zusammen mit Willa mitten im Raum und hatte um sich herum lauter Unterlagen ausgebreitet, während er etwas in sein Buch eintrug. Vor ihnen war noch etwas Platz auf dem Boden, also setzte ich die Kästchen dort ab und öffnete das erste. Das Licht der Lampe fiel auf Dutzende großer Pfauenaugenperlen, die nass glänzten.

Willa fing an, sie zu zählen, und ich machte das nächste Kästchen auf. Es enthielt eine Reihe unförmiger Brocken Gold und Palladium.

»Ist das …?« Willa stand der Mund offen, als sie einen einzelnen Stein aus einem kleinen Behältnis nahm und ihn mit spitzen Fingern in die Höhe hielt.

»Schwarzer Opal«, bestätigte ich und beugte mich vor, um ihn genauer zu untersuchen. Einen solchen Stein hatte ich zum letzten Mal als kleines Kind gesehen.

West hockte sich neben mich und nahm Willa den Stein aus der Hand. Dabei streifte sein Arm meinen, und ich hatte das Gefühl, zur Seite wegzukippen. Als ich den Blick hob, sah ich, dass Willa uns musterte und die Stirn gerunzelt hatte.

»Was ist er deiner Meinung nach wert?«, fragte West.

Ich wusste nicht, ob er mich oder Hamish meinte, also sagte ich nichts, sondern nahm das Palladium aus dem Kästchen und stapelte die Klumpen vor mir auf.

»Gut zweihundert, würde ich schätzen«, erwiderte Hamish und notierte eine weitere Zahl in seinem Buch.

West griff an mir vorbei nach einem Beutel, den Willa mit polierten Serpentinen gefüllt hatte, und als sein Geruch wie eine Welle über mich hinwegspülte, hätte ich nicht sagen können, ob das Prickeln, das ich verspürte, darauf oder auf die Edelsteine zurückzuführen war. Ich presste die Lippen aufeinander und sah in sein Gesicht, aber er mied meinen Blick.

»Also, wie sieht es aus?«, fragte Willa und schaute über Hamishs Schulter hinweg auf die dicht beschriebene Seite, die er weiter füllte.

»Gut.« Er lächelte. »Sehr gut sogar.«

West atmete erleichtert aus. »Was schlägst du vor?«

Hamish schlug das Buch zu. »Ich glaube, dass wir damit durchkommen, ein Viertel der Ware in Dern zu verkaufen, wenn wir vorsichtig sind. Das sollte uns mehr als nötig einbringen, um unsere Schulden bei Saint zu begleichen und die Händler in den verschiedenen Häfen zufriedenzustellen. Den Rest packen wir in den Topf, um ihn schrittweise über einen längeren Zeitraum hinweg zu Geld zu machen. Wir sollten die Menge pro Hafen gering halten, um nirgendwo Aufsehen zu erregen. Und am besten bilden wir zwei Gruppen, von denen immer eine auf dem Schiff bleibt.« Er griff in seine Jacke und zog die roten Lederbeutel hervor, die ich sie in Dern hatte benutzen sehen. Dieses Mal waren es nicht fünf Stück, sondern sechs. »Achtet darauf, dass der Wert des Inhalts nie mehr als sechshundert Kupferstücke beträgt. Weder zu viele Steine noch zu viel Edelmetall. Sorgt dafür, dass immer auch ein paar billige Stücke dabei sind. Wir müssen uns klug anstellen, wenn wir vermeiden wollen, dass die Kaufleute oder die anderen Mannschaften neugierig werden.«

Also machten wir uns an die Arbeit und füllten jeden Beutel nach Hamishs Vorgaben. Wir würden uns aufteilen und gut aufpassen müssen, nicht alle die gleichen Händler anzusprechen. Dern war die Stadt, die sich am besten für dieses Vorhaben eignete – nicht so groß, dass sich die Schiffe im Hafen drängten, aber groß genug, dass es in der Kaufmannshalle genügend Anlaufstellen gab.

Der Plan war gut. Doch wie die meisten guten Pläne barg auch er Risiken. Wenn uns irgendjemand beim Handelsrat meldete, würden wir unsere Lizenz verlieren. Und sobald Saint oder Zola von unserem Treiben Wind bekamen, waren wir ihnen ausgeliefert. Ein Teil von mir fragte sich, ob Saint uns in Dern erwarten würde. Er hatte gesehen, wie wir Ceros verlassen hatten, was bedeutete, dass ihm meine Rolle beim Beschaffen der neuen Segel nur zu klar war. Dass wir die *Lark* angesteuert hatten, war nicht schwer zu erraten gewesen. Ich war mir nur nicht sicher, was er mit diesem Wissen anfangen würde.

»Erzähl mal, wie funktioniert es?«, fragte Hamish und drehte den schwarzen Opal hin und her. »Kannst du … mit ihnen reden?«

Es dauerte einen Augenblick, bis ich verstand, dass er mit mir sprach. Die Frage machte mich verlegen. »Ich kann es nicht so richtig erklären … ich weiß es einfach.«

»Kannst du sie spüren?«

Auch West hatte innegehalten, als interessiere ihn das Thema ebenfalls.

»So ungefähr. Oder besser gesagt: Ich *kenne* sie einfach. Ihre Farben, die Art und Weise, wie sie das Licht reflektieren, wie sie sich anfühlen, wenn ich sie in der Hand halte.«

Hamish starrte mich an, offensichtlich unzufrieden mit der Antwort.

Ich seufzte und dachte nach. »Es ist so wie bei Auster mit den Vögeln. Sie fühlen sich einfach von ihm angezogen. Er versteht sie.«

Jetzt nickte Hamish. Die Erklärung schien ihm zu genügen. Aber ich war mir nicht einmal sicher, ob ich es selbst verstand. Wäre meine Mutter nicht gestorben, hätte ich noch viele Jahre lang von ihr gelernt. Durch ihren Tod fehlte mir ein Teil dieses Wissens.

»Dürfte sich als praktisch erweisen«, meinte Hamish, während er die gefüllten Beutel in eines der Kästchen packte und aufstand. »Aber behalt es am besten für dich.« Er wartete, bis ich zustimmend genickt hatte, und lief dann hinter West die Treppe hinauf.

Willa griff nach einem kleinen Korb mit ungeschliffenem Granat und stellte ihn sich auf den Schoß. »Was läuft da zwischen dir und West?« Sie schaute mich durchdringend an.

»Bitte, was?« Ich runzelte die Stirn.

Sie zählte die Steine schweigend durch und notierte das Ergebnis, bevor sie den Blick erneut auf mich richtete. »Hör mal, ich bin wirklich keine, die neugierige Fragen stellt. Je weniger ich weiß, desto besser.«

Ich legte die Hände in den Schoß. »Okay.«

»Aber er ist mein *Bruder*.«

Ich sah auf, unsicher, was ich darauf antworten sollte. Willa war nicht dumm. Es abzustreiten, wäre sinnlos gewesen.

»Wenn er sich in Schwierigkeiten bringt, will ich es wissen.

Nicht, weil ich ihn davon abhalten könnte. Niemand schreibt West vor, was er zu tun und zu lassen hat. Sondern weil ich bereit sein muss, ihn zu beschützen.«

»Wovor?«

Ihr Blick war Antwort genug. Sie meinte mich.

»Du bist nicht einfach nur eine Schürferin von Jeval, Fable. Es gibt da jemanden, dem du sehr wichtig bist – und dieser Jemand könnte uns das Leben extrem schwer machen. Er könnte noch deutlich mehr Schaden anrichten, als er ohnehin schon verursacht hat.« Sie reichte mir die Granatsteine und ich packte sie in die offene Kiste neben mir. »An dem Abend, an dem du am Kai aufgetaucht bist und er eingewilligt hat, dich mitzunehmen, war mir sofort klar, dass irgendetwas Seltsames vor sich ging.«

»Er hat dir also nie erzählt, wer ich bin?«

»West erzählt mir nichts, solange ich es nicht unbedingt wissen muss.« Sie gab sich keine Mühe, ihren Frust zu verbergen. »Sorgen gemacht habe ich mir aber erst, als er mir in Ceros aufgetragen hat, dich zu verfolgen.«

»Du musst dir keine Sorgen machen, Willa.« Es tat weh, diese Worte auszusprechen, aber es stimmte. West hatte überaus deutlich gemacht, dass wir nur Mannschaftskameraden waren. Mehr nicht.

»Muss ich nicht?«

»Ich bin auf der *Marigold*, um hier zu arbeiten.«

»Nein, das stimmt nicht.« Seufzend stand sie auf. »Du bist auf der *Marigold*, weil du eine Familie suchst.«

Ich biss mir auf die Unterlippe und blinzelte die Tränen zurück, die sich in meinen Augenwinkeln sammelten. Denn Willa hatte recht. Meine Mutter war tot. Mein Vater wollte nichts mit mir zu tun haben. Und Clove, der neben meinen Eltern die einzige Familie gewesen war, die ich je gehabt hatte, war auch weg.

»Ich verlasse die *Marigold*«, sagte Willa plötzlich.

Meine Finger verkrampften sich um den Beutel in meiner Hand. »Was?«, flüsterte ich.

»Ich warte ab, bis die Lage entspannter ist und West einen neuen Bootsmann gefunden hat.« Ihre Worte klangen wie eingeübt. Als hätte sie sie schon hundert Mal vor sich selbst ausgesprochen. »Aber sobald er Saint ausbezahlt hat und sein eigener Herr ist, gehe ich zurück nach Ceros.«

»Hast du es West schon gesagt?«

Willa schluckte schwer. »Noch nicht.«

»Was hast du vor?«

Sie zuckte mit den Schultern. »Vielleicht eine Ausbildung in einer Schmiede? Ich weiß es noch nicht.«

Ich lehnte mich gegen die Kiste hinter mir und erinnerte mich daran, wie Willa gesagt hatte, dass sie sich dieses Leben nicht ausgesucht hatte. Ich kaufte mit der *Lark* nicht nur Wests Freiheit. Ich kaufte auch ihre.

»Ich mag dich, Fable. Es war meine Idee, dich in die Mannschaft aufzunehmen, und ich bin froh, dass du hier bist.« Sie senkte die Stimme. »Ich sage nicht, dass du ihn nicht lieben darfst. Ich sage nur, dass ich dir nicht garantieren kann, dir nicht die Kehle durchzuschneiden, sollte ihm deinetwegen etwas zustoßen.«

Kapitel 39

Im Stockdunkeln war Dern nicht mehr als eine Handvoll flackernder Lichter an der unsichtbaren Küste.

Ich stand am Bug der *Marigold* und sah zu, wie diese Lichter immer näher kamen, während West das Schiff in den Hafen steuerte, wo ein Mann mit einer Fackel stand, um unsere Ankunft zu verzeichnen.

Paj warf die Festmacherleinen auf den Kai und ich begab mich in den Frachtraum unter Deck. Der Schatz von der *Lark* war mittlerweile sortiert und verstaut, jeder Stein, jedes Edelmetall und jede Perle waren in Hamishs Buch vermerkt. Es war genug, um Wests Schulden bei Saint zu begleichen und der *Marigold* einen guten Start für ihre Handelsfahrten zu verschaffen. Eines Tages könnte er die Mannschaft sogar bis in die Namenlose See führen.

Diese Vorstellung löste ein Gefühl in mir aus, das ich nur selten verspürte – Hoffnung. Sie wurde allerdings schnell von dem Gedanken an die unbeständige und brutale Realität des Händlerlebens verdrängt. Das ewige Taktieren. Die endlosen Spielchen, um sich durchzusetzen, und der unersättliche Hunger nach mehr.

Mehr Geld. Mehr Schiffe. Mehr Mannschaften.

Diese Einstellung floss auch durch meine Adern. Ich war nicht anders.

Schon bald würde die Sonne hinter den Hügeln aufgehen. Dann hätte ich die einzige Figur gesetzt, über die ich auf dem Spielbrett verfügte. Doch mithilfe von Saints Hinterlassenschaft die *Marigold* freizukaufen, um mir einen Platz in der Mannschaft zu sichern, war ein Zug, der selbst bei Saint Bewunderung auslösen würde. Das versuchte ich mir zumindest einzureden.

Hamish kam aus der Kapitänskajüte, um mir einen der roten Beutel in die Hand zu drücken, und ich schloss die Finger um das weiche Leder. Heute würde ich die Kaufmannshalle zum ersten Mal als Teil der Mannschaft besuchen, und plötzlich war ich nervös.

Jetzt erschienen auch die anderen auf dem Deck, die Jacken bis obenhin zugeknöpft. Willa schlug ihren Kragen um, damit die Narbe auf ihrem Gesicht gut zu sehen war.

West setzte sich die Mütze auf. »Paj und Fable übernehmen mit mir zusammen die erste Runde. Auster, Willa und Hamish sind danach dran. Auf geht's!«

Auster rollte die Strickleiter aus und Paj kletterte hinab. Auf dem Schiff neben uns saß eine Frau oben am Mast und beobachtete uns. Vielleicht hatten die Berichte über das, was der *Marigold* in Ceros widerfahren war, Dern bereits erreicht. Wenn ja, würde uns das mehr Aufmerksamkeit einbringen, als wir gebrauchen konnten.

»Halte dich von diesem einen Juwelenhändler fern«, wies West mich mit leiser Stimme an und hielt mir ein zusätzliches Messer hin. Ich nickte und schob mir die Klinge in den Stiefel.

Dann kletterte auch er hinab und ich folgte ihm, während uns die anderen vom Achterdeck aus hinterherschauten. Ich setzte die Kapuze auf, schob die Hände in die Taschen und hielt mich auf dem Weg durch den Hafen dicht hinter West. Die Mannschaften der anderen Schiffe, die hier lagen, schienen gerade erst aufzuwachen, und ich ließ den Blick über die Wappen gleiten, um zu schauen, ob ich die *Luna* entdeckte, doch sie war nicht da. Wenn Zola seinen geplanten Kurs beibehalten hatte, dürfte er von Ceros aus nach Sowan gefahren und von da weiter nach Norden gesegelt sein, bevor er in diesen Teil des Engen Meeres zurückkehrte. Das würde uns die Zeit verschaffen, die wir brauchten, aber nicht viel mehr.

Die Türen der Kaufmannshalle standen bereits offen, als wir dort eintrafen, und wir ließen uns mit der Menschenmenge hineintreiben. Die Wärme der vielen Körper vertrieb die Kälte des Windes, und ich schob meine Kapuze nach hinten, ließ den Schal aber weiter um die untere Hälfte meines Gesichts gewickelt.

»Seid ihr bereit?« West drehte sich um und schaute erst mich und dann Paj an.

»Ja.«

»Ja, bereit«, wiederholte Paj.

»In Ordnung. Ihr habt eine Stunde.«

Wir liefen in drei verschiedene Richtungen davon und schoben uns durch die Gänge. Ich nahm mir die südöstliche Ecke der Halle vor und schlängelte mich zwischen den Ständen hindurch. Am Ende der Reihe wurden hauptsächlich Wollkraut und andere Kräuter verkauft, aber davor erspähte ich etwas Silbernes in einer Auslage. Ich schlüpfte zwischen zwei Männern hindurch bis zum Anfang der Schlange, zu einem Händler mit langem, rotem Haar, das unter einer schwarzen Strickmütze hervorlugte.

»Was kann ich für dich tun, Kleine?« Er trommelte mit den

Fingern auf der Auslage herum, und sein Kaufmannsring klackte auf dem Glas. Die Oberfläche des Onyx war so zerkratzt, dass er kaum noch glänzte.

Ich griff in den Beutel in meiner Tasche und zog zwei scharfkantige Metallklumpen hervor, einen aus Gold, einen aus Palladium. »Die sind mir in Ceros in die Hände gefallen. Bin mir nicht sicher, was sie wert sind«, log ich und hielt sie ihm hin.

Er beugte sich vor und klemmte sich ein rostiges Monokel ins Auge. »Darf ich?«

Ich nickte, und er nahm den Goldklumpen und untersuchte ihn genau. Dann wiederholte er das Gleiche mit dem Palladium, auch wenn es hier etwas länger dauerte. »Ich kann dir fünfunddreißig für das Gold und fünfzig für den anderen bieten.« Er ließ das Metall wieder in meine Hand fallen. »Einverstanden?«

»Klar.« Das war kein überragender Preis für derart gute Stücke, aber ich hatte gerade erst angefangen und keine Zeit für lange Verhandlungen. Also nahm ich, was ich kriegen konnte.

Er zählte die Kupferstücke in einen kleinen Beutel ab und reichte ihn mir. »Wo in Ceros hast du sie denn …?«

»Danke.« Ich verschwand wieder in der Menge, bevor er seine Frage ganz ausgesprochen hatte.

Als Nächstes spürte ich eine Quarzhändlerin auf und gab vor, ihre Ware eingehend zu studieren, bevor ich drei eigene Steine aus der Tasche zog. Die Augen der Frau weiteten sich, als sie den enormen Blutjaspis in meiner Hand sah, und ich zuckte innerlich zusammen und fragte mich, ob ich die Händler hier wohl unterschätzt hatte. Vielleicht hätten wir lieber kleinere Steine einpacken sollen.

Sie verhaspelte sich fast, als sie den Stein in das Licht hielt. »So einen habe ich schon lange nicht mehr gesehen.«

Innerhalb weniger Sekunden hatte sie mir ein gutes Angebot

gemacht, und ich akzeptierte es unter der Bedingung, dass sie die anderen beiden Steine dazukaufte, einfach um sie schneller loszuwerden. Als ich den Stand verließ, hatte ich weitere neunzig Kupferstücke in der Tasche.

Ich stellte mich auf die Zehenspitzen und hielt Ausschau nach Wests grüner Mütze. Er beugte sich gerade über einen Tisch auf der gegenüberliegenden Seite der Halle. Paj stand im Gang nebenan und diskutierte mit einer scharfsichtigen alten Dame über ein rotes Tigerauge.

Der Lederbeutel wurde leichter und meine Taschen immer schwerer, je mehr Steine ich verkaufte, immer in Zweier- oder Dreierkonstellationen. Den auffälligsten hob ich mir bis zum Schluss auf – den schwarzen Opal.

Ich taxierte die Händler an den Ständen auf der Suche nach jemandem, der seltene Steine im Sortiment hatte und einem Mädchen, das einen solchen loswerden wollte, wenig Fragen stellen würde. Als ich einen Mann mit einem großen grünen Beryll in der Hand entdeckte, trat ich näher heran und hörte zu, wie der Kauf ablief. Der Händler zahlte ohne großes Federlesen einen angemessenen Preis für den Stein, und als die Vorbesitzerin wegging, deponierte er ihn in einer abschließbaren Schublade.

»Ja?«, brummte er, ohne den Blick zu heben.

»Ich habe einen schwarzen Opal, den ich gern verkaufen würde.« Ich nahm ein Stück Jadeit vom Warentisch und drehte es in der Hand hin und her, den Daumen auf das spitz zulaufende Ende gedrückt.

»Schwarzer Opal hast du gesagt?« Er legte eine Hand auf die Auslage und schaute mich an. »Davon habe ich hier am Engen Meer schon seit Jahren keinen mehr gesehen.«

»Er ist Teil eines Erbes«, erklärte ich und musste innerlich grinsen. Denn das stimmte ja.

»Hm.« Der Mann drehte sich um, holte eine Prüflampe hervor und stellte sie zwischen uns auf den Tisch. »Dann lass mal sehen.«

Derartige Lampen gehörten zu den gängigen Hilfsmitteln der Juwelenhändler, die die Steine eben nicht so fühlen konnten wie ich. Sie verstanden weder ihre Lichtsprache noch ihr Summen und wussten auch nicht, wie man ihre Geheimnisse enthüllte. Früher waren viele Steinkundige unter den Mitgliedern der Edelsteingilde gewesen. Heute waren die meisten Händler gewöhnliche Menschen mit Spezialwerkzeug.

Ich holte tief Luft und schaute mich um, bevor ich den Stein aus dem Beutel nahm und ihn auf das Spiegelglas legte. Es war der größte schwarze Opal, den ich je gesehen hatte, und es würde nur wenige Sekunden dauern, bis die Leute um uns herum darauf aufmerksam wurden.

Der Händler bedachte mich mit einem prüfenden Blick unter seinen buschigen Augenbrauen heraus, und ich bemühte mich um einen neutralen Gesichtsausdruck, fragte mich aber zugleich, ob ich ihn falsch eingeschätzt hatte. Doch er sagte nichts, sondern setzte sich nur auf seinen Hocker und entzündete den Docht.

Die kleine Flamme wurde vom Glas zurückgeworfen, und das Licht strömte durch den tiefschwarzen Stein, sodass die darin enthaltenen Farben zutage traten. Auf einmal geisterten rote, violette und grüne Tupfer durch das Dunkel und schienen sich im Licht zu winden.

»Schau mal einer an …«, murmelte der Händler und drehte den Stein langsam im Kreis, bis das Licht der Lampe sein Gesicht traf. »Ein Erbstück, ja?«

»Genau.« Ich beugte mich über den Tisch und sprach sehr leise.

Er glaubte mir kein Wort, fragte aber nicht weiter nach. Stattdessen verdeckte er den Stein mit der Hand, als hinter mir ein

Mann vorbeilief, und blies die Kerze aus. »Zweihundertfünfzig Kupferstücke«, sagte er mit gesenkter Stimme.

»Einverstanden.«

Er kniff die Augen zusammen. Dass ich sein Angebot so schnell angenommen hatte, machte ihn zweifellos misstrauisch. Doch dann löste er ein prall gefülltes Säckchen von seinem Gürtel, holte ein weiteres aus einem abgeschlossenen Schrank hinter sich und stellte beide vor mir ab. »Das sind zweihundert.« Er nahm einen kleineren Beutel von seinem Gürtel. »Und noch einmal fünfzig.«

Ich nahm die drei Säckchen und schob sie in meine tiefen Taschen. Das Gewicht kam ungefähr hin. Das Geld zu zählen, hätte zu lange gedauert. Auf der anderen Seite der Halle standen West und Paj bereits am Ausgang Richtung Hafen und warteten auf mich.

»Ich weiß nicht, was du vorhast, aber du solltest aufpassen«, flüsterte der Händler und streckte mir die Hand hin.

Ich schüttelte sie und trat wieder in den Gang hinaus. Mit einem befreiten Aufatmen mischte ich mich in die Menge. West entdeckte mich, sobald ich auf den Ausgang zukam, und wir traten hinaus in den Morgennebel.

»Alles gut gelaufen?«, fragte er über seine Schulter hinweg und wartete, bis ich zu ihm aufgeschlossen hatte.

Paj nickte. »Den Rauchquarz habe ich behalten, weil die Leute anfingen, komisch zu gucken, aber den Rest habe ich verkauft. Wie war es bei dir?« Er sah mich an.

»Alles weg«, stieß ich hervor.

Es hatte funktioniert. Es hatte tatsächlich funktioniert.

Ich verzog den Mund unter meinem Schal zu einem Lächeln und setzte mir die Kapuze auf. Im gleichen Augenblick kam die *Marigold* in Sicht. Noch ein Tag, dann wäre sie frei.

Kapitel 40

Die Flammen der langen Kerzen flackerten im Wind, und das weiße Wachs lief an ihnen hinab und fiel wie Regentropfen zwischen uns auf das Deck. Als Auster eine ganze gebratene Gans auf den improvisierten Tisch stellte, deren knusprige, goldene Haut noch vor Hitze brutzelte, klatschte Willa in die Hände und stieß einen lauten Pfiff aus. Dann beugte sie sich vor und tunkte ein abgerissenes Stück Brot in den Saft, der sich auf der Platte unter dem Tier sammelte. In einer Schale vor mir dampften in Zimthonig gebackene Pflaumen, und daneben standen eine Platte mit intensiv riechendem Käse und eine Reihe Pasteten mit geräuchertem Schweinefleisch. Paj war sogar beim Höker gewesen, um handbemalte Porzellanteller und echtes Silberbesteck zu besorgen. All das war nun unter dem sternenfunkelnden Nachthimmel aufgetischt.

Der Duft ließ mir das Wasser im Mund zusammenlaufen, und mein leerer Magen krampfte sich schmerzhaft zusammen, als wir

Auster dabei zusahen, wie er die Gans anschnitt und zwei Scheiben auf meinen Teller legte. Paj schenkte Whiskey ein und goss mein Glas so voll, dass ein Teil auf die Planken floss. Ich fischte zwei Pflaumen aus der Schale.

West, der neben mir saß, riss ein Stück Brot ab und reichte es mir. Als seine Finger meine Hand berührten, fuhr mir erneut ein heißer Blitz durch den Körper, aber er mied meinen Blick und griff quer über den Tisch nach der Whiskeyflasche.

»Lasst uns anstoßen.« Willa hob ihr Glas, das im Kerzenlicht wie ein riesiger, funkelnder Smaragd schimmerte. »Auf unsere Unglücksbringerin!«

Ich lachte, als die anderen ihre Gläser hoben und sie dann alle gleichzeitig in einem Schluck leer tranken. Willa schlug mit der Hand auf die Planken neben sich, weil ihr die Tränen in die Augen schossen, und ich brach ein Stück von dem breiten Streifen Käse in meiner Hand ab und warf es nach ihr. Sie lehnte sich zurück, fing es mit dem Mund auf, und die Mannschaft jubelte.

Dann machten sich alle über das Essen her. Zwischen den einzelnen Bissen brandete immer wieder Gelächter auf, und niemand benutzte die filigran verzierten Messer und Löffel. Der Wind strich leise über die eingeholten Segel, und ich schaute auf meinen Teller und zupfte kleine Stücke von der buttrigen Blätterteigkruste der Pastete ab, um sie mir in den Mund zu stecken.

Am liebsten hätte ich die Zeit gestoppt und diesen Moment festgehalten, samt Hamishs Gesang und Willas fröhlichem Grinsen. Auster verflocht seine hellen Finger mit Pajs dunklen und hob sie an die Lippen, um sie zu küssen. Nebeneinander sahen die beiden aus wie Kohle und Asche. Onyx und Knochen.

Willa schob mir ein weiteres Glas Whiskey zu und schaute zum Bugsegel hinauf. Die leichte Brise brachte das Wappen auf dem weißen Stoff zum Tanzen.

»Warum eigentlich *Marigold?*«, fragte ich und zählte die Zacken des Sterns. »Woher kommt der Name?«

Willas Blick huschte zu West hinüber, der auf einmal ganz starr geworden war. Die anderen kauten weiter, als hätten sie die Frage nicht gehört.

»Was glaubst du, was er sagen wird? Wenn du deine Schulden begleichst?«, wechselte Hamish das Thema und sah West dabei über den fettigen Knochen in seinen Händen hinweg an.

»Ich weiß es nicht.« Wests Stimme klang rau, und er sah erschöpft aus, als er in die Kerzenflamme starrte. In seinem lockigen Haar klebte noch das Salz aus den Tiefen der Sturmfalle.

Wir hatten es geschafft. Wir waren zur *Lark* hinuntergetaucht und hatten unsere Truhen mit Schätzen gefüllt, aber er machte sich trotzdem Sorgen.

Und wahrscheinlich hatte er recht. Saint hatte keine Ahnung, was auf ihn zukam, und es war unmöglich abzusehen, wie er reagieren würde. Der Mann, der allen anderen immer drei Schritte voraus war, würde in einem einzigen, unerwarteten Augenblick ein Schattenschiff und eine ganze Mannschaft verlieren. Dabei hasste er es, wenn ihm die Kontrolle entglitt. Das Einzige, worauf wir uns verlassen konnten, war, dass Saint zu seinem Wort stand. Er würde West die *Marigold* überlassen, denn das hatte er versprochen, aber er würde es uns nie vergessen. Und uns dafür büßen lassen.

West leerte sein Glas und stand auf. Ich sah ihm hinterher, als er die Stufen zum Hauptdeck hinabstieg.

Die lauten Stimmen der Mannschaft hallten durch den stillen Hafen, und als auf den anderen Schiffen langsam die Lichter ausgingen, blieb nur der sanfte Schein unserer Kerzen übrig, bis schließlich auch ihre Dochte im geschmolzenen Wachs versanken. Hamish pickte die letzten Fleischreste aus dem Gänsegerippe, und Willa legte sich mit ausgestreckten Armen auf den Rücken, als treibe sie auf dem Wasser. Sie schaute zum Himmel hinauf, und einen Augenblick später waren ihr die Augen zugefallen.

Hamish warf den letzten Knochen auf die Platte und erhob sich. »Ich übernehme die erste Wache.«

Paj und Auster kletterten in die Takelage des Focksegels und schmiegten sich dort aneinander, und ich folgte Hamish die Stufen hinab. Vor uns erstreckte sich Dern, ganz in Schweigen gehüllt, und der Rauch aus den drei Schornsteinen des Gasthauses stieg im Mondlicht zum Himmel auf.

Vor der Luke, die unter Deck führte, hielt ich inne, da durch die offene Tür von Wests Kajüte Licht auf die Planken fiel. Dort zeichnete sich sein Schatten ab, sein Gesicht befand sich direkt neben meinen Füßen. Ich zögerte kurz, eine Hand schon an der Luke, doch dann trat ich mit leisen Schritten auf das Brückendeck und warf einen Blick zu ihm hinein.

Er stand am Schreibtisch, vor sich ein Dokument mit einer offenen Flasche Whiskey und einem leeren Glas darauf.

Ich klopfte vorsichtig an, und er sah hoch. Als er mich entdeckte, richtete er sich auf.

»Du machst dir Sorgen«, sagte ich und trat ins Licht der Lampe.

Er schaute mich lange und eindringlich an, bevor er um den Schreibtisch herumkam und sich vor mich stellte. »Ja.«

»Saint hat dir sein Wort gegeben. Er wird es halten.«

»Das ist es nicht, was mir Sorgen macht.«

»Was dann?«

Er dachte einen Augenblick nach. »Hier am Engen Meer verschiebt sich gerade etwas. Vielleicht wäre es doch besser, Saint auf unserer Seite zu haben.«

»Aber dann wirst du niemals frei sein.«

»Ich weiß«, sagte er leise und schob die Hände in die Taschen.

Auf einmal wirkte er deutlich jünger. Einen Augenblick lang sah ich vor mir, wie er als kleiner Junge auf dem Kai von Ceros herumgerannt war, wie die Kinder, die wir in Waterside gesehen hatten. »Außerdem … ich glaube, ich werde immer das Gefühl haben, in seiner Schuld zu stehen. Selbst wenn ich ihm das Geld zurückzahle.«

Ich bemühte mich, mir meine Überraschung über dieses Geständnis nicht anmerken zu lassen, doch im Grunde verstand ich ihn. Wir behaupteten, nie irgendjemandem etwas schuldig zu bleiben, aber das war nichts als eine Lüge, die wir uns erzählten, um uns sicher zu fühlen. Dabei gab es keine Sicherheit. Weder jetzt noch in Zukunft.

»Marigold war meine Schwester«, sagte er plötzlich und griff nach dem weißen Stein, der auf der Ecke des Schreibtisches lag.

»Was?« Ich brachte kaum mehr als ein Flüstern heraus.

»Willa und ich hatten eine Schwester namens Marigold. Sie war vier Jahre alt, als sie starb, während ich auf See war.« Er klang zurückhaltend. Ängstlich.

»Wie? Was ist passiert?«

»Die gleiche Krankheit, die damals halb Waterside dahingerafft hat.« Er lehnte sich an den Schreibtisch, die Tischkante fest umklammert. »Als Saint mir das Schiff gab, durfte ich mir einen Namen aussuchen.«

»Das tut mir leid«, flüsterte ich.

Das hatte West also gemeint, als er sagte, Willas Chancen wären auf einem Schiff besser gewesen als in Waterside. Das war der Grund dafür, warum er ihrer beider Leben riskiert und sie an Bord geschmuggelt hatte, in der Hoffnung, dass der Kapitän sie anheuern würde.

Das Schweigen lastete immer schwerer auf dem kleinen Raum, bis ich das Gefühl hatte, erdrückt zu werden. West sprach nicht nur über seine Schwester. Hinter seinen Worten verbarg sich noch eine andere Bedeutung.

»Ich habe Geld an Saints Kassen vorbeigeschmuggelt, seit ich unter seinem Wappen fahre, aber ich habe ihn noch nie angelogen.«

»Was?« Verwirrt versuchte ich, seinen Gesichtsausdruck zu deuten.

»Als wir das letzte Mal in Sowan waren, habe ich auf Saints Befehl hin das Lagerhaus eines Kaufmanns angezündet. Er war ein guter Mensch, dessen Geschäfte aber leider einen anderen Händler reich machten. Deshalb wollte Saint ihn stoppen. Er hat alles verloren.«

Ich wich einen Schritt zurück und schaute ihn an. »Was soll das? Warum erzählst du mir das?«

»Ich beantworte deine Fragen«, sagte er.

Als sich unsere Blicke trafen, stockte mir der Atem. Seine Augen waren so grün, als wären sie aus Serpentin.

Er legte den Stein wieder weg und erhob sich von der Schreibtischkante. »Was willst du sonst noch wissen?«

»Lass das.« Ich schüttelte den Kopf. »Sobald ich das alles über dich weiß, musst du Angst vor mir haben.«

»Ich hab jetzt schon Angst vor dir.« Er trat einen Schritt auf mich zu. »Der erste Kapitän, bei dem ich angeheuert habe, hat mich regelmäßig unter Deck verprügelt. Ich musste Ratten fangen, um zu überleben, weil er Waterside-Streunern, die für ihn arbeiteten, nichts zu essen gab. Der Ring, den du gegen den Dolch eingetauscht hast, hat meiner Mutter gehört. Sie hat ihn mir geschenkt, als ich zum ersten Mal zur See gefahren bin. Ich habe einem sterbenden Mann Brot geklaut, um es Willa zu geben, als wir noch hungernde Kinder in Waterside waren, und ihr erzählt, ich hätte es von einem Bäcker, vor lauter Angst, dass sie es sonst nicht essen würde. Und obwohl mir mein Gewissen seitdem keine Ruhe lässt, würde ich es immer wieder tun. Das Einzige, was ich über meinen Vater weiß, ist, dass sein Name vielleicht Henrik lautet. Ich habe sechzehn Menschen umgebracht, um mich, meine Familie oder meine Mannschaft zu schützen.«

»West, *hör auf!*«

»Und ich liebe dich, vermutlich seit wir das erste Mal in Jeval angelegt haben.« Plötzlich grinste er, ohne den Blick vom Boden zu heben. Ein zartes Rot breitete sich über seinem Kragen aus und kroch sein Gesicht hinauf.

»Bitte, was?« Der letzte Satz hatte mir den Atem verschlagen.

Wests Lächeln wirkte jetzt traurig. »Ich habe seit damals jeden Tag an dich gedacht. Vielleicht sogar jede Stunde. Ich habe die Tage gezählt, bis wir wieder zur Insel fahren konnten, und habe uns durch Stürme geführt, die wir besser ausgesessen hätten, weil ich nicht wollte, dass du aufwachst und wir sind nicht da. Ich wollte nicht, dass du auf mich warten musst. Niemals. Oder dass du glaubst, ich würde nicht zurückkommen.« Er hielt inne. »Ich habe mich auf Saints Bedingungen eingelassen, weil ich das Schiff wollte, aber fortgeführt habe ich unser Abkommen nur wegen dir. Als du in Ceros von Bord gegangen bist und ich nicht wusste, ob ich dich je wiedersehen würde, dachte ich … Ich hatte das Gefühl, nicht mehr atmen zu können.«

Ich biss mir so fest auf die Unterlippe, dass mir die Tränen in die Augen stiegen und West vor mir verschwamm.

»Das Einzige, wovor ich wirklich Angst habe, ist, dass dir etwas passieren könnte.«

Das war nicht nur genug von der Wahrheit, dass ich ihm glaubte. Es war eine Aussage, die nackt und ungeschützt im Raum stand, eine erste Blüte im Frühling, die nur darauf wartete, in der Sonne zu vergehen.

»Ich habe dich geküsst, weil ich dich schon seit zwei Jahren küssen wollte. Ich dachte, wenn ich …« Er verstummte. »Wir können in dieser Sache nicht nach den Regeln spielen, Fable. Keine Geheimnisse.« Er sah mich eindringlich an.

»Aber in Ceros hast du noch gesagt …« Ich brachte den Satz nicht zu Ende.

»Ich habe unterschätzt, wie schwer es sein würde, mit dir zusammen an Bord dieses Schiffes zu sein und dich nicht zu berühren.«

Ich starrte ihn an, und mir liefen heiße Tränen über die Wangen, als er mir jetzt die offene Hand hinhielt. Ich legte meine Hand auf seine und er schloss die Finger darum.

West hatte eine Tür aufgestoßen, die sich nicht wieder schließen ließ. Und er wartete ab, ob ich hindurchtrat.

Seine Worte – all die Dinge, die er mir erzählt hatte – waren seine Form eines Vertrauensbeweises. Und gleichzeitig gab er mir damit ein Streichholz in die Hand. Wenn ich wollte, konnte ich ihn in Flammen aufgehen lassen. Doch wenn wir diesen Weg wirklich gehen wollten, musste ich sein sicherer Hafen sein und er meiner.

»Ich werde dir niemals schaden, West«, wisperte ich.

Er atmete langsam aus und drückte meine Hand. »Ich weiß.«

Dann stellte ich mich auf die Zehenspitzen und presste meinen Mund auf seinen. Die brodelnde Hitze, die sich schon unter Wasser in mir ausgebreitet hatte, kehrte zurück und erfasste jeden Zentimeter meiner Haut. Der Geruch nach Whiskey und Salzwasser und Sonne strömte in meine Lunge, und ich sog ihn begierig ein wie den ersten Atemzug nach einem Tauchgang.

West legte die Hände um meine Hüften und schob mich nach hinten, bis meine Beine gegen die Kante seines Bettes stießen. Ich knöpfte seine Jacke auf und zog sie ihm von den Schultern, bevor er mich auf das Bett legte. Sein Gewicht drückte mich nieder, und als er nach meinen Beinen griff und sie um seinen Körper schlang, bog ich den Rücken durch, um ihm entgegenzukommen.

Ich schloss die Augen und spürte, wie mir Tränen über die Schläfen ins Haar rannen, überwältigt von dem Gefühl, seine Haut auf meiner zu spüren. Gehalten zu werden. Ich war schon sehr lange von niemandem mehr berührt worden, und er kam mir in diesem Augenblick so wunderschön vor, dass ich meinte, mein Brustkorb würde platzen.

Ich legte den Kopf in den Nacken und zog ihn näher an mich heran, um ihn noch mehr zu spüren. Er stöhnte auf und presste den Mund gegen mein Ohr, und ich zerrte an meinem Hemd, bis ich es mir über den Kopf ziehen konnte. West setzte sich auf und ließ den Blick über jeden Zentimeter meines Körpers gleiten. Sein Atem wurde ruhiger.

Ich hakte die Finger unter seinen Gürtel und wartete, bis er mich anschaute. Denn dies war eine Welle, die sich zurückziehen würde, sollte ich jetzt nichts sagen. Eine Sonne, die hinter dem Horizont versank, wenn wir einander nicht restlos vertrauen konnten.

Die Worte kratzten in meinem Hals und mir liefen weitere Tränen über die Wangen, als ich sagte: »Keine Lügen. Weder von dir noch von mir. Niemals.«

Der Kuss, der jetzt folgte, war langsam. Flehend. Die Stille des Meeres hatte uns wiedergefunden, und sie beruhigte meinen Herzschlag. Ich prägte mir jedes Detail genau ein. Wests Geruch und den Druck seiner Finger auf meinem Rücken. Den salzigen Geschmack, als ich seine Schulter küsste, und das Gefühl seiner Lippen, die über meinen Hals glitten.

In diesem Augenblick wurde alles neu, wie wenn das Sonnenlicht morgens auf das Wasser fällt. Vor uns lag ein unbekannter Ozean.

Ein neuer Anfang.

Kapitel 41

Das Kreischen der Vögel über dem Wasser riss mich aus einem Schlaf, der so tief gewesen war wie nie zuvor.

Ich öffnete ein Auge und konnte das Fenster von Wests Kajüte ausmachen, dessen Läden nur zur Hälfte geschlossen waren. Draußen war der Morgen ganz in Grau gehüllt, der kühle Nebel drang bis zu uns herein. Ich drehte mich um zu West, der neben mir schlief, die Gesichtszüge ungewohnt weich. Er roch noch immer nach Salzwasser, und ich strich ihm eine verirrte Haarsträhne aus der Stirn, bevor ich ihm die Lippen auf die Wange drückte.

Die Luft war kalt, als ich unter der Decke hervorschlüpfte und zum Fenster ging. Vor mir erstreckte sich die silberne Wasserfläche, gespenstisch und ruhig, noch unberührt von der Wärme der Sonnenstrahlen. West schlief weiter, während ich mich anzog, und seine Atemzüge waren tief und lang.

Das schwache Licht fiel nur auf die eine Hälfte seines Gesichts, und er wirkte unendlich friedlich. Unberührt.

Barfuß schlich ich durch das Zimmer, zog leise die Tür auf und trat hinaus. Das Deck war fast leer, bis auf Auster, der neben einer Reihe Vögel im Bug saß, so als wäre er einer von ihnen. Ich hielt mitten in der Bewegung inne, den Blick auf die Kajüte gerichtet, die ich gerade verlassen hatte. Ein wissendes Lächeln breitete sich auf Austers Gesicht aus, auch wenn er nicht aufschaute, sondern weiter mit seinem Messer an einem Stück Holz herumschnitzte. Er würde so tun, als hätte er nichts gesehen, so wie sie alle vorgaben, nicht zu wissen, dass West und Willa Geschwister waren. So wie keiner von ihnen über das Verhältnis zwischen ihm und Paj sprach. In jenem Augenblick fühlte ich mich wie ein echter Teil der Mannschaft, mehr noch als in den Stunden, in denen ich uns durch die Sturmfalle geführt hatte.

Mit hochrotem Gesicht lehnte ich mich an den Mast und zog mir die Stiefel an.

Auster sprang auf und kam zu mir herunter. »Wo willst du hin?«

Ich entrollte die Strickleiter, die mit einem dumpfen Geräusch gegen den Rumpf schlug. »Es gibt da noch etwas, das ich erledigen muss, bevor wir auslaufen.« Ich schwang die Beine über die Reling und kletterte zum Kai hinab.

Der Nebel war so dicht, dass ich nicht einmal die anderen Schiffe sehen konnte, auch wenn hier und da ein Mast aus der weißen Masse auftauchte und wieder verschwand, wenn sie sich weiterschob. Als ich unter dem Tor zum Hafen hindurchlief, zog ich mir den Schal über den Mund. Meine Lippen waren immer noch zu einem Lächeln verzogen und in meinem Kopf liefen wieder und wieder die Erinnerungen an die letzte Nacht ab. Daran, wie West im Kerzenschein ausgesehen hatte. Wie sich seine nackte Haut auf meiner anfühlte.

Die Stadt war wie verlassen. Die leeren Straßen schlängelten sich zwischen den dicht gedrängten Häusern hindurch, und bis auf meine Schritte war nichts zu hören. Es würde noch eine Stunde dauern, bis die Sonne am Himmel stand und den Nebel über der Landmasse auflöste, und trotzdem mischte sich schon etwas Licht ins Dunkel.

Vor mir erschienen drei Schornsteine, aus denen Rauch emporquoll, und ich erklomm den steilen Hügel zum Gasthaus hinauf. Als ich an einem der Fenster vorbeikam, erhaschte ich einen Blick auf mein Spiegelbild und hielt inne. Ich schob die Kapuze zurück und begutachtete mein Gesicht, die Hände gegen die rosafarbenen Wangen gedrückt.

Ich sah ihr noch ähnlicher als vor einigen Tagen in Saints Arbeitszimmer. Die Gesichtsform war identisch, ebenso wie der tiefrote Farbton meines Haares, das unter der Kapuze hervorquoll und im Nebel zu leuchten schien.

Hinter dem Fenster blitzte etwas Blaues auf, und ich richtete den Blick auf das, was hinter meinem Abbild zu sehen war. Mit brennenden Augen presste ich eine Hand gegen das Glas.

Auf der anderen Seite der blasendurchzogenen Glasscheibe saß Saint an einem Tisch, auf dem eine weiße Teekanne stand. Als er zu mir aufschaute, wirkte er plötzlich aufgewühlt, als könne auch er sie sehen.

Isolde.

Ich drückte die Tür auf und trat ein. Im Kamin loderte ein Feuer, das den Raum mit seiner trockenen Wärme erfüllte, die mir direkt unter die Jacke kroch. Saint hatte den Kragen seines Mantels hochgeschlagen, sodass er die untere Hälfte seines Gesichts verbarg, und ich zog mir einen Stuhl heran und setzte mich neben ihn.

»Ich hab dein Schiff gar nicht im Hafen gesehen«, sagte ich und stellte plötzlich fest, dass das Gefühl, das in mir aufstieg, keine Wut war. Ich *freute* mich, ihn zu sehen, obwohl ich mir nicht sicher war, warum.

Eine Frau kam zu unserem Tisch geschlurft und stellte mir eine Tasse hin. Auf dem Rand der Untertasse lagen drei Zuckerwürfel.

»Darf ich?« Ich schaute zur Teekanne hinüber. Saint zögerte kurz, nickte dann aber. »Was machst du hier, Saint?«

Er sah zu, wie ich mir einschenkte, und das Licht, das durch das Fenster hereinschien, brachte seine tiefblauen Augen zum Leuchten. »Ich wollte sehen, ob du das getan hast, was ich von dir erwartet habe.«

Ich starrte ihn grimmig an. »Das ist dieses Mal wirklich nicht dein Verdienst. Das kannst nicht einmal du behaupten.«

»Das meinte ich auch gar nicht.«

»Was meintest du denn dann?« Als ich die Tasse an die Lippen hob, stieg mir der duftende Dampf in die Nase. Ich konnte Bergamotte und Lavendel ausmachen.

»Du spielst mit dem Feuer, Fable«, stieß Saint hervor und stützte sich auf die Tischplatte, um mich anzuschauen. »Irgendwann kostet es dich das Leben, wie sie!«

Der heiße Tee verbrannte mir den Mund. Ich setzte die Tasse ab und verbarg meine zitternden Hände im Schoß. In diesem Augenblick war ich froh, dass er ihren Namen nicht aussprach. Ich wusste, dass sie tot war. Tief in meinem Innersten hatte ich es schon gespürt, als wir von der *Lark* weggerudert waren. Doch die Worte meines Vaters verliehen diesem Wissen noch einmal ein ganz anderes Gewicht.

Ich schniefte. Schlimmer als der Schmerz, der sich in meinem Herzen eingenistet hatte, war nur die Tatsache, dass er ihn sehen konnte.

»Du musst niemandem etwas beweisen, Fay. Geh zurück nach Ceros und …«

»Glaubst du, ich mache das alles, um etwas zu *beweisen?* Ich tue es, weil ich sonst nichts habe.« Die Worte klangen bitter, weil sie nicht ganz der Wahrheit entsprachen. Ich blieb bei West und der *Marigold*, weil ich es wollte. Aber damit waren Träume verbunden, die ich vor einem Mann wie Saint nicht laut aussprechen konnte.

»Du verstehst nichts.«

»Dann erklär es mir. Los!« Meine Stimme hallte durch den leeren Raum. »Ich weiß, dass du nicht fähig bist, mich zu lieben. Du bist einfach nicht dafür gemacht. Aber ich habe immer geglaubt, dass du *sie* geliebt hast. Sie hätte dich dafür gehasst, dass du mich allein auf diesem Felsen im Meer zurückgelassen hast. Sie hätte dich verflucht.« Ich schluchzte auf, hielt mich aber immerhin davon ab, mit den Fäusten auf den Tisch zu schlagen.

Er saß stocksteif da und starrte in seinen Tee. »Ich habe deiner Mutter geschworen, dich zu beschützen. Und es gibt keinen gefährlicheren Ort für dich als an meiner Seite.«

Ich krallte die Finger in meinem Schoß ineinander und drehte das Gesicht Richtung Fenster, da ich die Tränen nicht mehr aufhalten konnte. Ich hatte mir immer gewünscht, ihn sagen zu hören, dass er mich liebte. Hatte so oft auf diese Worte gehofft. Doch in jenem Augenblick hatte ich plötzlich Angst, er könnte sie wirklich aussprechen. Ich wollte gar nicht wissen, wie sehr sie mir wehtun würden. »Du lagst falsch. In so vielen Dingen. Aber vor allem, was mich angeht.« Ich atmete tief durch.

»Was soll das heißen?«

»Du hast gesagt, ich sei nicht für diese Welt gemacht.« Ich spuckte ihm seine eigenen Worte ins Gesicht, die Worte, die ständig in meinem Kopf widergehallt waren, seit er mich auf Jeval zurückgelassen hatte.

Der Anflug eines Lächelns ließ kleine Falten rund um seine Augen hervortreten. »Und das habe ich auch so gemeint.«

»Wie kannst du das sagen?« Ich starrte ihn wütend an. »Ich bin *hier*. Ich habe es geschafft, Jeval zu verlassen. Ich habe eine

Mannschaft gefunden, die mich aufgenommen hat. Das ist alles *mein* Verdienst.«

»Du kennst ihn nicht.«

Ich zuckte zusammen, als mir klar wurde, dass er von West sprach.

»Er ist nicht der, für den du ihn hältst.«

Ich biss die Zähne zusammen und schluckte schwer. Denn das war ungewöhnlich für Saint. Sein Tonfall verriet eine Aufrichtigkeit, die ich nicht wahrhaben wollte.

Er schaute auf und suchte meinen Blick, und ich meinte, Tränen in seinen Augen schimmern zu sehen. »Du bist für eine Welt gemacht, die deutlich besser ist als diese, Fable«, sagte er mit rauer Stimme. »Ich war jung. Ich hatte die Regeln noch nicht verstanden, als Isolde zu mir kam und in meine Mannschaft aufgenommen werden wollte.« Seine Stimme war kaum mehr als ein Flüstern. »Die Liebe zu ihr hat mich zerstört.«

Er wischte sich eine Träne aus dem Augenwinkel und senkte den Blick wieder auf das knotige Holz der Tischplatte. Ohne darüber nachzudenken, streckte ich die Hand aus und legte sie auf seine. Ich wusste, was er meinte, weil ich es gesehen hatte. Alle hatten es gesehen. In Saints Welt war Isolde der Wind und das Meer und der Himmel gewesen. Sie war das Sternbild, an dem er seinen Kurs ausrichtete, die Summe aller Richtungen auf seinem Kompass. Ohne sie war er verloren.

Wir saßen schweigend da und sahen zu, wie die Stadt vor den Fenstern zum Leben erwachte. Während wir unseren Tee leer tranken, fühlte sich alles wieder an wie damals. Der Geruch des Wollkrauts, den sein Mantel verströmte. Das Klirren der Gläser und das Knistern des Kaminfeuers hinter uns. Als die Sonne über dem Horizont erschien, hatten wir wortlos voneinander Abschied genommen.

Sobald wir wieder in Ceros wären, würde West seine Schulden begleichen und die *Marigold* gehörte uns.

Ich stützte das Kinn auf die Hand und wickelte mir eine Haarsträhne um den Finger, ohne den Blick von Saint abzuwenden. Ich prägte mir jede Falte in seinem Gesicht ein. Jedes silberne Haar in seinem Schnurrbart. Das Blau seiner Augen, das genau zum Farbton seines Mantels passte. Ich speicherte das Bild in meinem Herzen, so sehr es dort auch schmerzen mochte.

Die Stuhlbeine kratzten über den Boden, als ich aufstand und ihm einen Kuss auf den Kopf gab. Einen Atemzug lang schlang ich die Arme um seine Schultern, und ihm liefen zwei Tränen über die rauen Wangen und verschwanden in seinem Bart.

An der Tür drehte ich mich nicht noch einmal um.

Denn ich wusste, dass ich meinen Vater nie wiedersehen würde.

Kapitel 42

Ich sah das Haus des Hökers am Ende der Gasse, sobald ich um die Ecke gebogen war. Es war noch in die letzten Fetzen des Morgennebels gehüllt, doch die Sonne schien bereits auf das Schild über der Tür.

Ich stieg die Stufen hinauf und schlug mit der Faust gegen das Fenster, während auf der Straße hinter mir immer mehr Karren in Richtung Kaufmannshalle strömten. Als sich drinnen nichts regte, spähte ich durch die schmierigen Glasscheiben, bis der Höker aus dem Schatten hervortrat und zur Tür gehumpelt kam, die Augen gegen das helle Licht zusammengekniffen. Kaum hatte er aufgemacht, stürmte ich schon an ihm vorbei.

»Was zum …?«, grunzte er.

Ich lief geradewegs auf die Vitrine an der Rückwand des Ladens zu, ging in die Hocke und schaute hinein. Auf den samtüberzogenen Brettern drängten sich lauter Silberketten und glitzernder Tand, doch das, was ich suchte, war nicht dabei.

»Als ich das letzte Mal hier war, habe ich einen goldenen Ring und ein Armband gegen einen juwelenbesetzten Dolch eingetauscht. Wo ist der Ring?« Ich erhob mich und ging zur nächsten Vitrine.

»Hast du irgendeine Vorstellung davon, wie viele goldene Ringe ich hier habe, Mädchen?«

»Dieser war anders. Er hatte ein Knotenmuster, das rundherum verlief.«

Erst jetzt fiel mir auf, dass der Höker kaum etwas anhatte. Sein langes Hemd bedeckte die nackten Beine wie ein Rock. Mit einem Schnauben holte er ein schwarzes Holzkästchen aus einer Kiste hinter dem Tresen, stellte es vor mich hin und sah mich feindselig an.

Sobald ich den Deckel angehoben hatte, fiel das Licht, das durch das Fenster eindrang, auf hundert goldene Ringe und brachte sie zum Funkeln. Hier waren alle Größen vertreten, einige mit Steinen, andere ohne. Ich ließ meine Finger durch die Reihen gleiten, bis ich den richtigen entdeckt hatte.

»Das ist er.« Ich hielt ihn hoch und drehte ihn im Licht hin und her. »Wie viel?«

»Zehn Kupferstücke, wenn du dich so schnell wie möglich verziehst.«

Ich grinste und ließ die Münzen auf den Tresen fallen. Die Türglocke bimmelte, als ich den Laden verließ. Ich lief die Stufen hinab und griff nach dem Lederband in meinen Haaren, fädelte es durch den Ring, hängte ihn mir um den Hals und knöpfte die Jacke darüber zu.

Mittlerweile schob sich die Sonne über die ersten Dächer der Stadt und löste den Nebel endlich auf. Vor mir lag Dern und schimmerte im Morgenlicht. Die Gassen bargen unzählige Erinnerungen, unzählige Gespenster. Ich ging denselben Weg zurück, den ich gekommen war, und als ich am Gasthaus vorbeikam, war Saints Tisch leer, nur die beiden Teetassen standen noch da.

Ein Glockenläuten verkündete, dass die Kaufmannshalle öffnete, und ich bog in eine Seitengasse ein, um auf dem Weg zum Hafen nicht auf einen der Händler oder Kaufleute vom Vortag zu stoßen. Wenn wir schneller sein wollten als das Gerede, das vermutlich schon eingesetzt hatte, mussten wir uns möglichst bald aus dem Staub machen. Die Mannschaft war sicher schon dabei, die Vorbereitungen zum Auslaufen zu treffen.

»Wie bedauerlich.«

Die Stimme kam aus dem Eingang einer kleinen Gasse, und ich blieb abrupt stehen und starrte auf den Schatten auf dem Kopfsteinpflaster vor mir, der immer größer wurde. Dann trat Zola hinter einer weiß verputzten Hauswand hervor. Der Wind zerrte an seinem schwarzen Mantel.

»Wie bedauerlich, dass du deine Zeit mit einer solchen Mannschaft vergeudest, Fable.«

Meine Hand glitt zu dem Messer hinten in meinem Gürtel. Ich hatte ihm nie gesagt, wie ich hieß. »Woher weißt du, wer ich bin?«

Er lachte und legte den Kopf dabei so schief, dass er mich unter der Krempe seines Hutes heraus anschauen konnte. »Du siehst genauso aus wie sie.«

Mein Herz setzte einen Schlag aus und mir wurde schwindelig.

»Und genau wie deine Mutter neigst auch du dazu, wirklich dumme Entscheidungen zu treffen.«

Drei Männer traten hinter ihm aus der Gasse hervor.

Ich warf einen Blick über die Schulter, auf die menschenleere Straße, die zum Geschäft des Hökers führte. Niemand würde mitbekommen, was Zola vorhatte, und es schien unwahrscheinlich, dass ich mit heiler Haut aus der Sache herauskam.

Ich machte einen Schritt nach hinten. Die Klinge bebte in meiner zitternden Hand. Ich würde es nicht an allen vieren vorbei schaffen, aber je weiter ich zurückwich, desto weiter wäre der Weg zum Hafen.

Mir blieb keine Zeit, um nachzudenken. Ich drehte mich um und stürzte davon, das Messer weiter in der Hand. Meine Schritte hallten laut über die nassen Steine, und das Geräusch vervielfältigte sich, als die Männer die Verfolgung aufnahmen.

Ich drehte mich um und schaute zu Zola zurück, der mit wehendem Mantel stehen geblieben war. Plötzlich prallte ich gegen etwas Hartes, und sämtliche Luft wich aus meiner Lunge. Das Messer flog aus meiner Hand, und gleichzeitig schlangen sich Arme um meine Schultern.

»Lass mich los!«, schrie ich und schlug auf den Mann ein, der mich festhielt, doch er war zu stark. »Verschwinde!«

Ich holte Schwung und rammte ihm mein Knie so fest ich konnte zwischen die Beine. Er knickte mit einem erstickten Gurgeln ein und wir fielen beide zu Boden. Mein Kopf schlug so hart auf das nasse Kopfsteinpflaster auf, dass ich Sterne sah.

Ich griff in meinen Stiefel und zog Wests Messer hervor, und als ein weiterer Mann auf mich zukam, riss ich es hoch und erwischte ihn am Unterarm. Er warf einen Blick auf das Blut, das plötzlich seinen Ärmel tränkte, packte mich dann aber an der Jacke und zog mich hoch, während ein dritter mir das Messer entwand.

Als ich nach oben schaute, hatte er die Faust erhoben und ließ sie mit einem lauten Krachen in mein Gesicht donnern. Blut füllte meinen Mund und ich versuchte zu schreien, doch bevor ich einen Laut herausbekam, schlug er erneut zu. Das Licht begann zu flackern, die Dunkelheit kroch heran, und mit dem nächsten Schlag erlosch es.

Kapitel 43

Ihre Liebe hatte uns alle zerstört.

Meine Mutter befand sich oben in der Takelage, ein dunkler Fleck vor dem gleißenden Licht der Sonne. Ihr roter Zopf schwang hin und her, während sie immer weiter in die Höhe kletterte. Ich stand unten auf dem Deck und versuchte, mit meinen kleinen Füßen in ihrem tanzenden Schatten zu bleiben.

Sie war die Sonne und das Meer und der Mond in einem. Sie war der Stern, der uns in den Hafen führte.

So sagte es zumindest mein Vater. Seine Stimme war über dem Knattern der Leinen und dem Rauschen des Windes in den Segeln kaum zu hören.

Aber ich war nicht mehr auf der *Lark*.

Als ich die Augen aufschlug, hatte ich immer noch den metallischen Geschmack von Blut im Mund. Doch das Licht war zu hell. Jeder Zentimeter meines Gesichts tat weh, und mein eines Auge war so stark zugeschwollen, dass ich es kaum aufbekam.

Ich schaute zu den vielen Segeln hinauf, die über mir aufragten, und spürte, wie sich mir der Magen umdrehte. Obwohl ich nicht über die Reling blicken konnte, hörte ich es: Wellen, die gegen den Rumpf eines Schiffes schlugen.

Die Planken unter mir waren warm von der Sonne, und als ich die Umgebung mit dem Blick absuchte, drehte sich mir der Magen erneut um und mir traten Tränen in die Augen. Da war es – Zolas Wappen, das in das Holz der kunstvoll verzierten Galerie gebrannt war.

Meine Arme waren hinter mir an den Fockmast gebunden, und der Schmerz in meinem Rücken schoss mir bei jedem Herzschlag bis in die Schultern und zog von da in die Handgelenke. Ich versuchte, ruhig zu atmen, während ich mich nach irgendetwas umsah, mit dem ich die Fesseln durchtrennen könnte.

Schatten glitten über mich hinweg, als die Mannschaft ihren Aufgaben nachging, ohne mich eines Blickes zu würdigen. Ich hielt Ausschau nach Zola, doch er stand nicht hinter dem Steuerrad. Mehrere Männer waren mit den Leinen an den Masten beschäftigt, und eine Frau mit kurz geschnittenem Haar saß inmitten eines Haufens Netze auf dem Achterdeck.

Auf dem Mastbaum entdeckte ich eine Gestalt, die ich kannte.

Der körperliche Schmerz, den ich verspürte, war nichts im Vergleich zu dem brennenden Stich, den es mir versetzte, als ich *ihn* sah. Die breiten Schultern und die abstehenden Ohren, die unter der Mütze hervorlugten. Die Art und Weise, wie seine Hände an seinem Körper herabhingen – Hände, die mich gehalten hatten, als wir von der sinkenden *Lark* ins tosende Meer gesprungen waren.

Ich schüttelte den Kopf und blinzelte, um klarer sehen zu können. Und als ich erneut in seine Richtung schaute, drehte sich der Mann gerade um und sprang auf das Deck, sodass ich einen Blick auf sein Profil erhaschen konnte. Auf die Form seiner Nase und die Krümmung seines blonden Schnurrbarts.

Die Luft in meine Lunge schien zu Eis zu erstarren, und der Name gefror in meinem Mund:

Clove.

Dank

Dieses Buch zu schreiben war wirklich ein Abenteuer, und allein hätte ich es niemals geschafft.

Wie immer danke ich zuerst meiner eigenen kleinen Mannschaft – Joel, Ethan, Josiah, Finley und River –, weil sie diejenigen sind, die mich stets durch den rastlosen Fiebertraum der Handlungsfindung begleiten. Danke für die frühmorgendlichen Kaffeerunden, die Essenslieferungen ins Arbeitszimmer, den Wein, der am späten Abend neben meinem Laptop auftauchte, und am allermeisten für eure Fantasie, die meine Geschichten am Leben hält.

Ich danke meinem Vater, dem dieses Buch gewidmet ist – die Idee für die Geschichte kam mir wenige Tage, nachdem du diese Welt verlassen hast. Manchmal hat es sich angefühlt, als würdest du mir beim Schreiben über die Schulter schauen. Das Buch ist mit versteckten Botschaften für dich gespickt, und ich habe keinen Zweifel daran, dass du sie aufspüren wirst.

Außerdem danke ich dem Rest des Familienclans – Mom,

Laura, Rusty (König der Rustyrita), Brandon, Rhiannon, Adam und Chelsea. Es gibt wirklich niemanden auf der Welt, den ich so gern habe wie euch.

Zu großem Dank verpflichtet bin ich meiner Agentin Barbara Poelle und meiner Lektorin Eileen Rothschild. Euer Glaube an Fables Geschichte war unerschütterlich, und ich bin so froh, dass wir sie gemeinsam in die Bücherregale bringen konnten. Ich danke meinem unglaublichen Team bei Wednesday Books – Sara Goodman, Tiffany Shelton, DJ DeSmyter, Alexis Neuville, Brant Janeway und Mary Moates – für alles, was ihr getan habt. Ohne euch wäre dieses Schiff längst untergegangen. Das Cover von *Fable* hat Kerri Resnick gestaltet – du hast es wieder einmal geschafft! Ich kann mich glücklich schätzen, dich und dein Talent an meiner Seite zu wissen.

Mein Dank gilt auch dieses Mal meiner engsten Autorenkollegin/kritischen Mitleserin/co-abhängigen Geschichtenerzählerin Kristin Dwyer. Das Bedürfnis, dir den Hals umzudrehen, war noch nie so groß wie in dem Moment, in dem du mich dazu gebracht hast, die ersten sechs Kapitel des Buches zu löschen und neu zu schreiben. Danke, dass du es mir nicht durchgehen lässt, wenn ich bei einer Geschichte nicht das Beste heraushole.

Danke an meine Schriftstellerfreundinnen – ohne euch würde ich niemals den Weg durch die Gewässer der Verlagswelt finden. Das gilt insbesondere für Stephanie Garber, die irgendwie immer die richtigen Worte findet, um mir den Glauben an meine Arbeit zurückgeben, und auch für meine Seelenverwandte, Shea Ernshaw, zu der ich gar nichts weiter zu sagen brauche, weil sie ohnehin meine Gedanken lesen kann. Du bist ein Geschenk! Außerdem danke ich Isabel Ibanez, Rachel Griffin, Stephanie Brubaker, Shelby Mahurin, Adalyn Grace, Shannon Dittemore und dem Rest der Autorengang vor Ort.

Den vielleicht wichtigsten Beitrag zu diesem Buch hat Lille Moore beigesteuert, die mir unermüdlich als Expertin für Segelfragen zur Seite stand. Ich kann bis heute kaum fassen, was für ein Glück es war, dass du auf meinen Aufruf reagiert hast! Ich werde dir ewig dankbar sein, dass du *Fable* so viel Zeit, Energie und Hingabe geschenkt hast.

Ich danke meinen Beta-Leserinnen Natalie Faria, Isabel Ibanez und Vanessa Del Rio. Ich weiß nicht, was ich ohne euch tun würde.

Ein letztes herzliches Dankeschön geht an meine Unterstützer außerhalb der Schriftstellerwelt – die A's, die Ladies und alle anderen, die in dieser Zeit für mich da waren.

SONG OF SILVER

Romantasy meets asiatische Mythologie

Lan hat alles verloren: ihren alten Namen, ihr Zuhause, ihre Mutter. Seit die elantischen Besatzer ihr Volk unterdrücken, verdient sie ihr Geld als Sängerin. Als eines Tages der Mann auftaucht, der ihre Mutter getötet hat, flieht Lan und rennt dabei in die Arme von Zen. Zen ist einer der letzten Magier, die die Macht des Qì beherrschen, die von den Elantiern verboten wurde. Gemeinsam entdecken sie Lans verborgene Kräfte, die das gesamte Königreich erschüttern könnten ...